日本監査研究学会リサーチ・シリーズ XII

# 監査報告書の新展開

■井上善弘 [編著]

*Japan Auditing Association*

同文舘出版

# はしがき

　本書は,「監査報告モデルに関する研究」をテーマとする日本監査研究学会課題別研究部会の最終報告書の内容を加筆修正して取り纏めたものである。

　財務諸表監査における監査報告書は,監査人と財務諸表利用者を結ぶ唯一の接点であり,監査人からのメッセージを財務諸表利用者に伝達する唯一のコミュニケーション手段である。本課題別研究部会では,監査報告書のうちで特に無限定適正意見が表明されている標準監査報告書を研究対象として,財務諸表利用者の意思決定に役立つ,目的適合性のある標準監査報告書のあり方について,主として監査報告書の情報提供機能の拡充という観点から検討を行ってきた。

　本課題別研究部会がこの研究課題を設定した背景には,標準監査報告書の書式と記載事項を巡る国際的な議論の高まりがある。そこでは,現行の標準監査報告書は紋切型で,財務諸表利用者にとって単なるシンボルと化し,財務諸表利用者の意思決定に役立つものとなりえていないとの認識の下で,標準監査報告書の記載事項の拡充をとおして監査報告書のコミュニケーション価値を向上させる方途が議論されている。本課題別研究部会は,特に監査基準設定主体による標準監査報告書の変革(改革)を巡る国際的な議論の内容を精確に理解するとともに,監査理論ないし実務の観点からみたそれらの課題について検討することに注力した。

　また,本課題別研究部会では,わが国における監査報告書の変革の必要性あるいは方向性を探る目的で,監査報告書の利用者と作成者の双方に対してインタビューを実施した。すなわち,監査報告書の利用者として,わが国における代表的な財務諸表利用者である証券アナリストへのインタビューを行い,現行の標準監査報告書に対する評価と,それを踏まえた上で,今後,標準監査報告書にどのような事項が記載されることを望むのかという観点から,証券アナリストの意見を聞いた。他方,監査報告書の作成者として,公認会計士に対して,現行の標準監査報告書に対する評価と,監査報告書の情報提供機能の拡充の是非あるいは方向性について意見を聴取した。

本書の内容は以下の通りである。

第1章では，研究の目的と背景，想定する監査報告書利用者，監査報告書の機能に関する考え方といった，本書における研究の基本的な視座を提示している。また，本研究が証券アナリストに対して実施したインタビューの結果から，現行の標準監査報告書に対する財務諸表利用者の評価と，財務諸表利用者が標準監査報告書に追加的に要求する情報の意味内容を整理している。

第2章では，規制当局や基準設定主体（制度設定者）が監査基準等を改訂して，標準監査報告書を拡充することにより，企業の行動にどのような影響を与えるか，また，どのような場合に標準監査報告書を拡充すべきか，さらに，標準監査報告書を拡充することにより期待ギャップが解消するか否かについて，ゲーム理論を用いて論証している。

第3章では，証券監督に関する原則・指針等の国際的なルールの設定主体であるIOSCO（証券監督者国際機構）の，近年の標準監査報告書の変革に関する国際的な議論に対する，証券監督行政を行う立場からの見解について，詳細な検討を行うとともにその特徴を整理している。

第4章では，欧州諸国の監査基準設定に影響力のあるEC（欧州委員会）における監査報告のあり方に関する議論を，当該議論に対する各種利害関係者からのコメントとともに詳細に検討している。

第5章では，IAASB（国際監査・保証基準審議会）と米国のASB（監査基準審議会）が標準監査報告書に対する各利害関係者の認識を調査・研究すべく共同で立ち上げた国際的なプロジェクトにより委託された研究の成果の概要を説明するとともに，これら委託研究によって明らかにされた標準監査報告書に対する各利害関係者の認識を整理している。

先述したように，本課題別研究部会は，監査基準設定主体による標準監査報告書の変革（改革）を巡る国際的議論の内容を精確に理解するとともに，監査理論ないし実務の観点からみたそれらの課題について検討することに注力した。その成果が本書の第6章～第9章で示されている。すなわち，第6章では，国際監査基準の設定主体であるIAASBの動向を，第7章および第8章では米国の監査基準設定主体であるPCAOB（公開会社会計監視委員会）の動向を，第9章では監査報告書の変革の点についていえばIAASBや

PCAOBに先行していると考えられる英国の監査基準設定主体であるFRC（財務報告評議会）の動向を，それぞれ詳細に説明および検討している。

　第10章では，監査人と財務諸表及び監査報告書の利用者との間に存在する情報ギャップおよびコミュニケーション・ギャップを解消するという観点から，監査報告書，とりわけ無限定適正意見の付された監査報告書にどのような情報を追加すれば，監査報告書のコミュニケーション価値が高まり，財務諸表の質の改善に貢献しうるかを考察している。

　最後に，本書の結論を要約した形で示している。なお，証券アナリストおよび公認会計士に対するインタビューの結果とその総評については，本書の付録（ⅠおよびⅡ）をご覧頂きたい。わが国における監査報告書が財務諸表利用者の意思決定に役立つ，いわば利用者志向の監査報告書へと変革していくために，本書が何らかの役に立てば幸いである。

　末筆ながら，2年にわたる研究会の議論に積極的にご参加いただくとともに，本書の作成にご尽力を賜った本課題別研究部会の先生方に心より感謝を申し上げたい。また，このような研究の機会を与えて下さった日本監査研究学会，さらに，出版に際して献身的にご協力をいただいた同文舘出版の大関温子氏に対して心より御礼を申し上げる。

平成26年5月吉日

執筆者を代表して
井 上 善 弘

監査報告書の新展開 ● 目次

はしがき

## 第1章 監査報告モデル研究の視座

第1節 本研究の目的と背景 …………………………………………………1
第2節 監査報告書の想定利用者 ……………………………………………3
第3節 監査報告書の機能 ……………………………………………………4
第4節 監査報告書における情報提供の要請
　　　―証券アナリストに対するインタビューの結果から―………9
第5節 むすびに代えて ………………………………………………………12

## 第2章 制度設定者の観点からみた標準監査報告書の拡充

第1節 はじめに ………………………………………………………………15
第2節 ゲームの前提　―分析の視角― ……………………………………16
第3節 プレイヤーの特徴 ……………………………………………………17
第4節 プレイヤーの利得と戦略 ……………………………………………20
第5節 企業の最適戦略 ………………………………………………………21
第6節 制度設定者の最適戦略 ………………………………………………23
第7節 おわりに
　　　―ゲームの帰結から得られるインプリケーション― …………24

## 第3章　IOSCOの"Auditor Communications"

第1節　はじめに ……………………………………………………… 27
第2節　IOSCOの沿革と目的 ………………………………………… 27
第3節　IOSCOの組織 ………………………………………………… 28
第4節　Auditor Communications の内容 ………………………… 30
第5節　むすび ………………………………………………………… 47

## 第4章　EC（欧州委員会）における監査報告の動向
　　　　―2010年公表のGreen Paperを中心として―

第1節　Green Paper公表の背景 …………………………………… 49
第2節　GPにおける金融危機と監査人の役割
　　　　ならびに監査報告書との関係 ……………………………… 49
第3節　GPに対するコメント ………………………………………… 53
第4節　コメントを受けて …………………………………………… 57
第5節　むすびに代えて ……………………………………………… 61

## 第5章　IAASBとASBによる委託研究の概要

第1節　はじめに ……………………………………………………… 65
第2節　Mock et al.［2009］の概要 ………………………………… 66
第3節　Gold et al.［2009］の概要 ………………………………… 69
第4節　Asare and Wright［2009］の概要 ………………………… 71
第5節　おわりに ……………………………………………………… 73

## 第6章　IAASBの動向

第1節　IAASBにおける監査報告変革プロジェクトの概要 …………… 75
第2節　CPにおける議論の背景と変革オプション ………………………… 77
第3節　ITCによる監査報告変革のプリンシプルと
　　　　標準監査報告書の例示 ……………………………………………… 84
第4節　EDにおける監査報告書の構成と "Key Audit Matters" ……… 94
第5節　総括と展望 ……………………………………………………………… 100

## 第7章　PCAOBにおける監査報告書拡充の議論（Ⅰ）
―2005年，2010年および2012年の検討会資料をもとに―

第1節　はじめに ………………………………………………………………… 107
第2節　2005年2月のSAG検討会における議論 ………………………… 108
第3節　ACAPの最終報告書における勧告 ………………………………… 113
第4節　2010年4月のSAG検討会における議論 ………………………… 116
第5節　Concept Releaseと
　　　　2012年11月のSAG検討会における議論 ………………………… 121
第6節　監査報告書拡充の方向性の変遷 …………………………………… 124
第7節　おわりに ………………………………………………………………… 127

## 第8章　PCAOBにおける監査報告書拡充の議論（Ⅱ）
―PCAOB Release No.2013-005 "Proposed Rule" について―

第1節　はじめに ………………………………………………………………… 131
第2節　公開草案におけるイントロダクション …………………………… 132

第3節　「基準の修正案に関する提案」の作成と概要 ………………………… 137
　第4節　むすびに代えて ……………………………………………………………… 145

## 第9章　英国における監査報告書改訂の動向

　第1節　はじめに ……………………………………………………………………… 149
　第2節　英国における監査基準設定主体の変遷 ………………………………… 150
　第3節　英国における標準監査報告書改善の経緯 ……………………………… 152
　第4節　近年における標準監査報告書改訂動向 ………………………………… 155
　第5節　ISA700（UK and Ireland）[2013]における
　　　　　標準監査報告書 …………………………………………………………… 166
　第6節　おわりに ……………………………………………………………………… 172

## 第10章　監査報告書の改善を規律する論理

　第1節　問題提起と本章の構成 …………………………………………………… 179
　第2節　情報ギャップとコミュニケーション・ギャップ ……………………… 181
　第3節　情報ギャップの解消　―適正性概念との関連― ……………………… 183
　第4節　コミュニケーション・ギャップの解消 ………………………………… 189
　第5節　総括と残された課題 ……………………………………………………… 195

結論　―情報提供機能の拡充による利用者志向型の監査報告書へ―　201

付録Ⅰ　財務諸表利用者に対するインタビュー　206
付録Ⅱ　公認会計士に対するインタビュー　211

索引　229

# 略語一覧表

| 略称 | 和文 | 欧文 |
|---|---|---|
| AAA | 米国会計学会 | American Accounting Association |
| ACAP | 監査専門家に関する諮問委員会 | Advisory Committee on the Auditing Profession |
| AD&A | 監査人による討議と分析 | Auditor's Discussion and Analysis |
| AIA | 米国会計士協会 | American Institute of Accountants |
| AICPA | 米国公認会計士協会 | The American Institute of Certified Public Accountants |
| APB | 監査実務審議会［英国］ | Auditing Practices Board |
| APC | 監査実務委員会［英国］ | Auditing Practices Committee |
| ASB | 監査基準審議会［米国］ | Auditing Standards Board |
| ASB | 会計基準審議会［英国］ | Accounting Standards Board |
| CAM | 監査上の重要な事項 | Critical Audit Matter |
| CCAB | 会計士団体協議委員会［英国］ | Consultative Committee of Accountancy Bodies |
| EC | 欧州委員会 | European Commission |
| EU | 欧州連合 | European Union |
| FASB | 財務会計基準審議会［米国］ | Financial Accounting Standards Board |
| FRC | 財務報告評議会［英国］ | Financial Reporting Council |
| GAAP | 一般に認められた会計原則 | Generally Accepted Accounting Principles |
| GAAS | 一般に認められた監査の基準 | Generally Accepted Auditing Standards |
| IAASB | 国際監査・保証基準審議会 | International Auditing and Assurance Standards Board |
| IAS | 国際会計基準 | International Accounting Standards |
| IASB | 国際会計基準審議会 | International Accounting Standards Board |
| ICAEW | イングランド・ウェールズ勅許会計士協会 | Institute of Chartered Accountant in England and Wales |
| IFAC | 国際会計士連盟 | International Federation of Accountants |
| IOSCO | 証券監督者国際機構 | International Organization of Securities Commissions |
| ISA | 国際監査基準 | International Standards on Auditing |
| KAM | 監査上の主要な事項 | Key Audit Matter |
| MD&A | 経営者による討議と分析 | Management's Discussion and Analysis |
| PCAOB | 公開会社会計監視委員会［米国］ | Public Company Accounting Oversight Board |
| SAG | ［米国公開会社会計監視委員会］常置諮問グループ | Standing Advisory Group |
| SAR | 標準監査報告書 | Standard of Auditor's Report |
| SAS | 監査基準書［米国］ | Statements on Auditing Standards |
| SEC | 証券取引委員会［米国］ | Securities and Exchange Commission |

# 監査報告書の新展開

# 第1章　監査報告モデル研究の視座

## 第1節　本研究の目的と背景

### 1　本研究の目的

　本研究は，監査報告書の利用者は財務諸表利用者であるとの前提の下で，財務諸表利用者の視点に立った，あるべき監査報告書のモデルを探求することを目的としている。ここで，財務諸表利用者の視点に立った監査報告書とは，投資意思決定を含めて財務諸表利用者のさまざまな意思決定に役立つ，目的適合性のある（relevant）監査報告書のことを指す。

　そして，目的適合性のある監査報告書とは，畢竟，財務諸表利用者が，関心の対象たる企業の財務諸表の質を理解または判断することに資する，あるいはその手掛かりとなる監査報告書である。

　IASB（国際会計基準審議会）が2010年に公表した*The Conceptual Framework for Financial Reporting*（以下，2010CFという）は，有用な財務情報の質的な特性を定め，特に財務情報が有用であるために備えておくべきところの必要不可欠な特性として，「目的適合性」（relevance）と忠実な表現（faithful representation）を措定している。このうちの前者については，2010CFは，「目的適合性のある情報は，利用者が行う意思決定に相違を生じさせることができる。」（IASB［2010］QC6）としている。つまり，目的適合性とは，利用者の意思決定に違いをもたらす財務情報の質的特性（能力）を指している。財務情報が意思決定に有用である，すなわち役に立つといえるためには，当該財務情報を用いることで利用者の意思決定に何らかの変化が生じることが必要であろう。

　監査の結果ないしは結論を財務諸表利用者に伝達するための情報媒体である監査報告書に関しても同様のことがいえる。すなわち，目的適合性のある

監査報告書とは，財務諸表に関連して利用者が行う意思決定に相違を生じさせることのできる監査報告書をいうのである。なお，本研究の主たる関心は，無限定適正意見が表明されている，いわゆる「標準監査報告書」とよばれる監査報告書である。除外事項付意見の表明される監査報告書は，標準監査報告書と比較対照する場合を除いて議論の対象にはしない。結局，上で述べた意味での，財務諸表利用者の視点に立った，財務諸表利用者にとって目的適合性のある標準監査報告書を探求することが，本研究の目的となる。

## 2 本研究の背景

本研究の背景には，標準監査報告書の様式と記載事項を巡る国際的な議論の高まりがある。すなわち，近年，IOSCO（証券監督者国際機構），EC（欧州委員会），IAASB（国際監査・保証基準審議会），等の国際的な機関，PCAOB（公開会社会計監視委員会），FRC（財務報告評議会）等の各国の基準設定機関において監査報告書の変革（改革）を巡る議論が盛んになされてきている[1]。これらの議論においては，標準監査報告書の記載事項の拡充ないし詳細化（豊富化）がその主たる検討の対象となっている。これらの議論は総じて，会社固有の情報がほとんど記載されないきわめて標準化された現行の監査報告書から，会社固有の事実と状況を反映させた，非標準化された詳細な監査報告書への変革を志向するものである。

このような標準監査報告書の記載事項の拡充に関する議論の前提として，情報ギャップの存在が措定されている。ここにおいて情報ギャップ（information gap）とは，企業の財務情報の利用者が十分な情報に基づいた（informed）投資および信託に係る意思決定を行うために必要と考える情報と，当該企業の監査済財務諸表あるいはその他の入手可能な公開情報をとおして利用可能な情報との間のギャップであると定義されている（IAASB [2011] p.18）。もちろん，この利用可能な情報には，監査報告書が含まれる。約言するならば，標準監査報告書の記載事項の拡充をとおして，財務諸表および財務諸表監査に関する透明性の向上を図り，それをもって情報ギャップの縮

---

▶1 各機関における議論の詳細については，それぞれ本書第3章（IOSCO），第4章（EC），第6章（IAASB），第7章および第8章（PCAOB），ならびに第9章（FRC）を参照されたい。

小ないし改善に役立てることが議論されているのである。

わが国では，現在のところ，この種の「情報ギャップ」に関する議論が盛んになされているわけではない。しかしながら，本研究がわが国における典型的かつ代表的な財務諸表利用者である証券アナリストに対して行ったインタビューの結果から，財務諸表利用者の立場からみた，現行の標準監査報告書に関する問題点などが浮き彫りにされた[2]。例えば，現行の標準監査報告書は紋切型（boilerplate）で過度に標準化されており，監査法人（および業務執行社員）の名称と監査人が交代しているかどうかしか興味をもたない。現行の監査報告書が監査の性質や限界を含めて監査人の責任を表示することに偏っている，といった批判的な見解が披瀝されている。わが国においても，財務諸表利用者の視点に立った，財務諸表利用者の意思決定に役立つ監査報告書が今求められているのである。

## 第2節　監査報告書の想定利用者

あるべき監査報告書（標準監査報告書）のモデルを探求する際しては，監査報告書の利用者である財務諸表利用者としてどのような者を想定するかが鍵を握っている。そこで，本研究は，監査報告書の利用者たる財務諸表利用者が以下の認識ないし特性をもつ者であると想定する（監査基準委員会報告書320「監査計画及び実施における重要性」4項）。

(1) 事業活動，経済活動および会計に関する合理的な知識を有し，真摯に財務諸表上の情報を検討する意思を有している。

(2) 財務諸表が重要性を考慮して作成，および監査されることを理解している。

(3) 見積り，判断および将来事象の考慮に基づく金額の測定には，不確実性が伴うものであることを認識している。

(4) 財務諸表上の情報に基づいて合理的な経済的意思決定を行う。

　実務指針（監査基準委員会報告書320・4項）は，財務諸表利用者の有す

▶2　証券アナリストに対して実施したインタビューの詳細については，付録Ⅰを参照されたい。

る財務情報に対するニーズについての監査人の認識によって，監査人の重要性の決定が影響を受けるとした上で，財務諸表利用者として上記の認識ないし特性を有する者を想定する，との考え方を示している。財務諸表監査において，監査上の重要性の決定に係る監査人の判断は，職業的専門家としての判断であり，監査リスクとの関係からも財務諸表監査の成否を左右する重要な判断である。監査上の重要性の決定に係る監査人の判断が，財務諸表利用者の有する財務情報に対するニーズに係る監査人の認識によって影響を受けるとすれば，当該判断は，当然，監査人が財務諸表利用者としてどのような者を想定するかによって影響を受けることになる。監査人が監査の実施過程（監査上の重要性の決定プロセス）で想定しているタイプの財務諸表利用者を，監査の結果を記載する監査報告書の想定利用者とみなすことに異論はないものと思われる。

そこで，本研究は，監査報告書の利用者たる財務諸表利用者として，上記の認識ないし特性を有する者を想定した。換言すれば，会計や監査に関してほとんど知識をもたない，この方面でのいわゆる素人を監査報告書の読み手として想定しないということである。標準監査報告書にいかなる事項を追加的に記載することが財務諸表利用者の意思決定に資することになるか，という問題は，財務諸表利用者としてどのような者を想定するかに決定的に依存するものと思われる。

## 第3節　監査報告書の機能

### 1　意見表明機能

ここで，改めて監査報告書の機能について整理してみたい。

財務諸表の監査の目的は，「経営者の作成した財務諸表が，一般に公正妥当と認められる企業会計の基準に準拠して，企業の財政状態，経営成績及びキャッシュ・フローの状況をすべての重要な点において適正に表示しているかどうかについて，監査人が自ら入手した監査証拠に基づいて判断した結果を意見として表明すること」（監査基準　第一　監査の目的）にある。監査報告書はこの財務諸表の監査の目的を達成する手段，すなわち，監査人が財

務諸表の適正性に関する監査意見を表明する手段である。

　監査報告書が意見表明の手段であるという位置づけは、半世紀以上前に公表された旧監査基準の前文にも、「監査報告書は、監査の結果として、財務諸表に対する監査人の意見を表明する手段であるとともに、監査人が自己の意見に関する責任を正式に認める手段である。」(企業会計審議会[1956]前文(3)) として明示されていたところである。このように、監査報告書の基本的かつ本質的機能は、財務諸表の適正性に関する監査人の意見を利害関係者に伝えることにある。換言すれば、監査報告書は、監査意見という情報を財務諸表利用者に伝達するための媒体ないし容器であり、監査意見をその不可欠な要素とするものである。

　なお、後の議論との関係で、監査意見に関連して当然のこととはいえ改めて確認をしておきたいことがある。それは、監査報告書で表明される監査意見は、財務諸表の全体としての適正性に関する意見であり、その意味で監査意見はあくまでも財務諸表に関する総合的意見の性格を有している、ということである。別言すれば、監査報告書において、個別の財務諸表項目あるいは開示事項に関して監査人の意見が表明されることはないし、表明されることがあってはならないのである。

　とはいえ、後述するように、監査報告書は、財務諸表が「合格」か「不合格」なのかを判定する単なる判定書ではない。監査人は、利害関係者による財務諸表の利用も配慮して意見表明を行わなければならない (森[1975]160頁)。近時の監査報告書の変革を巡る世界的な議論は、とりわけ標準監査報告書について、それが紋切型となっており利害関係者による財務諸表の利用を配慮した内容となっていない、との批判がその通奏低音となっていると考えられる。

## 2　保証機能

　伝統的かつ典型的な保証業務として、財務諸表監査が財務諸表の質のうちの信頼性を保証するものであることについては、一定の合意が形成されているものと思われる。パブリックセクターの監査基準設定主体である企業会計審議会も、「公認会計士による財務諸表の監査は、財務諸表の信頼性を担保

するための制度である」と明言している（企業会計審議会［2013］一・1）。また，公認会計士法も公認会計士の使命を規定するその第1条で，「公認会計士は，監査及び会計の専門家として，独立した立場において，財務書類その他の財務に関する情報の信頼性を確保することにより，会社等の公正な事業活動，投資者及び債権者の保護等を図り，もって国民経済の健全な発展に寄与することを使命とする。」と定めている。

　標準監査報告書の場合，そこで表明されている無限定適正意見が，財務諸表利用者に対して財務諸表の信頼性を保証しているということになる。また，無限定適正意見は，「財務諸表及び監査報告書の利用者からは，結果的に，財務諸表には全体として重要な虚偽の表示がないということについて，合理的な範囲での保証を与えているものと理解されることになる」とされる（企業会計審議会［2002］三・1・(5)）。なお，財務諸表の信頼性を保証するという機能は，監査報告書の機能というよりむしろ財務諸表監査の機能というべきであるかもしれない。しかしながら，監査報告書は，財務諸表利用者と監査人を結ぶ唯一の連結環であり，財務諸表利用者は監査報告書をとおしてのみ財務諸表監査の機能の発現を知るわけであるから，ここでは財務諸表の信頼性の保証を監査報告書の機能として整理している。結局，監査人は，監査報告書における無限定適正意見の表明をとおして，財務諸表の信頼性を，換言すれば財務諸表における重要な虚偽表示の不存在を，合理的な範囲で保証しているのである。

## 3　情報提供機能

　何をもって監査報告書の情報提供機能であると考えるかについては，必ずしも定説があるわけではない。例えば，現行の監査報告制度では，除外事項付意見が表明される場合，監査報告書の「限定付適正意見の根拠」の区分において，当該意見を表明する原因となる事項とともに，それが財務諸表に及ぼす影響額を記載しなければならないことになっている（監査基準委員会報告書705，15-16頁）。除外事項が財務諸表に及ぼす影響に関する記載事項については，これを保証機能の発露であるとみなす考え方（鳥羽・秋月［2000］67-68頁）と，保証の枠組みの外にある監査人による情報提供と考える立場

（朴［2003］77頁）がある。

　しかしながら，現行のわが国の監査制度において，制度設定者の趣旨から考えて，明らかに保証機能とは別の，保証の枠組みの外側にあると目される記載事項が監査報告書には存在する。追記情報がそれである。そこで，ここでは，追記情報に関わる監査基準や実務指針の規定等を検討することをとおして，監査報告書の情報提供機能の特質について整理してみたい。

　まず，追記情報の性格については，これを制度として導入するに際して，「本来，意見表明に関する監査人の責任は意見の表明を通しての保証の枠組みのなかで果たされるべきであり，その枠組みから外れる事項（＝追記情報，引用者注）は監査人の意見とは区別することが必要である。」（2002年改訂監査基準　前文三・9・(3)・①）として，追記情報が保証の枠組みの外にあることを明示している。そして，監査報告書に追記情報を記載する際の留意事項として，「財務諸表の表示に関して適正であると判断し，なおもその判断に関して説明を付す必要がある事項や財務諸表の記載について強調する必要がある事項を監査報告書で情報として追記する場合には，意見の表明とは明確に区分し，監査人からの情報として追記するものとした。」（2002年改訂監査基準　前文三・9・(3)・①）としている。以上，要するに，追記情報は保証の枠組みから外れる事項であり，それゆえ追記情報を監査報告書に記載する場合には，監査意見とは別の区分を設けて明確にそれと区別し，あくまでも監査人からの情報であることを明示しなければならないのである。また，以上から監査報告書に保証機能とは明らかに異なる別の機能，すなわち情報提供機能が備わっていることを制度として認めていることがわかる。

　次に，追記情報には，性質を異にする2つのタイプの事項が存在する。「強調事項」と「その他の事項」である。前者は，「財務諸表に適切に表示又は開示されている事項のうち，利用者が財務諸表を理解する基礎として重要である事項」（監査基準委員会報告書706「独立監査人の監査報告書における強調事項区分とその他の事項区分」3(1)）であり，「強調事項区分」を設けてそこに記載される。後者は，「財務諸表に表示又は開示されていない事項のうち，監査，監査人の責任又は監査報告書についての利用者の理解に関連する事項」であり，「その他の事項区分」を設けてそこに記載される（監査基

準委員会報告書706「独立監査人の監査報告書における強調事項区分とその他の事項区分」3(2))。両者の違いは,「財務諸表に表示又は開示」されているか否かによって明確に現れている。なお,わが国においては,「その他の事項区分」はほとんど活用されていないとされる[3]。

　ところで,後の議論との関係から,追記情報の性格に関して特に強調しておきたいことがある。それは,追記情報が「保証の枠組みから外れている」ということの意味である。実務指針は,追記情報のうちの「強調事項」について,「監査報告書に強調区分を設けることは,監査意見に影響を及ぼすものではない。」(監査基準委員会報告書706「独立監査人の監査報告書における強調事項区分とその他の事項区分」A3)としている。換言すれば,「強調事項」は除外事項に相当するもの,あるいはそれに代替するものではないということである。また,「その他の事項」に関して,実務指針は,「監査人が追加的な特定の手続を実施し,報告すること,又は特定の事項について意見を表明することを依頼されている状況を扱うものではない。」(監査基準委員会報告書706「独立監査人の監査報告書における強調事項区分とその他の事項区分」A5)としている。

　以上の規定からわかることは,追記情報は監査意見に影響を及ぼすものでも,また,監査意見に追加して特定の事項について意見を表明したものでもない,ということである。後者については,先述したように,監査報告書で表明される監査意見が財務諸表の全体としての適正性に関する唯一の意見であることからの当然の帰結である。そして,前者,つまり,「追記情報は監査意見に影響を及ぼすものではない」ということこそが,追記情報が「保証の枠組みから外れている」ということの意味である。少なくともわが国の監査報告制度において情報提供機能を担っているのは追記情報より他ない。したがって,情報提供機能にいう「情報提供」とは,保証機能の枠組みの外にあり,無限定適正意見の表明をとおしてなされた財務諸表の信頼性に対する保証(重要な虚偽表示の不存在に関する合理的な保証)に影響を及ぼさない

---

▶3　企業会計審議会第31回監査部会(平成24年11月16日)の配布資料3によれば,平成24年3月期決算の東証1部上場会社1267社の監査報告書のうち,その他説明事項を記載したものは1社もなかったとされる。

形での情報提供であるといえる。言い換えれば，情報提供機能を発揮することによって監査報告書に記載される事項は，除外事項に代替するものではなく，監査意見（無限定適正意見）に影響を及ぼさないということである。

## 第4節　監査報告書における情報提供の要請
―証券アナリストに対するインタビューの結果から―

　先ほども述べたように，本研究では，わが国における典型的かつ代表的な財務諸表利用者である証券アナリスト（以下，アナリストという）に対してインタビューを実施した。インタビューは，主として，現行の標準監査報告書に対する評価と，それを踏まえた上で，今後，標準監査報告書にどのような事項が記載されることを望むのかという観点から，アナリストの意見を聞くことを趣旨とした。ここでは，インタビューで表明されたアナリストの意見のうち，主要なものを紹介する。

### 1　現行の標準監査報告書に対する評価

　まず，現行の標準監査報告書に対する評価については，アナリストから，監査報告書において無限定適正意見が表明されている場合,「監査法人名（及び業務執行社員名）と監査人が交代しているかどうかしかみていない」，という意見が披瀝された。無限定適正意見が表明されている場合，つまり，標準監査報告書は財務諸表利用者にとってもはや単なるシンボル（記号）と化してしまっているのである。また，アナリストから,「「監査人の責任」の区分における記載事項は，監査人のdisclaimerである」，との厳しい意見も示された。「監査人の責任」の区分における記載事項は，財務諸表監査に係る監査人の責任の範囲とその性質を説明するものであり，監査人の立場からは重要な意味をもつ。しかしながら，財務諸表利用者の立場からみると，特に本研究が想定する財務諸表利用者の立場からは，ほとんど意味をもたない情報なのかもしれない。現行の標準監査報告書では,「監査人の責任」の区分における記載事項が最も大きな割合（文量）を占めていることから考えると，財務諸表利用者にとって，標準監査報告書が監査意見（無限定適正意見）と監査担当者（監査法人および業務執行社員）以外にみるべきところがないと

いうのも，致し方のないところであるといえよう。

　ところが，アナリストは，最大の関心事である無限定適正意見のもつ意味内容についてさえ，ある種の疑念を抱いているのである。すなわち，アナリストから，「無限定適正意見にも濃度の違いがあるのではないのか」とか，「無限定適正意見にもグレーゾーンのものがあることが問題である」との指摘がなされたのである。等しく無限定適正意見の表明された財務諸表の間でも，100点満点に近いものから合格最低ラインのギリギリで合格したものもあるのではないのか，という指摘である。そして，アナリストがこのような考え方をもつに至った背景には，財務諸表監査に対するアナリストの不信感がある。つまり，無限定適正意見表明後，時を経ずして倒産する，あるいは会計不正が明らかとなる等の事例が発生しており，その場合，監査人は無限定適正意見を表明したものの，被監査会社に関連して倒産につながるような，あるいは粉飾の兆候を示す何らかの情報を掴んでいたのではないのか，というのである。

## 2　標準監査報告書に求める情報

　次に，現行の標準監査報告書に対する以上の評価を踏まえて，今後，標準監査報告書にどのような事項が記載されることを望むのかという問い掛けに対して，アナリストの最も強い要望は，「無限定適正意見にもいろいろと色があるであろうから，標準監査報告書からそれが伝わってくるような」情報がほしいとするものであった。無限定適正意見に濃度の違いがある，判断の幅があるのならば，それがわかるような情報を監査報告書で提供してほしいという意味である。換言すれば，等しく無限定適正意見の表明された財務諸表の間の質の違いが判断できる情報を，監査報告書をとおして監査人から伝達してほしいということである。

　また，無限定適正意見の間に濃度の違いがあるとの見解に関連して，アナリストから「財務諸表が以前のように保守的に作成されておれば0か1でもよかったが，現在のように確率変数のかたまりのようになって財務諸表が提供する情報が変わってきているなかでは，標準監査報告書の見直しが必要である。」との重要な指摘があった。そもそも，発生主義会計の下で作成され

る財務諸表項目には，正確な測定手段がなく，その概算値を求めることしかできないものが多く存在する中で，近年，金融商品に係る時価会計や固定資産に係る減損会計が関連する財務諸表項目等を中心に，見積りの不確実性がますます増大している。つまり，財務諸表は「確率変数のかたまり」の様相を呈している。そのような状況の下で，財務諸表の適正性を文字通り「0か1か」で判断することがきわめて困難なものとなってきていると考えられる。別言すれば，会計上の見積りの不確実性の増大が無限定適正意見における濃度の差（判断の幅）を増大（増幅）させているものと考えられるのである。

ただし，ここでいう「標準監査報告書の見直し」は，財務諸表の適正性の多段階的な評価とそれに応じた多段階の意見表明を意味するものではない。あくまでも，監査意見は総合的意見として1つの意見として表明しながら，その監査意見（無限定適正意見）の濃度の違いを判断できる情報を，監査報告書をとおして監査人に求めるものである。

アナリストが監査報告書に求める情報は，より一般化していえば，「誰が監査をしたのかという情報だけでなく，どういう監査をしたのかという情報」ということになる。アナリストは，「経営情報のAccountabilityはあるが，Accountantのやっていることがブラック・ボックスになっており，監査報告書利用者に対するAccountabilityがない。」と主張する。これまで，職業専門家である監査人が財務諸表監査の過程で下した判断はブラック・ボックスとされ，財務諸表利用者がその一端すら垣間見ることはなかった。監査人の判断は監査意見，つまり，「経営者の作成した財務諸表が，一般に公正妥当と認められる企業会計の基準に準拠して，企業の財政状態，経営成績及びキャッシュ・フローの状況をすべての重要な点において適正に表示している。」とする文言にすべて収斂されてきた。また，監査人が行った行為についても，「我が国において一般に公正妥当と認められる監査の基準に準拠して監査を行った。」とする説明に収斂されてきた。しかしながら，そのような文言を監査報告書に記載することでは，監査報告書利用者（＝財務諸表利用者）に対する説明責任を果たすことができないようになっている。その主たる原因の1つに，財務諸表が「確率変数のかたまり」のようになってきていることが指摘できよう。

## 第5節　むすびに代えて

　本研究は，一貫して，監査報告書は財務諸表利用者の意思決定に役立つ目的適合性のある情報を提供しなければならない，という立場に立っている。財務諸表利用者にとって目的適合性のある情報とは，財務諸表利用者が財務諸表の質を理解あるいは判断することに資する情報である。その意味で，除外事項付意見が表明されている監査報告書は，財務諸表利用者にとって目的適合性のある情報を提供しているといえる。財務諸表利用者は，無限定適正意見が表明される場合と，除外事項付意見が表明される場合とでは，財務諸表の質が異なることを容易に認識することができるからである。また，財務諸表利用者は，「限定付適正意見の根拠」の区分において，除外事項が財務諸表に及ぼす影響額を情報として与えられ，当該情報をもとに自ら財務諸表数値を修正することもできるのである。

　しかしながら，無限定適正意見が表明されている標準監査報告書に関しては，財務諸表利用者にとって目的適合性のある情報が提供されているとは言い難い。否，むしろ，標準監査報告書は，財務諸表利用者にとって単なるシンボルと化してしまっているといっても過言ではない。単なるシンボルと化した標準監査報告書では，「監査人の責任」の区分において財務諸表監査に係る監査人の責任の範囲とその性質をいくら記述したところで，財務諸表利用者はそれを真剣に読もうとしないであろう。

　財務諸表利用者の関心を惹きつけるためには，標準監査報告書は，利用者の関心の対象たる企業の財務諸表の質を判断する手掛かりとなる情報を提供しなければならない。つまり，等しく無限定適正意見の表明された財務諸表の間の質の違いを判断できる情報を提供しなければならない。財務諸表が「確率変数のかたまり」と化している状況の下では，財務諸表の適正性を「０か１か」で判断することはきわめて難しくなってきている。財務諸表利用者も無限定適正意見には濃度の違いあるいは判断の幅があると考えている。財務諸表利用者は，無限定適正意見に存在する濃度の違いを判断する手掛かりとなる情報を監査人に求めているのである。

ただし，当該情報は，無限定適正意見そのものに影響を及ぼすものではない。つまり，除外事項に相当あるいはそれに代替するものではない。その意味で，当該情報の提供は，保証の枠組みの外にあり，保証機能とは別の，先に述べた情報提供機能の発露とみなすべきである。財務諸表監査が経済サービスとして広く社会から受け入れられるためには，標準監査報告書が財務諸表利用者にとって単なるシンボルと化してはならない。標準監査報告書は，財務諸表利用者の意思決定に役立つ目的適合性のある情報を提供する報告書として生まれ変わらなければならない。財務諸表監査が社会からの信頼を維持し続けるために，監査報告書の変革が今求められているのである。

**参考文献**

IAASB［2011］Consultation Paper, *Enhancing the Value of Auditor Reporting: Exploring Options for Change*（May）.

IASB［2010］*The Conceptual Framework for Financial Reporting 2010*, IFRS Foundation.

企業会計審議会［1956］「監査基準の設定について（中間報告）」（1956年12月25日）。

企業会計審議会［2002］「監査基準の設定について」（2002年1月25日）。

企業会計審議会［2013］「監査基準の改訂に関する意見書」（2013年3月26日）。

鳥羽至英・秋月信二［2000］「監査理論の基調―監査人の認識（九）「情報提供」の理論」『会計』第157巻第4号, 65-83頁。

朴大栄［2003］「監査報告書の記載内容の検討―改訂監査基準の適用開始によせて―」『京都学園大学経営学部論集』第13巻第2号, 53-78頁。

森實［1975］『会計士監査論―近代監査思考の展開―（増補版）』白桃書房。

（井上善弘）

# 第2章 制度設定者の観点からみた標準監査報告書の拡充

## 第1節 はじめに

　監査の期待ギャップの存在が認識されて久しいが，未だ解消されたとはいえず，常に議論の対象となっている。近年においては，IOSCO（証券監督者国際機構）やPCAOB（公開会社会計監視委員会），FRC（財務報告評議会），IFAC（国際会計士連盟）のIAASB（国際監査・保証基準審議会），AICPA（米国公認会計士協会）のASB（監査基準審議会），EC（欧州委員会）といった国際的影響力の大きい規制当局や基準設定主体が，標準監査報告書にかかる利害関係者の期待ギャップの軽減を目的として，追記情報のない無限定適正の標準的監査報告書（以下，標準監査報告書という）の拡充を視野に入れた基準の改訂プロジェクトを推し進めており[1]，直近では，標準監査報告書の拡充を含む新たな基準案として，2013年7月25日にIAASBがExposure Draftを，同8月13日にPCAOBがPCAOB Release No.2013-005を公表したところである。

　本章の目的は，これらの規制当局や基準設定主体（以下，制度設定者という）が監査基準等を改訂して，標準監査報告書を拡充することにより，企業の行動にどのような影響を与えるか，また，どのような場合に標準監査報告書を拡充すべきか，さらに，標準監査報告書を拡充することにより期待ギャップが解消するか否かについて，ゲーム理論を用いて論証することである[2]。

▶1　IOSCO，IAASB，PCAOBの調査・研究等については，それぞれ，本書第3章，第6章，および第7章・第8章に詳しい。
▶2　本章におけるゲームを構築するにあたって，久留米大学経済学部の秋本耕二教授および境和彦准教授から貴重なアドバイスをいただいた。記して感謝申し上げたい。

## 第2節　ゲームの前提 ─分析の視角─

　ゲームのプレイヤーとして，標準監査報告書を拡充するよう監査基準等を改訂する制度設定者，財務諸表作成者である企業，監査を実行する監査人，および投資意思決定等を行う財務諸表利用者の4者が考えられる。ここで，すべてのプレイヤーの戦略等を組み込むと不必要に（本章の趣旨とは無関係に）複雑なモデルとなりかねないため，本章においては，制度設定者と企業の2者によるゲームを想定する[3]。なお，本章では標準監査報告書の拡充について検証することを目的としているため，監査を受けているすべての企業ではなく，追記情報のない無限定適正意見を得られる財務諸表を作成している企業が考察の対象となる。別の言い方をすれば，監査意見の表明されない企業はもちろん，不適正意見を付される企業や限定付適正意見を付される企業は本章での考察の対象外となる。以下，「標準監査報告書」とは追記情報のない無限定適正意見の標準的監査報告書を指す。

　また，本章における制度設定者は，投資者に代表される財務諸表利用者が最適な意思決定ができる環境を整えることで，マクロ的利潤最大化を目指すものとし[4]，監査基準等の改訂において，従来のものとまったく異なる形式の監査報告書を要請するのではなく，従来の標準監査報告書を所与とした上で，その内容を拡充するものとする。より具体的には，経営者の見積りの根拠や，監査の過程で修正された項目の修正前後の数値など，監査の過程で経

---

▶3　本章では，監査人は，一定水準以上の監査を実現できる（会計と監査に精通しており，監査の過程で修正すべき点を見逃すことはなく，経営者と結託することはあり得ない）会計と監査のプロフェッショナルとする。
　　また，標準監査報告書の拡充に関して，本章で想定したプレイヤーの他に，監査人が考えられる。かかる監査人と企業とのゲームについては異島［2013］で分析している。なお，本章と異島［2013］の分析結果等の比較検証を容易にする目的で，両者のモデルの前提，プレイヤーの特徴，最適戦略の導出については，可能な範囲で記述や記号を同じにしている。
▶4　本章におけるマクロ的利潤とは，「企業内容等の開示の制度を整備するとともに，金融商品取引業を行う者に関し必要な事項を定め，金融商品取引所の適切な運営を確保すること等により，有価証券の発行及び金融商品等の取引等を公正にし，有価証券の流通を円滑にするほか，資本市場の機能の十全な発揮による金融商品等の公正な価格形成等を図り，もつて国民経済の健全な発展及び投資者の保護に資することを目的とする。」という金融商品取引法第1条の目的に沿うものであり，マクロ的視点からの効率的な資源配分の実現のみならず，投資者等の財務諸表利用者の満足度もふくんでいる。

営者と討議した内容を監査報告書に「追加的情報」として記載するとともに，二重責任の原則に反しないよう，「追加的情報」は財務諸表でも注記等で開示するものとする[5]。

このような改訂がなされた場合，財務諸表利用者は，経営者の見積りの根拠，監査の過程で修正を求められるような項目の有無，修正があった場合にはその修正前後の数値等を自らの最適な意思決定に利用することができる。すなわち，監査基準等が改訂されて標準監査報告書が拡充されることにより，標準監査報告書（付きの財務諸表）の情報価値が高まる可能性があるのである。

## 第3節　プレイヤーの特徴

上述のような想定のもと，制度設定者と標準監査報告書を得られる企業とのゲームの概要を示すと次頁の図表2-1のようになる。

### 1　制度設定者の特徴

制度設定者は，同じリターンでもよりリスクの小さい方を選好し（リスク回避的），投資者に代表される財務諸表利用者が最適な意思決定ができる環境を整えることで，マクロ的利潤最大化を目指すプレイヤーであるとする。

また，制度設定者の戦略は，標準監査報告書を拡充するために監査基準等を「改訂する」か「改訂しない」かのいずれかであり，標準監査報告書を拡充するための監査基準等の改訂にはコスト（$C_s$）がかかる。ただし，制度設定者が監査基準等を改訂しようと改訂しまいと，監査人の力量に違いはなく，財務諸表に修正すべき点があれば，監査人は，監査の過程でそれを見逃すことはないものとする。

▶5　二重責任の原則の観点から，適用した監査手続の具体的内容や重要性の水準等についての情報は除外し，財務諸表に関するもの（すなわち会計に関するもの）に限定する。適用した監査手続の具体的内容や重要性の水準等，会計に関する情報以外の情報（経営者が開示しない監査に関する情報を含む）を開示する場合，これらの情報が投資者等の意思決定に影響を与えるほど重要であれば，それこそ二重責任の原則の問題が取り沙汰されるし，逆に，これらの情報が投資者等の意思決定に影響を与えるほどには重要でないのであれば，開示する必要もない。このことからも，本章において監査人が新たに開示する情報を会計に関するものに限定することは不自然なことではない。

**図表2-1 制度設定者と標準監査報告書を得られる企業とのゲームの概要**

| プレイヤー | 制度設定者 | 標準監査報告書を得られる企業 ||
| --- | --- | --- | --- |
|  |  | 監査の過程で修正を要する企業 | 監査の過程で修正を要しない企業 |
| 性格 | ・リスク回避的<br>・マクロ的利潤最大化を目指す | ・リスク中立的<br>・自ら（自社）の利潤最大化を目指す | 同左 |
| 戦略 | 標準監査報告書を拡充するために監査基準等を<br>・改訂する<br>・改訂しない（従来どおり） | ・事前に（監査人の指摘を受ける前に）修正する<br>・事前には（監査人の指摘を受けるまで）修正しない（指摘を受けたら修正する） | ・修正しない（そもそも修正不要） |
| 利得 | $Π_s$：追加的な情報が開示されることによって得られるマクロ的利潤<br>$C_s$：標準監査報告書の改訂にかかるコスト | $C_m$：事前に（監査人の指摘を受ける前に）修正する場合のコスト<br>$C_M$：監査人に指摘されて修正する場合のコスト（注記する追加的コストを含むため，$C_m < C_M$ となる）<br>$α$：監査報告書に修正個所がなかったことを明記されることによって得られるプラスのイメージ | $α$：監査報告書に修正個所がなかったことを明記されることによって得られるプラスのイメージ |

さらに，制度設定者が標準監査報告書を拡充するよう監査基準等を改訂した場合，マクロ的利潤（$Π_s$）が得られる。このマクロ的利潤は，マクロ的視点からの効率的な資源配分の実現のみならず，投資者等の財務諸表利用者の満足度も含む[6]。

## 2　企業の特徴

もう一方のプレイヤーである企業は，同じリターンであればリスクの大小は問わず（リスク中立的），自社の利益を最大化することを目的とするプレ

▶6　本章の注4を参照のこと。

イヤーで，この性格は監査の過程で，財務諸表の修正を要する企業であろうと修正を要しない企業であろうと同一である。ただし，監査の過程で財務諸表の修正が必要か否かによって，企業の戦略と利得は異なる。監査の過程で財務諸表の修正を要しない企業の戦略は，もともと財務諸表の修正が不要であるため，このゲームにおいては，監査に先立って財務諸表を修正しない（すなわち，「修正しない」）のが唯一の戦略となる。このときの修正コストはゼロ（0）である。

それに対して，監査の過程で財務諸表の修正を要する企業の戦略としては，監査に先立って財務諸表を「事前に修正する」か「事前に修正しない」かの2つがある。財務諸表を「事前に修正する」にはコスト（$C_m$）がかかる。監査の過程で財務諸表の修正を要する企業が，財務諸表を「事前に修正しない」という戦略を選択した場合でも，監査人は監査の過程で修正すべき点を見逃すことはない。そのため，標準監査報告書を拡充するよう監査基準等が改訂された場合には，監査の過程で財務諸表の修正を要するにもかかわらず「事前に修正しない」という戦略を選択した企業は，監査の前の修正コストはゼロ（0）であるが，監査の過程で財務諸表を修正するコスト（$C_m$）と注記等に開示するコストの合計（$C_M(>C_m)$）を負担することになる。

また，監査基準等が改訂された場合，監査人は，企業が事前に財務諸表を修正したか否かにかかわらず，監査の過程で財務諸表の修正を要しなかった企業の標準監査報告書には経営者の見積りの根拠等は記載するが，監査にあたって修正された項目等は開示しないため，かかる標準監査報告書を得た企業は，財務諸表利用者に対して誠実なイメージを与える（$a$の利得を得る）可能性がある[7]。

---

▶7　本章のゲームでは，投資者等の財務諸表利用者をプレイヤーとして加味していないが，$a$が財務諸表利用者による企業評価の一部であると考えれば，本章のゲームは財務諸表利用者を暗にふくんでいるといえる。
　また，監査の過程で財務諸表の修正すべき点がなかった場合，監査人が，監査報告書に「監査の過程で財務諸表の修正すべき点は発見されなかった。」と記すことも考えられる。

## 第4節　プレイヤーの利得と戦略

　図表2-1のような特徴をもったプレイヤーの戦略の組み合わせを示すと図表2-2のようになる。

　制度設定者は，標準監査報告書を拡充するよう監査基準等を「改訂する」か「改訂しない」（従来どおり）かの監査戦略を選択するが，いったん監査基準等を「改訂する」という戦略を選択した場合には，その後も拡充戦略をとり続ける。他方「改訂しない」という戦略を選択した場合には，毎年，監査基準等を「改訂する」か「改訂しない」かの監査戦略の選択を行うことになる。

　また，無限定適正意見を得られる企業には，pの確率で監査の過程で財務諸表に何らかの修正を要す企業が含まれる（1－pの確率でもともと財務諸表の修正を要しない企業が含まれる）とする（ただし，$0 \leq p \leq 1$）。図表2-2から明らかなように，もともと財務諸表を修正することなく無限定適正意見を得られる企業の戦略は，制度設定者の戦略如何にかかわらず，「修正しない（図表2-2の③および⑥）」だけである。

　以上のような条件のもと，制度設定者と無限定適正意見を得られる企業とのゲームを図示すると図表2-3のようになる。

　図表2-3のようなゲームの木で表される展開型のゲームの均衡を求めるには，バックワードインダクション[8]を用いて，後手である企業の最適な戦略

**図表2―2　プレイヤーの戦略の組み合わせ**

|  |  | 標準監査報告書を得られる企業 ||| 
|---|---|---|---|---|
|  |  | 修正を要する企業 || 修正を要しない企業 |
|  |  | 事前に修正する | 事前に修正しない | 修正しない |
| 制度設定者 | 改訂する | ① | ② | ③ |
|  | 改訂しない | ④ | ⑤ | ⑥ |

▶8　バックワードインダクションでは，後手の最適な戦略を考えてから，後手の最適な戦略（反応）を考慮に入れた先手の最適な戦略を考えるという手順で均衡（解）を導き出していく。

**図表2-3　制度設定者と無限定適正意見を得られる企業とのゲーム**

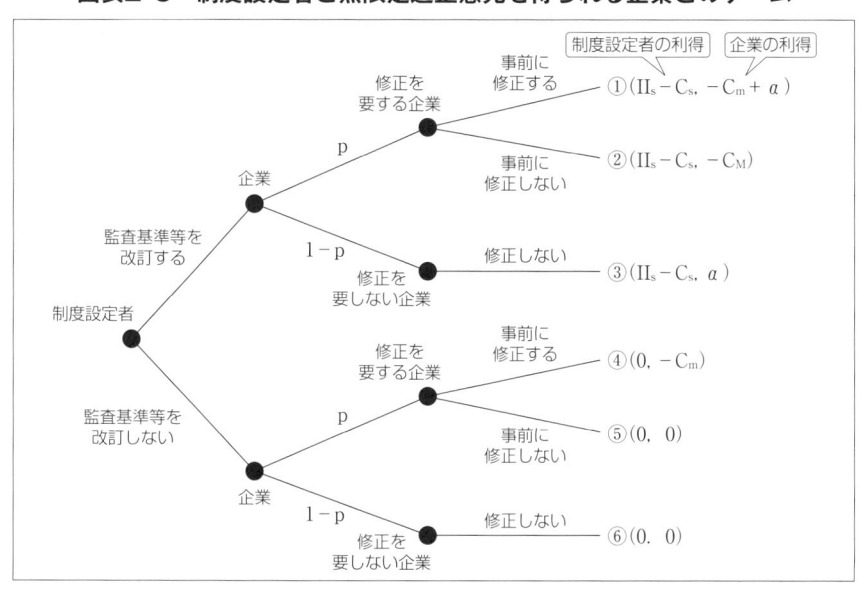

を考えてから，先手である制度設定者の最適な戦略を考えるのが定石である。したがって，以下では，まず，後手である企業の最適戦略から導出していくこととする。

## 第5節　企業の最適戦略

　後手の企業は，制度設定者が，標準監査報告書を拡充するために監査基準等を改訂したか否かを知った上で，自らの最適戦略を決定することになる。すなわち，企業は制度設定者の選択した戦略を知った状態（完全情報の状態）で，自らの意思決定をするのである。

　図表2-2から明らかなように，もともと財務諸表を修正することなく無限定適正意見を付される企業の戦略は，標準監査報告書の改訂の有無にかかわらず，「修正しない（図表2-2の③および⑥）」である。また，図表2-1から，もともと財務諸表を修正することなく無限定適正意見を付される企業は，標準監査報告書が改訂されれば，自身は何のアクションもおこさなくても（従

来のままでも），$a(>0)$ の利得を得ることができるため，標準監査報告書の改訂を歓迎する。

それに対して，監査の過程で財務諸表に何らかの修正を要する企業は，制度設定者が標準監査報告書を拡充するよう監査基準等を改訂した場合（図表2-4の上のノード）には，財務諸表を事前に修正したときの利得（図表2-4の①の点線マル部分：$-C_m + a$）と修正しないときの利得（図表2-4の②の点線マル部分：$-C_M(<-C_m)$）とを比較して，財務諸表を事前に修正するという戦略（図表2-4の①）を選択し，逆に，制度設定者が標準監査報告書を改訂しない場合（図表2-4の下のノード）には，財務諸表を事前に修正したときの利得（図表2-3の④の実線マル部分：$-C_m(<0)$）と修正しないときの利得（図表2-4の⑤の実線マル部分：0）とを比較して，財務諸表を事前に修正しないという戦略（図表2-4の⑤）を選択することになる（図表2-5）。

つまり，制度設定者が標準監査報告書を拡充するよう監査基準等を改訂したとしても，監査の過程で財務諸表に何らかの修正を要する企業は，監査に先立って財務諸表を修正するため，結果として，拡充された標準監査報告書

**図表2-4　無限定適正意見を得るのに事前に修正を要する企業の利得**

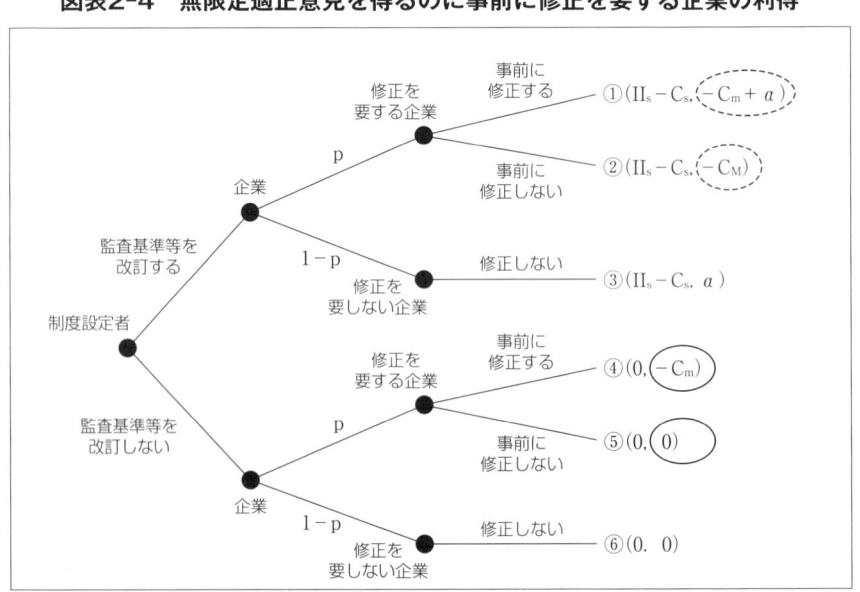

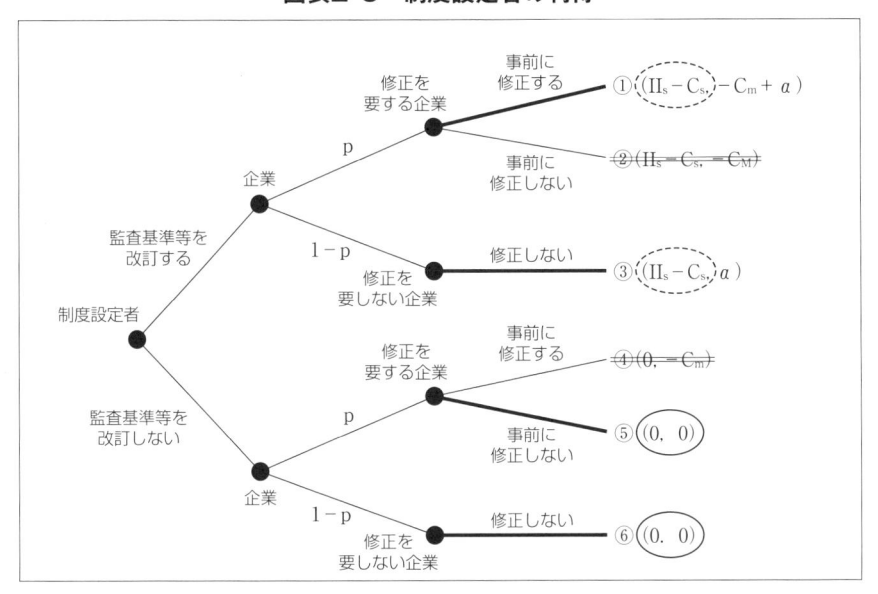

第2章　制度設定者の観点からみた標準監査報告書の拡充

**図表2-5　制度設定者の利得**

```
                                    事前に
                        修正を       修正する    ①(Π_s−C_s)−C_m+a
                        要する企業 ●
                              p  ╱      事前に
                                ╱       修正しない  ②(Π_s−C_s, −C_M)
              監査基準等を  企業 ●
              改訂する         ╲
                          1−p  ╲   修正しない
                                ● ─────────  ③(Π_s−C_s, a)
                                修正を
                                要しない企業
  制度設定者 ●
                                              事前に
                                  修正を       修正する    ④(0, −C_m)
                                  要する企業 ●
                                        p  ╱      事前に
                                          ╱       修正しない  ⑤((0, 0))
              監査基準等を        企業 ●
              改訂しない                ╲
                                    1−p  ╲   修正しない
                                          ● ─────────  ⑥((0, 0))
                                          修正を
                                          要しない企業
```

が再標準化されてしまうことが容易に予測できる。

## 第6節　制度設定者の最適戦略

　続いて，先手の制度設定者の最適戦略を導出する。前述のとおり，企業の最適戦略は図表2-5の①，③，⑤，⑥のいずれかであるため，制度設定者は，標準監査報告書を拡充するために監査基準等を「改訂する」ときの利得（図表2-5の点線マル部分の期待利得）と「改訂しない」ときの利得（図表2-5の実線マル部分の期待利得）とを比較して，利得の多い方の戦略を選択する。

① 「改訂する」ときの期待利得：$p \times (\Pi_s - C_s) + (1-p) \times (\Pi_s - C_s)$
$$= \Pi_s - C_s$$

② 「改訂しない」ときの期待利得：$p \times 0 + (1-p) \times 0 = 0$

　すなわち，標準監査報告書を拡充するよう監査基準等を改訂して，追加的な情報が開示されることによって得られるマクロ的利潤が標準監査報告書の

改訂にかかるコストよりも大きいとき（$\Pi_s - C_s > 0$）には監査基準等を改訂し，逆に，かかるマクロ的利潤が監査基準等の改訂コストよりも小さいとき（$\Pi_s - C_s < 0$）には監査基準等を改訂しないという戦略が，制度設定者にとって最適となる。なお，$\Pi_s - C_s > 0$であったとしても，無限定適正意見を得られる企業のうち，監査の過程で財務諸表に何らかの修正を要す企業の含まれる確率（p）が小さく，限りなくゼロに近い場合には，標準監査報告書を拡充するための監査基準等の改訂の効果はほとんど期待できない。

## 第7節　おわりに
　　　　―ゲームの帰結から得られるインプリケーション―

以上の分析結果を列挙すると次のようになる。

① 企業は，制度設定者が標準監査報告書を拡充するよう監査基準等を改訂したか否かを知った上で，自らの最適戦略を決定する。

② もともと財務諸表を修正することなく無限定適正意見を付される企業の戦略は，標準監査報告書の改訂の有無にかかわらず，「修正しない」である。

③ 監査の過程で財務諸表に何らかの修正を要する企業の戦略は，制度設定者が標準監査報告書を拡充するよう監査基準等を改訂した場合には，監査に先立って，財務諸表を「事前に修正する」であり，逆に，制度設定者が標準監査報告書を拡充するよう監査基準等を改訂しなかった場合には，監査に先立って，財務諸表を「事前に修正しない」である。

④ 制度設定者の最適戦略は，制度設定者が標準監査報告書を拡充するよう監査基準等を改訂した場合には，標準監査報告書を拡充するよう監査基準等を改訂して，追加的な情報が開示されることによって得られるマクロ的利潤が標準監査報告書の改訂にかかるコストよりも大きいときには監査基準等を「改訂する」であり，逆に，かかるマクロ的利潤が監査基準等の改訂コストよりも小さいときには監査基準等を「改訂しない」である。

⑤ ただし，無限定適正意見を得られる企業のうち，監査の過程で財務諸表に何らかの修正を要す企業の含まれる確率が小さく，限りなくゼロに近い場合には，標準監査報告書を拡充するための監査基準等の改訂の効果はほとんど期待できない。

これらのことから，制度設定者が標準監査報告書を拡充するよう監査基準等を改訂したとしても，監査の過程で財務諸表に何らかの修正を要する企業は，監査に先立って財務諸表を修正するため，結果として，拡充された標準監査報告書が再標準化されてしまうことが容易に予測できる。また，制度設定者レベルで標準監査報告書を拡充した場合，標準監査報告書を付される財務諸表の質は上昇するが，拡充された標準監査報告書により企業の差別化をすることはできないという問題（すなわち，期待ギャップの問題）は解消しないのである。

## 参考文献

IAASB [2013] Exposure Draft, *Reporting on Audited Financial Statements: Proposed New and Revised International Standards on Auditing*（July 25）.

PCAOB [2013] PCAOB Release No.2013-005, *PCAOB Auditing Standards—The Auditor's Report on an Audit of Financial Statements When The Auditor Expresses an Unqualified Opinion; The Auditor's Responsibilities Regarding Other Information in Certain Documents Containing Audited Financial Statements and The Related Auditor's Report; and Related Amendments to PCAOB Standards*（August 13）.

異島須賀子 [2013]「標準監査報告書の拡充とその帰結」『会計・監査ジャーナル』第25巻第10号，111-118頁。

（異島須賀子）

# 第3章 IOSCOの"Auditor Communications"

## 第1節 はじめに

　IOSCO（証券監督者国際機構）は，証券監督に関する原則・指針等の国際的なルール等を策定するために，世界各国・地域の証券監督機関や証券取引所等から構成されている国際的な機関である。

　IOSCOは，投資者保護が証券規制の主たる目的の1つであることから，現行の財務諸表監査における監査報告書について，標準監査報告書の欠陥，標準監査報告書の記載内容の変更に関する疑問，そして標準監査報告書の変更案とこれに関する長所および短所について検討している。

　以下，本章では，IOSCOの組織を概観した上で，IOSCOのTechnical Committeeが2009年9月に公表したConsultation Report, *Auditor Communications*に基づいて監査報告書の変更に関するIOSCOの見解について検討することにする。

## 第2節 IOSCOの沿革と目的

　IOSCOの前身は，米国およびカナダがラテン・アメリカ諸国の資本市場を育成するため，これら諸国の証券監督機関や証券取引所等を指導することを目的として1974年に発足した米州証券監督者協会（Interamerican Association of Securities Commissions）である。その後，1983年に米州域外の国々も加盟できるように規約が改正され，1986年にパリで開催された第11回年次総会において現在のIOSCOのような組織に改編された。

　わが国は，1988年11月のメルボルンにおける第13回年次総会で，当時の大蔵省（証券局）が普通会員（Ordinary Member：証券監督機関）として

IOSCOに加盟した。現在は、金融庁が2000年7月の発足と同時に、それまでの大蔵省（金融企画局）（普通会員）および金融監督庁（準会員）の加盟地位を承継し、普通会員となっている。また、現在、証券取引等監視委員会、商品先物を所管している経済産業省および農林水産省が準会員（Associate Member：その他機関）になっているほか、日本取引所グループと日本証券業協会が協力会員（Affiliate Member：自主規制機関）として加盟している。

IOSCOの加盟機関は、2014年6月30日現在、普通会員124機関、準会員12機関、および協力会員62機関、合計198機関となっている。

IOSCOは、証券監督に関する原則・指針等の国際的なルール等を策定するために、次の3つの項目の達成を具体的な目的として掲げている。

① 投資者を保護し、公正かつ効率的で透明性の高い市場を維持することを目的として、国際的に認識され、一貫した規制・監督・執行に関する基準の適切な遵守を確保し促進すること。
② 不公正行為に対する法執行や、市場・市場仲介者への監督に関する情報交換や協力を通じて、投資者保護を強化し、証券市場の公正性に対する投資者の信頼を高めること。
③ 市場の発展の支援、市場インフラの強化、適切な規制の実施のために、国際的に、また地域内で、各々の経験に関する情報を交換すること。

IOSCOは、以上の3つの項目を達成するために、次節で示す組織を採用している。

## 第3節　IOSCOの組織

### 1　年次総会

年次総会はIOSCOの最高意思決定機関であり、毎年1回開催される。直近では2013年9月に第38回年次総会がルクセンブルクで開催され、また第39回年次総会は2014年9月28日から10月2日にかけてリオデジャネイロで開催される予定である。なお、1994年6月には第19回年次総会が東京で開催されている。

年次総会の下に次の委員会がある。わが国の金融庁は，証券規制の企画・立案や証券会社の監督等を行う立場から，これらの委員会のすべてにメンバーとして参画している。

## 2 委員会

### (1) 代表委員会 (Presidents' Committee)

代表委員会は，すべての普通会員の代表者によって構成され，IOSCOの目的達成のために必要なすべての事項について決定を行う。代表委員会は，年1回，年次総会時にあわせて開催される。代表委員会の下には，理事会および各種の委員会が設けられている。

### (2) 理事会 (Executive Committee)

理事会は，証券分野における国際的な規制上の課題への対処や，予算の承認等，IOSCOのガバナンス確保，証券分野における能力開発等に関する検討・調整を行う機関として，2012年5月の北京総会において，既存の理事会や専門委員会等を統合して新設された。理事会は，2014年6月30日現在，わが国の金融庁を含む32機関で構成されている。

理事会の下には，技術委員会 (Technical Committee) と新興市場委員会 (Emerging Markets Committee) が設置されており，また下部委員会として諮問委員会 (Consultative Committee)，評価委員会 (Assessment Committee)，地域委員会 (Regional Committee) が設置されている。

### (3) 技術委員会 (Technical Committee)

国際市場が直面する主要な規制上の問題を検討し，実務的解決を提案することを目的とした委員会である。この委員会には，現在，監査，流通市場規制，市場仲介者，法務執行ならびに情報交換，投資管理，信用格付機関，および，コモディティのデリバティブ市場に関する7つの作業部会が設けられている。本章で取り上げる*Auditor Communications*は，監査業務作業部会 (Task Force on Audit Services) が作成した報告書である。

(4) 新興市場委員会（Emerging Markets Committee）

新興市場国の証券取引とデリバティブ取引を自主規制するために，62の協力会員により構成され，原則等の策定や教育訓練等を通じて，新興市場の効率性を向上させている。

(5) 諮問委員会（Consultative Committee）

諮問委員会は，IOSCOの2010～2015年の戦略的な方向性を検討するために2012年2月に設けられた。諮問委員会の目的は次の4つである。
① グローバルに投資者を保護し，公正で効果的な市場を確立し，リスクを減らすこと
② 鞘取り売買の機会を減らすこと
③ 国際取引のコストを下げること
④ 規制能力を向上させること

(6) 地域委員会（Regional Committee）

アフリカ・中東地域委員会，アジア・太平洋地域委員会，米州地域委員会，ヨーロッパ地域委員会の4つの地域委員会が設けられ，それぞれの地域における課題が議論されている。わが国は，アジア・太平洋地域委員会（Asia Pacific Regional Committee: APRC）に所属している。

# 第4節　Auditor Communications の内容

## 1　序

IOSCOは，2009年9月に，監査業務作業部会が取りまとめたConsultation Report, *Auditor Communications*を発表した。この報告書の目的は，投資者の情報要求を満たすために標準監査報告書の変更または監査人のコミュニケーションの追加の必要性について結論を得ることである。

投資者保護は証券規制の主たる目的の1つであるため，証券規制者は，この目的を達成するために，投資者の意思決定に対して十分で，有用で，そして信頼できる情報を提供しなければならない。財務諸表は，投資者が投資意

思決定を行う際の最も重要な情報の1つであり，財務諸表監査は，財務諸表利用者の財務諸表への信頼性を高めるために設けられている。標準監査報告書は，監査人が自ら実施した監査の状況を財務諸表利用者に伝達する主要な方法であるため，証券規制者は，標準監査報告書が投資者に情報を適切に伝達しているかどうか，また，その様式や内容は監査の品質を促進するものであるかどうかについて，注意深く検討しなければならない。

## 2　標準監査報告書の展開

標準監査報告書は，1組の一般目的財務諸表を監査した結果である。その財務諸表は，幅広い利用者の財務情報要求を満たすために設けられた財務報告フレームワークに準拠して作成されている。監査人は，監査が終了すると，監査範囲や財務諸表の適正表示に関する監査意見を含む監査に関する情報を記載した監査報告書を発行する。

しかし，監査報告書は，当初，多くの地域で，個人企業体の発展に対応して，独立の第三者による法定監査として発展したため，現在では，資本市場の歴史において発生したものを完全に反映しているわけではない。

現在，世界の多くの地域でISA（国際監査基準）を制定したIAASB（国際監査・保証基準審議会）の監査報告書が用いられている。

IAASBは，2004年に次の点を意図して標準監査報告書を改訂した。
① 地域間に共通するよう監査報告に一貫性をもたらすこと
② 情報が多くわかりやすい記述は必要であるが，簡単で理解しやすい文言で，かつ可能なかぎり簡潔に，監査人の任務と監査報告書の理解を増大させること
③ 監査報告書は，経営者と監査人のそれぞれの責任，および最新の監査過程をより明確に記述し，内部統制に関する監査人の責任の範囲を明確に示すこと

以上の結果，標準監査報告書は，財務諸表の適正性に関する監査人の報告と，該当がある場合のその他の報告（例えば，国内法，規則，そして／または監査基準により，ISAで規定されている監査人の責任以外の報告部分）と

いう2つの部分に分かれた。

　監査報告書には，監査人によるコミュニケーションの目的に関して，世界中で共通点と異同点が存在している。例えば，共通点には，宛先，被監査会社名，財務諸表の名称と日付，経営者と監査人のそれぞれの責任，監査人が監査を行うにあたって依拠した監査基準とその概要，監査の種類，財務諸表の適正表示に関する意見，そして，監査報告書の日付と監査人の署名等がある。また，異同点として，文言の相違（すなわち，「…に準拠して適正に表示している」という文言と，「真実で公正な外観を示し…［そして］…に準拠して適切に作成されている」という文言），そして，経営者と監査人の責任に関する記述の詳細さがある。

　こうした相違にもかかわらず，監査報告書の主な目的は比較的一貫しており，財務諸表に対する監査人の意見を明確に表明することと，その意見の基礎を述べることである。しかし，この目的が達成されているかどうかということと，これだけで監査の過程と結果に関する投資家の情報要求が満たされているかどうかに関してなお疑問が残る。監査報告書の国際的な統一を図ろうとするならば，規制機関や基準設定主体は，国によって異なる標準監査報告書の報告要件を調整してさまざまな目的を達成させる最適な方法を決定しなければならない。

## 3　現行の標準監査報告書の欠陥

　数年にわたって標準監査報告書を改善してきたにもかかわらず，現行の標準監査報告書は財務諸表利用者の要求を満たしていないという意見がある。標準監査報告書は複雑化した事業活動，財務報告，および監査を十分に反映するように変更されていないと考えている人々がいるし，広く標準監査報告書の有用性に疑問をもっている人々もいる。

　標準監査報告書に対するこれらの批判の結果出た結論は，次の3つのカテゴリーに分類される。
① 　標準監査報告書は本来的に2種類の監査意見（すなわちpass／failモデル）を表明するものである。
② 　標準監査報告書は定型的で専門的な文言で表明される。

③ 標準監査報告書は監査特有の努力や判断の結果を反映していないため，期待ギャップを増幅させている。

このような批判は，標準監査報告書以外にも，監査人と財務諸表利用者との間の直接のコミュニケーションの少なさ（例えば，多くの地域の監査人は，株主総会に出席しないし，出席してもそこで率直に話もしないこと，また，監査人と統治責任者との間のコミュニケーションも公には行われていないこと）によっても増幅されている。

(1) 2種類の監査意見

標準監査報告書は一般にpass／failモデルの報告書と考えられている。監査意見は財務諸表が適正に表示しているか（pass）否か（fail）について表明されるので，多くの人はそれを2種類の監査意見と考えている。2種類の監査意見の主な利点は，追加の情報によって意見の内容が不明瞭にならず，簡潔で直截に監査人の結論を示し得ることである。しかし，同時に，この簡潔さは「中間的な」意見を認めないので，標準監査報告書の最大の欠陥であるという人もいる。

このように，2種類の監査意見は会社間の財務報告制度の相違を認めていないので，財務諸表の利用者は，会社の会計や財務報告の質がどの程度の範囲内の，どの程度の位置にあるのかについて，監査報告書からはわからない。

例えば，同業他社との関係や経営者が会計判断を行う際に用いる保守主義の程度のような，会社の財務報告の質に関する監査人の検討事項は限定的なので，投資者は会社間の相違に関する情報を監査人からはほとんど受け取ることはできない。

(2) 定型的で専門的な文言

標準監査報告書の文言は地域によって異なるが，主要な点は実質的に同じ文言が用いられている。例えば，監査人は「合理的な保証」（reasonable assurance）を得るとか，「重要な虚偽の表示」（material misstatement）に留意して（in mind）監査計画を策定して監査を実施するとか，あるいは，財務諸

表が適正に（fair）表示されているかどうかについて意見を表明するとかである。

　監査報告書を標準化された文言で記述すること，すなわち比較的短文で直截に表現することは固有の長所の１つであるにもかかわらず，定型的であり，専門的すぎるという批判がある。その結果，財務諸表の利用者は標準監査報告書に含まれる文言や文章の意味を理解できず，または，監査人にとっては非常に重要な意義をもつ事項であっても，彼らが注目しないものもある。同様に，定型的で専門的な文言を用いると，監査人が利用者に理解してもらいたいと考えている文言や文章について十分伝達できないこともある。

　例えば，Cohen Commission Reportは，「一般に公正妥当と認められる企業会計の基準に準拠して…適正に表示している」という文章に注目し，この表現は監査人が財務諸表は適正に表示しているか否かに関する意見を伝達しようとしているが，平均的な利用者にとってその意味は明確ではないと指摘している。事実，標準監査報告書の速記録的な表現はその意図を利用者に明確に伝達しているかどうかということと，監査人が財務諸表の適正表示を評価するために用いた監査手続を利用者に明確に伝達しているかどうかについて，相当の疑問をもっている人がいる。

　Cohen Commission Reportは標準監査報告書の定型的で専門的な文言の意味合いについて，「標準報告書を用いることの１つの効果は，その用語に慣れれば見た瞬間にそれを読むことをやめるようになることである。…報告書は複雑ではあるが，全体が１つのものとして理解され，象徴的なものはもはや読まれない。」としている。

(3) 期待ギャップ

　多くの人々が期待ギャップを縮小すべきであると主張している。期待ギャップが継続的に存在するのは，少なくとも部分的には，監査人が検出事項を財務諸表の利用者に伝達する方法がよくないからである。すなわち，標準監査報告書は，監査人が監査計画の策定と監査実施の際に払った努力を詳細には報告していないのである。

　不正に関しては，標準監査報告書は不正発見に関する監査人の任務についての記述がないことがしばしば指摘されている。例えば，IAASBによる標

準監査報告書は不正について記述しているが，それは非常に簡単である。The U.S. Treasury Advisory Committee Reportは，標準的な米国の監査報告書は不正について記述していないとしている。

　また，標準監査報告書は監査人が監査全般を通じて行った広範な判断について記述していないので，監査そのものの質に関する情報もあまり提供されていないという人もいる。同様に，IAASBによる標準監査報告書は例えば次のような項目について説明していないという人もいる。
① 　監査人は自らの独立性を確保するために何をしたか
② 　監査における特別のリスクと注目した点は何か。また，その理由は何か
③ 　状況に応じて監査で採用された手続は何か
④ 　適用された重要性の基準は何か
⑤ 　監査範囲から除外された企業や項目にはどのようなものがあるか
⑥ 　監査人は，他の監査人を用いる場合，高い品質の監査を実施するために何を行ったか

　しかしながら，このような問題については標準設定・規制機関も認識していると思われる。
　例えば，英国では，2006年改正会社法を反映するために，監査報告書にどのような修正が必要か，あるいはもっと広く，標準監査報告書の様式と内容等の修正が必要かどうかについて，APB（監査実務審議会）が見解を取りまとめている。また，米国では，2005年2月PCAOB（公開会社会計監視委員会）／SAG（常置諮問グループ）の会合で，メンバーは，特にpass／failモデルの監査報告書の長所と短所について討論した。PCAOBはその会合以来監査報告書に重要な修正を加えていないが，全米財務諮問委員会は，最近，PCAOBが監査人の不正発見任務を含む監査報告書の変更を検討する基準設定プロジェクトを立ち上げるよう勧告した。そして，AICPA（米国公認会計士協会），AAA（米国会計学会），およびIAASBは，監査報告書に関する利用者の理解を研究し，その明確性を強化するための共同研究を立ち上げた。IAASBは，2009～2011年戦略および作業プログラムにおいて，「標準監査報告書を適用する際にその数か所がいくつかの地域で障害となった」ことを認めた。

このように，IAASBは本研究に基づいて行動しようと計画している。IAASBは期待ギャップを縮小するために，2010年の第3四半期に，監査の質に関するConsultation Reportを発表するかどうか，そして監査の意義に関して財務諸表の利用者への伝達を展開するかどうかを検討する計画を立てている。

## 4　変更されるかどうかを評価する際に検討される疑問点

標準監査報告書の変更のメリットを評価する前に，この変更に関する疑問がある。次のとおりである。

(1) 投資者が受け取っている情報は投資意思決定を行うのには不十分ではないのか。もし不十分ならば，その情報ギャップは補填されなければならないか。この場合，誰が補填するのか

標準監査報告書の変更前に取り上げなければならない最初の問題は，投資者が投資意思決定を行うのに必要とする情報と発行者が公表する情報との間に，情報ギャップが存在するか否かを見極めることである。最も基本的なレベルでは，発行者が公表する財務および非財務の情報（すなわち，財務諸表，経営者による解説，持続可能性，および企業統治情報）と開示される方法（すなわち，証券規制機関への年次報告書と四半期報告書の提出，新聞発表，企業のウェブサイト，アナリストによる発表）に関する検討が必要である。もし投資者に，不十分な情報，無関係な情報，または信頼できない情報が提供されるならば，証券規制機関は定期的に報告要件を再検討しなければならない。

上記の標準監査報告書の欠点は，投資者が自らの投資意思決定を容易にするために多くの（または良い）情報を求めていることを示している。このため，こうした情報ギャップが追加の開示で補填されるべきかどうか，また補填されるのであれば誰が補填するのかについて検討することが重要になってくる。前者は追加開示の費用と便益に関する検討であり，後者は，発行者，監査委員会，または監査人のいずれが開示を行うのかに関する検討である。後者においては，次の点を認識することが重要である。
① 情報ギャップは，監査人ではなく発行者，特に事業をよく知っている経

営者による開示によって補塡されるべきである。言い換えれば，監査報告書は，会社が投資者に開示する情報の欠陥に対処する用具として用いられるべきではない。
② 統治責任者や監査人によって議論されている重要な事項に関するその他の情報ギャップは，統治責任者による開示によって補塡されるのがよい。

(2) 他の人によって情報ギャップが補塡される場合，追加開示について監査人が行うべき任務は何か

　他の人によって情報ギャップが補塡される場合，監査人が行うべき任務を決定することが重要である。例えば，監査人の責任は，一般的には監査報告書で示される財務情報に及ぶだけであるが，財務諸表以外で開示される情報が十分信頼できるために追加の保証が必要であれば，その追加の保証を記載するように標準監査報告書を変更しなければならない。

(3) 監査人によって情報ギャップが補塡されるためには，標準監査報告書が変更されるか，監査人による別のコミュニケーションが保証されなければならないか

　前述のとおり，監査報告書の主たる目的は，財務諸表に関する監査人の意見を明確に表明することと，その意見形成の基礎を述べることである。もし監査業務，監査人または監査の種類に関して追加の情報が必要であれば，その情報は，標準監査報告書の変更か，または監査人による別のコミュニケーションによって提供されるべきかどうかを検討しなければならない。

　監査業務に関する追加の情報には，標準監査報告書以外で伝達できるものもある。例えば，業務報告書の発行，監査の範囲・監査業務および監査結果を区別して説明すること，株主総会で監査人が積極的に質疑に応答すること，そして／または，監査人が統治責任者たちと行ったコミュニケーションを公表することなどである。

　監査人がまとめるその他の情報についても，標準監査報告書の変更は必要ない。例えば，企業情報の欠如や，品質の評価が難しいような監査業務の実施がある。このような問題は，部分的には標準監査報告書の変更を通じて取

り上げてもよいが，別の開示によればより多くの情報を提供できるようになる。

　同様に，監査の種類についても監査報告書の利用者に広く理解されているわけではない。標準監査報告書の変更を通じて利用者を教育するよりも，むしろ，監査の種類に関する情報を投資者により広く提供するべきである。例えば，IAASBが計画している財務諸表の利用者に対する監査の意義に関するコミュニケーションがこれに該当する。

(4) 監査人のコミュニケーションの変更によって生じる法的，実務的，規制上の問題は何か

　どのような標準監査報告書の変更も，新しい監査人のコミュニケーションも，法律上の現実，実務上の要求，および規制上または法による障害を考慮して評価されなければならない。

　① 法律上の現実

　　もし標準監査報告書の変更によって主観的な情報がもたらされるのであれば，監査人に対する訴訟が増加すると考えている人がいる。また，標準監査報告書の変更によって，必然的に被監査会社に対する訴訟が増加することになるわけではないと考えている人もいる。

　　監査人が自らの責任を明確に記述する監査報告書は，いずれにせよ監査人の法的地位を変化させる。その結果，被監査会社が訴訟にさらされる可能性の変化とその変化による効果は，標準監査報告書の変更を評価する際の費用便益分析として考えなければならない。

　　監査人が被監査会社の機密情報を開示できないという法律上の障害もある。

　② 実務上の要求

　　監査人は，このような法律上の現実を考慮すれば，これに関するリスクを最小にする追加の手続を実施せざるを得なくなる。その上，標準監査報告書の変更は基本的に監査の種類，したがって手続の増加や別の手続の適用に影響を与えることになる。このような手続は監査コストを増大させるものとなる。

　　さらに，より主観的な記述を行うように監査報告書を変更することは，特定の地域内と地域外の両方において監査報告書の記載内容に一貫性の欠

如をもたらすことになる。この一貫性の欠如は，共同監査が行われる地域や，グループ監査人が構成要素の監査人の責任を負う地域では，より複雑になる。

最後に，監査報告書にコミュニケーションを追加することは，財務諸表が適正に表示されているかどうかについて投資者が理解するのにより困難になると思われる。

③　規制上の問題

国による規制や法的フレームワークによって標準監査報告書の様式と内容が決まっている。したがって，監査報告を国際的に統一するためには，標準監査報告書は，地域間で異なる報告要件に基づいて調整され変更されなければならない。

## 5　標準監査報告書変更案とそれぞれの長所と短所

標準監査報告書の欠陥を是正するためにいくつかの変更案が示されている。これらは次の4つのカテゴリーに分けることができる。

①　標準監査報告書の構造の変更
②　標準監査報告書で用いられる文言の変更
③　標準監査報告書におけるコミュニケーションの追加
④　結果的に監査報告書の変更をもたらす監査人による保証の種類の変更

### (1) 標準監査報告書の構造の変更

監査報告書における主たるメッセージ（すなわち監査人の意見）をより直接的に伝達するために標準監査報告書の構造を変更しようと考えている人たちがいる。例えば，ICAEW（イングランド・ウェールズ勅許会計士協会）の *Auditor reporting* は，監査意見を監査報告書の冒頭に移し，経営者と監査人のそれぞれの責任に関する標準的な記述，監査の種類，および監査の範囲を付録やウェブサイトまたは他の箇所に移すように標準監査報告書の変更を勧告している。この勧告は，部分的にはISA700（修正版）に組み込まれている。そこでは，特にAPBのウェブサイトで示されている「監査範囲報告書」と相互に参照することによって，監査報告書を簡素化しようとしている。

[長所]

標準監査報告書の構造を変更することにより，財務諸表は財務報告のフレームワークに準拠しているかどうか，および適正に表示されているかどうかについて，利用者が監査人の結論をより容易に理解できるようになる。

[短所]

しかし，標準監査報告書の構造の変更は，より大きな期待ギャップをもたらすこともある。例えば，もし，標準監査報告書において，経営者と監査人のそれぞれの責任に関する記述と監査の種類および監査の範囲を付録や他の箇所に移したとすれば，利用者は監査意見が記述されている文脈を理解できなくなるおそれがある。

(2) 標準監査報告書で用いられる文言の変更

監査報告書のメッセージについて，定型的で専門的な文言を避け，より明確に述べるために標準監査報告書で用いられる文言を変更すればよいと考えている人たちがいる。例えばCohen Commission Reportは，「一般に公正妥当と認められる企業会計の基準に準拠して…適正に表示している」という文言を削除するように求めている。そして，Cohen Commission Reportは，監査報告書は「監査人の作業と検出事項を明確に述べ，不明確な専門的用語は避けるべきである」としている。

[長所]

標準監査報告書で用いられる文言を変更することにより，利用者が容易に監査意見の意味と監査過程を理解できるようになる。これは，期待ギャップを縮小させることに役立つ。この変更によって，利用者は，特定の強調事項の有無や監査人が不正を発見するために行ったことなど，監査業務に関して推定によらざるを得ない部分を減少させることができるようになる。

[短所]

しかし，文言の変更は監査報告書の簡素化に役立たず，有用どころか混乱をもたらす可能性がある。さらに，「適正に表示」や「真実で公正な外観」という専門用語の削除は，規則によってこのような意見の表明が求められている国や地域においては規則の変更や法の改正が必要となる。

## (3) 標準監査報告書におけるコミュニケーションの追加

　標準監査報告書におけるコミュニケーションの追加は，監査の主題（財務諸表）に関する情報と監査そのもの（監査人が実際に実施した業務）に関する情報という，大きく2つの部分に分けられる。監査の主題に関する追加の情報には，一般には開示されていないコミュニケーションがある。例えば，監査人が経営者および／または統治責任者だけと有している情報が典型的である。PCAOBは，2005年2月に，監査人が統治責任者と共有しているコミュニケーションの内容を標準監査報告書に取り入れることによって，標準監査報告書が財務諸表の質に関する情報も含むようにすべきであると主張した。この情報には，会社の会計方針とその適用，および財務諸表とその開示の明瞭性と完全性のような項目がある。

　さらに，ICAEWの*Auditor reporting*は，標準監査報告書には監査人が強調したい事項はないという積極的な記述を入れるよう提案している。このような積極的な記述は，現在の実務の変更をもたらす。そこでは，監査人が特定の項目について利用者の注意を喚起したい場合（例えば，財務諸表の理解に必要であると考えられる重要な事項や，監査，監査人の責任，または監査報告書についての利用者の理解に関する事項のように重要であるとして財務諸表に表示・開示される事項）だけ，この「強調事項」パラグラフを用いるとしている。

　同様に，米国の*Treasury Advisory Committee Report*は，最近，標準監査報告書にはもっと明確に監査人の任務と不正発見の限界を示すべきであると提案した。それは特定の文言で詳述されなくても，次のように監査人の責任を明らかにするものである。

① 財務諸表には全体として不正または誤謬による重要な虚偽の表示がないことについて合理的な保証を得たこと。
② 監査人は監査期間を通じて職業的懐疑心を保持していること，経営者が内部統制を無効にする可能性があることについて考慮していること，そして，監査手続は誤謬発見よりも不正発見には効果的でないことを認識していること。
③ 財務諸表に不正による重要な虚偽の表示が発生する方法と項目について，

監査チームで討議すること。
④ 不正による重要な虚偽表示のリスクを認識し，これに対応した監査手続を実施すること。

　以上の他，監査人が「AD&A（監査人による討議と分析）」のような形式で自らの業務を説明してもらいたいという意見があった。例えば次のとおりである。
① 　ICAEWの*Auditor reporting*は，フランスの標準監査報告書と同様に，監査報告書で会社特有の情報を提供することと，監査に関する重要な特定の問題を取り上げることを提案している。
② 　また，もし監査報告書が「投資者に説明調で」情報を提供するか，「監査人が自らの独立性や監査の特定のリスクや注目した項目を明確にするために実施したこと」を説明したりするのであれば，監査報告書は有用になるであろうと主張する人もいる。
③ 　もし監査の範囲，監査人の行動および監査の結果（討議や分析）に関する監査人の報告書が別々に記載されていれば，監査報告書は有用であると考えている人もいる。
④ 　Richard Fleck氏は，監査報告書を，例えば，財務諸表の重要な特徴や監査が行ったことの説明のような「説明調」にするために何が行われるべきかを研究することが重要であると述べている。

[長所]
　追加のコミュニケーションがあれば，会社の重要な会計処理や会計方針に関する監査人の見解がより明らかになるであろう。また，監査過程や監査人が自らの免責に関して行ったことについてもより明確になるであろう。これにより，投資意思決定に有用な情報を投資者に提供することができるようになる。
　すでに実施された監査の品質について評価できるような情報が提供されれば，高い品質の監査を実施する監査法人が出現する大きな誘因になる。監査報告書が監査人と投資者との間のコミュニケーション用具として与えられれば，投資者は，「説明調」の報告書によって監査の種類と固有の限界をより一層理解できるようになる。このことは，期待ギャップを縮小させるのに役立つ。

第3章　IOSCOの"Auditor Communications"

短所

しかし，監査報告書を会社にあわせて自由な形式で作成することは建設的または実務的ではなく，また，そうした報告書作成のために必要な時間はそれによって得られる便益を超えるであろう。さらに，情報の追加は，監査人が意見を限定していると推定される可能性がある。また，情報が追加されることで，監査人の最終意見が弱められてしまうであろう。そして，監査人に強調事項について積極的な記述を求めることは，必要のない強調事項も記載されることになりかねない。

これまで統治責任者だけに提供されてきたコミュニケーションも含む拡大監査報告書は，追加すべき情報の周辺のテーマが乏しいことを示している。情報の追加によって監査報告書が長文にならないように，監査人と統治責任者との論議は十分には示されず，監査実施時の複雑な判断過程も適切に示されない可能性がある。さらに，かかるコミュニケーションが，投資意思決定を容易にするためではなく，統治責任者たちの監督責任を免責するために意図されている点が重要である。このため，開示情報を追加するためには，監査人は，被監査会社の特別の情報や機密情報を提供せざるを得なくなるであろう。

さらに，監査の主な目的は職業基準で規定されているが，多くの監査法人は独自の監査方法を展開している。したがって，監査人に，実施した監査業務や監査判断の記述を含む説明調の監査報告書の作成を求めることは，情報の漏洩をもたらすと監査法人が懸念することになろう。

(4) 結果的に監査報告書の変更をもたらす監査人による保証の種類の変更

結果的に監査報告書の変更をもたらすような監査人による保証の種類の変更には，The Assembly Report, *The Future of the Accounting Profession*で示されたフレームワークの適用が必要である。The Assembly Reportは，財務諸表の部分ごとに異なる証明基準を定めているが，それは投資者が何らかの意思決定を行う際の不確実性の量や判断に依存している。

The Assembly Reportが示していることは，期待ギャップの縮小と連動している。そのため，監査人の判断こそが監査においてより重要となり，そ

してその判断は，投資者に対する監査人のコミュニケーションにおいて明確に示されなければならない。しかし，これは次の2つの項目が解決されるかどうかに依存している。

　第1に，財務報告モデルの見直しが，IASB（国際会計基準審議会）やFASB（財務会計基準審議会）のような会計基準設定主体によって必要とされていることである。これは，「貸借対照表と損益計算書にふくまれている情報が不確実である場合，財務諸表作成者は，財務諸表の利用者に情報を与えるために必要な自由さと柔軟さを有する」という前提に基づいている。このため，The Assembly Reportモデルのもとで示される財務諸表は，表面上異なる種類の金額から構成される。例えば，現金勘定は，不確実性の見積りを伴う勘定とは異なる金額で計上される。

　第2に，監査報告書の変更は，財務諸表の変更を補うために必要とされ，そして，監査人はこれにより自由かつ柔軟に，財務諸表の作成者が示した不確実性に関する情報について意見を述べることができるようになる。現在の標準意見の表現は，この監査報告書モデルのもとでは財務諸表に最も具体的で，確実な観点（すなわち歴史的原価項目）で用いられている。貸倒引当金のような判断を要する項目の情報については，監査人はより限定した（例えば手続上の）証明を行う。このような項目については，監査人は個別の見積りの証明は行わないで，むしろ会社が明確かつ合理的と思われる過程を用いて判断に至ったことを立証するのである。このように，The Assembly Reportによれば，財務諸表の変更を伴う監査報告書の変更は，投資者や他の利用者が知るべき証明には限界があることを示している。

|長所|

　結果的に監査報告書の変更をもたらすような監査人が提供する保証の種類の変更は，期待ギャップの縮小に役立つ可能性がある。その理由は，個々の証明基準は監査人が証明する特定の財務情報の種類と一致しているので，監査報告書は財務情報の確実性の程度を反映するからである。さらに，監査報告書によって，財務報告の固有の限界とこれに対応する証明機能が明確になるので，このような報告モデルは，監査の固有の判断をより適切に反映したものとなる。そうなれば，このモデルは，経営者による判断と見積り，およ

第3章　IOSCOの"Auditor Communications"

び監査人がこれらの判断と見積りを評価する際に用いた手続について投資者が理解するのに役立つので，事業，財務報告および監査の複雑な内容のものをよく反映することになる。

短所

　しかし，この変更は2つの実務上の難点がある。第1に，この変更は今日の財務報告モデルのもとでは実行可能ではない。つまり，これは，上述の財務報告の変更が先行しないかぎり難しい。第2の難点は，異なる金額や開示に異なる保証基準や保証水準を適用する場合に存在する。監査によって提供される保証の水準は定量化されないので，財務諸表の一部について提供する保証の水準を明確にすることは困難である。財務諸表の一部について保証することは，財務諸表に全体として重要な虚偽の表示がないかどうかについて「合理的な保証」を提供するという考え方とは異質のものであり，監査手続による証明には適合しないものである。このことは，利用者が実際に受け取る保証を理解できず，期待ギャップを増幅させることになりかねない。

　以上の実務上の難点が解決されたとしても，このような保証の種類の変更は，投資者が今日の監査モデルのもとで受け取る全体的な保証水準の低下をもたらす可能性がある。このモデルのもとでは，監査人は，財務諸表全体に関する合理的な保証を得るために監査を計画し実行するのではなく，特定の金額や開示に重要な虚偽の表示がないかどうかについての心証を得るために，監査を計画し実行するのである。さらに，監査人は，ある特定の開示や金額については，計算過程から結果として生じる開示や金額（例えば見積り額）ではなく，その過程だけを証明するのである。このモデルからどのような全体水準の保証が得られるか明確ではないが，異なる保証基準や保証水準を提供することによって，今日財務諸表全体に与えられている合理的な保証の概念が変化する。

　潜在的なこのモデルの短所は次のとおりである。
① 　このモデルが市場で容認されるためには，まず財務報告の正確性に関する投資者の認識の変化が必要である。
② 　このモデルは，さまざまな証明手続の導入により，今日の報告モデルとは別の監査報告モデルをもたらすことになる。

③ このモデルのための証明手続の基準はまだ作られていない。したがって，監査人がこれらの基準を作成する必要がある。

## 6　要約

今日の標準監査報告書の主たる目的は，財務諸表に対する監査人の意見を明確に表明することと，その意見形成の基礎を記述することである。しかし，この目的が取り上げられているかどうか，また監査の過程とその結果に関する投資者の情報要求が満たされているかどうかについては疑問が生じている。このような標準監査報告書の欠点を取り除くために，多くの解決策が提案されている。その中には，標準監査報告書に追加のコミュニケーションを取り入れてその構造と記述を変更しようとするものや，監査人によって提供される保証の種類を変えようとするものがある。これらはいずれも結果として監査報告書の変更をもたらすものである。これらの各解決策は，投資者の情報要求と，監査人と監査報告書の果たすべき役割について注意深く検討されている。監査業務作業部会は，本報告書によって，監査人のコミュニケーションに関する実りある国際的議論が促進されることを希望している。

## 7　要望事項

監査業務作業部会は，監査人のコミュニケーションに関する問題の検討を容易にするために，次の事項についてさらなる論議を求める。
① 標準監査報告書は利用者にとって有用か。もし有用でなければ，その理由は何か。
② 投資者はもっと簡潔な監査報告書（例えば，財務諸表が適正に表示しているかどうかに関する監査人の意見だけを記載した１文の報告書）の方を好むか。もしそうであれば，その理由は何か。
③ 投資者は自らの投資意思決定に必要な監査上の情報を受け取っているか。もし受け取っていなければ，その情報は誰が作成すべきか―経営者か監査人か。監査人が作成する情報は標準監査報告書に記載されるべきか，または，監査人のコミュニケーションが保証されるべきか。新たな監査人のコミュニケーションはどのようなことに対応すべきか（例えば，リスクや監

査における検出事項に関する監査人の分析，発行者の財務報告の質に関する報告，監査人の独立性や監査で実施した業務に関する議論や分析），そして，どのような形式で行われるべきか（例えば，標準監査報告書が変更された場合の変更後の標準監査報告書においてか，それとも新たな監査人のコミュニケーションにおいてか）。この追加の情報は，投資者が監査済みの財務諸表を利用する際にどのような影響を与えるか。現在の情報の有用性は長期にわたって逓減するであろうか。

④　もし監査人に新たなコミュニケーションが求められた場合，このコミュニケーションは実務上可能か。どのような法的規制や実務がこのコミュニケーションの障害となるか。規制者は，追加情報の内容を決定するために，どのような規準または原則を適用するか。投資者は，情報を受け取る代替的方法はあるか（例えば，新たな監査人のコミュニケーションの代わりに，経営者または統治責任者による新たな開示のような方法）。

## 第5節　むすび

　以上みてきたように，IOSCOは，標準監査報告書の変更について，2009年9月に公表したConsultation Report, *Auditor Communications*において詳細に検討している。このIOSCOの検討の特徴は，次の4つの点に要約することができる。

① 　IOSCOは，基本的なスタンスとして，監査報告書の主な目的は財務諸表に対する監査人の意見を明確に表明することとその意見形成の基礎を述べることであり，これによって投資者の情報要求を満足させるものであるとしている。しかし，現行の監査報告書が監査の過程と結果に関する投資者の情報要求が満たされているかどうかという点についてはなお疑問が残るとして，現行監査報告書の変更を求めている。

　これは，グローバルに投資者を保護し，公正で効果的な市場を確立し，投資者の不測のリスクを減らすというIOSCOの目的からして当然である。

② 　現行監査報告書の変更にあたっては監査報告書の国際的な統一を図る必要があるが，IOSCOは，規制機関や基準設定主体は国によって異なる標

準監査報告書の報告要件を調整してさまざまな目的を達成し均衡させる最適な方法を決定しなければならないとしている。

　これも，IOSCOが，証券監督に関する原則・指針等の国際的なルールの策定等を行うために，世界各国・地域の証券監督機関や証券取引所等によって設立された国際的な機関であることからして首肯できる。

③　IOSCOは，現行の標準監査報告書の欠陥として3点（pass／failモデルの監査意見の表明，定型的で専門的な文言での表明，監査特有の努力や判断の結果を反映していないため期待ギャップの増幅）を指摘している。

　これは，IOSCOが独自の見解として現行標準監査報告書の欠陥を取り上げているというよりも，各国の基準設定主体や識者が主張していることを総括的に取りまとめたと解すべきである。

④　現行監査報告書の変更に関連して，IOSCOは標準監査報告書の4つの疑問点を示し，それぞれの長所と短所について検討しているが，いずれも検討しただけにとどまっており，IOSCOとしての積極的な解決策を提示しているものではない。

　もともとIOSCOは，監査報告書の変更はIAASB等の基準設定主体が行うべきものであり，IOSCOが前面に出て主導すべきではないと考えていると思われる。しかし，その一方で現行監査報告書には不備な点があることから，変更自体は歓迎している。そこで，この間を調整して，標準監査報告書の4つの変更案の長所と短所を示すことによって自らの存在を主張しているのであろう。

　以上の結果，IOSCOは，IAASB等の基準設定主体が現行監査報告書の変更を決定すればそれに基づいて証券監督行政を行うものと考えられる。

**参考文献**

IOSCO [2009] Consultation Report, *Auditor Communications*, Technical Committee of the International Organization of Securities Commission (September).

（長吉眞一）

# 第4章 EC(欧州委員会)における監査報告の動向
―2010年公表のGreen Paperを中心として―

## 第1節　Green Paper公表の背景

　2010年4月にEC(欧州委員会)は,金融危機に照らし,2007年から2009年にわたって多数の銀行が,帳簿上あるいは簿外で巨額の損失があったにもかかわらず,当該期間において監査人がクライアントに対して監査報告書で無限定適正意見(clean opinion)を表明していた点などをあげ,金融危機における監査の役割,および現行法制の枠組みの適合性(suitability)と妥当性(adequacy)について検討し,討議資料を公表することを表明した(EC[2010] p.3)。

　そこで同年10月にECは,Green Paper, *Audit Policy: Lessons from the Crisis*(以下,GPという)を公表するに至った。

　GPでは,監査人の役割,監査事務所のガバナンスと独立性,監査人への監督,監査市場の形態(寡占),監査サービス提供のための欧州単一市場の創造,中小規模の事業体や監査事務所のルールの簡素化,およびグローバルな監査ネットワークの監督に関する国際的な協力など多岐にわたって討議している。本章では,その中でも特に監査報告のあり方に関する議論に焦点を当て検討する。

## 第2節　GPにおける金融危機と監査人の役割ならびに監査報告書との関係

　GPにおける監査報告のあり方および書式等に関する議論は,監査人による利害関係者へのコミュニケーションという観点から検討されており,その特徴として次の2点に分類できる。

## 1 財務諸表監査のあり方について

### (1) 貸借対照表の実証的な検証に重点をおく財務諸表監査

　GPでは，利害関係者に対し，ヨリ高い水準の保証を提供することに関連して，「基本に戻る（"going back to basics"）」アプローチ，すなわち，財務諸表のうちの貸借対照表の実証的な検証に重点をおく財務諸表監査へのシフトを提案している。

　言い換えればGPでは，利害関係者に提供されるべき監査意見や監査報告書を見直すにあたって，被監査会社の貸借対照表の実証的な検証（substantive verification）をどの程度行うかという監査の方法論（audit methodology）に踏み込んで検討している。

　すなわちGPでは，現在の財務諸表監査における「合理的な保証」は，財務諸表が真実かつ公正な概観（true and fair view）を与えていることを保証することよりも，財務諸表が適用可能な財務報告の枠組みに準拠して作成されていることを保証することに向けられていると指摘している（EC［2010］p.6）。その上で，監査人が利害関係者に対して高い水準の保証を提供するためには，主に被監査会社に責任があり，大部分は内部監査によってカバーされるコンプライアンスやシステムの作業（system work）に頼ることなく，財務諸表監査は，貸借対照表の実証的な検証に強く焦点を当てるという「基本に戻る」ケースを模索することを望んでいる。

　そして監査人は，どの構成要素が直接的に検証され，どの構成要素が専門的な判断，内部モデル，仮説および経営者の説明に基づいて検証されたのかについて開示することができるとしている。それに加えて監査人が真実かつ公正な概観を提供するためには，監査人は形式よりも実質を優先することを保証すべきであると述べている（EC［2010］p.7）。

　さらに，GPでは健全な財務情報を行う第一義的責任は経営者にある一方で，監査人は，利用者の観点から経営者に対して積極的に異議を申し立てる役割を果たすことができ，その際には職業的懐疑心の行使が重要であるとしている。職業的懐疑心はまた，財務諸表における重要な開示に関して行使されるべきであり，それはまた監査報告書における適切な「強調事項（emphasis of matter）」に帰着する。しかしながら利害関係者に意味のない開示が増え

ることは避けるべきであると述べている（EC［2010］p.7）。

(2) 無限定適正意見以外の監査報告書（qualified audit reports）について

GPでは，監査の環境における大きな問題の1つに，無限定適正意見以外の監査報告書に対して否定的な見方がされることを指摘している。すなわち「監査意見が無限定適正意見ではない」ことは，被監査会社と監査人の双方が嫌うもの（anathema）であり，この点で「オール・オア・ナッシング」の考え方がもたれ続けているという。

また監査報告書とともに，あるいは監査報告書の一部として，有益な情報（例えば，潜在的なリスク，部門別の展開，商品リスクおよび為替リスク）を提供することによって，利害関係者にさらなる価値を提供できるか否かを検討する必要があるとしている（EC［2010］p.7）。

## 2　利害関係者とのコミュニケーションについて

さらに，GPでは利害関係者の有用性という観点から，監査報告書がヨリ多くの情報を提供することについて提案されている。すなわち，リスク情報や将来予測情報の提供およびCSR情報の保証等について検討する必要性について述べられている。

(1) 外部および内部へのさらなるコミュニケーションについて

① 外部へのコミュニケーション

GPでは，全体的なコミュニケーション・プロセスを改善するため，監査人のコミュニケーションの責任を再検討する必要があると指摘している。これに関連して，例えば英国では監査報告書を簡潔なモデルに改訂しており，監査報告書をヨリ有益にするための検討が行われている。またフランス商法は，監査人に対して決算書に関する報告書とともに監査意見を公に正当化する（publicly justify）ことを要求している[1]。

---

▶1　甲斐［2010］によれば，フランス商法では監査報告書において「評価の正当性（Justification des appréciations）」というセクションを設けることが要求されており，①会計方針，②会計上の見積り，③財務諸表全体としての開示に関して，主にどのような監査手続を実施したのかが記載される。

そしてGPでは，監査人が入手可能な情報で，公共の利益（public interest）に資するものについて，公表すべき範囲を検討することもできるとしている。このような情報には企業がさらされている将来のリスクおよび事象，知的財産に対するリスク，無形資産に対して悪影響が生じる範囲などが含まれる。

これらに加えて，監査人から利害関係者へのコミュニケーションのタイミング，頻度に関しても検討する必要があるとする（EC［2010］p.8）。
② 内部でのコミュニケーション

内部におけるさらなるコミュニケーションとして，GPでは監査委員会，外部監査人，内部監査人の間で定期的なコミュニケーションが確保されるべきであるとする。このようなコミュニケーションの好例として，ドイツにおいて外部監査人から監査役会に提出することが義務づけられている「長文式の」監査報告書をあげている（EC［2010］p.8）。

(2) 企業の社会的責任（Corporate Social and Environmental Responsibility: CSR）について

GPにおいてCSRとは，「企業が社会的，環境的関心を自主的な基準で利害関係者との相互作用（interaction）において事業活動に統合する方法」（EC［2010］p.8）をいう。そこでGPでは，CSR情報の品質および信頼性を保証するために，報告された情報に対する独立的なチェックが必要かどうか，およびその役割を監査人が担うべきかどうかについて検討する必要があるとしている（EC［2010］pp.8-9）。

(3) 監査人の権限（mandate）の拡大について

現在の監査の焦点のほとんどは，歴史的情報に基づくものであるが，GPでは監査人が，企業が作成した将来情報の評価を行う範囲，また監査人自身が企業の経済上・財務上の見通しについて情報提供できる範囲について検討することは，重要であると述べている。特に後者については，「継続企業」のコンテクストで該当する。一方，将来情報の分析は，少なくとも大規模な上場企業に関しては，アナリストや格付機関によって行われている。それゆ

えに監査人の役割の拡大は，それによって利害関係者に真の価値（real value）が追加される場合にかぎり行うべきであるとする（EC［2010］p.9）。

## 第3節　GPに対するコメント

　2010年12月に市中協議が締め切られ，688の回答が寄せられた。回答を地域別でみると，全回答の約87％（599回答）はEU（欧州連合）加盟国であり，続いて非EU国からは48回答，世界全体からの回答（ここには国際的な監査事務所ネットワークおよび協会を含む）が22回答，そしてEU全域にわたる利害関係者からの回答が19回答であった。

　上記のEU加盟国からの回答（599回答）では，全回答の42％はドイツからであり，それに加えてイギリス，フランスおよびスペインからの回答が，個々の加盟国から受け取った回答の3分の2以上を占めた。非EU国の回答（49回答）のほぼ半数の回答は米国からであった[2]。以下は，そのコメントを要約したものである。

### 1　全般的な見解（EC［2011a］p.67）

　GPでは，監査実務と一般の人々が意図している監査に対する理解（perception）との間に期待ギャップが存在し続けていることを指摘している。

　そこで当該期待ギャップを狭めるためには，監査の実施とその結果に関する透明性を向上させることが重要であると考えている。その際には，主要な利害関係者が要求する機能において実行された作業を「調整する（adjust）」ことも等しく重要であると考えられている。

---

▶2　回答者を利害グループ別でみた場合，全回答の59％（407回答）は，監査専門職（audit profession）からであり，次いで財務諸表作成者（preparers, business and organizations of companies）が145回答，公的機関（public authorities）が57回答，学界（academia）が28回答，利用者（users）が22回答，その他が20回答，監査委員会が9回答であった。監査専門職からの回答（407回答）では，286回答がドイツの監査専門職からであったことに注意が必要である。これらの監査専門職には単独の開業者や他の小規模な監査事務所といった中小規模の実務家が含まれる。その他，専門職団体が94回答，ビッグ4のネットワークが4回答，中規模事務所が23回答であった。さらに財務諸表作成者（145回答）の内訳は，49回答が企業団体であり，金融サービス提供者が20回答であった。専門職団体によって反映された見方ではあるが，中小企業として識別された会社は2社，その他企業が60社，他の事業体の代表が14社であった（EC［2011a］pp.4-5）。

さらに，監査人の社会的役割が明確であるべきことが示されているが，それには説明（clarification）あるいはヨリ良い意見表明（better articulation）が有用である可能性を指摘している。

これに関連して学界は，監査に多くの価値を追加するには，監査報告および情報開示を強化することによって，一般の人々の期待と監査人の期待を調整する必要があることを示唆している。しかしながら現在の法的枠組みでは，監査人の独立性を保全し，構造的変化を必要とするには十分でないことも指摘している。

一方，個々の財務諸表作成者（business preparers）の大半は，監査の範囲や役割を再定義する本当の必要性を表していないが，そのうちのいくつかは，監査品質の向上と同様に，財務諸表の正確さに関する監査の役割を再定義することによって，改善が達成できることに同意している（EC［2011a］p.67）。

## 2 利害関係者別の個別回答

GPにおける監査報告のあり方および書式等に関する議論に対するコメントでは，利害関係者ごとに個別回答が述べられている。そこで以下では，各利害関係者が上述の第2節で掲げた分類に即して，いかなる見解をもっているかについて，該当する回答を抽出し，まとめることとする（EC［2011a］pp.68-73; 甲斐［2012］29-31頁）。

(1) 利害関係者により高い水準の保証を提供することについて

専門職団体は，財務諸表監査は経営者によって提供される財務諸表の真実かつ公正な概観（true and fair view）に合理的な保証を与えることであり，財務の健全性に関する報告ではないと考えている（EC［2011a］p.7）。同様に公的機関・学界・財務諸表作成者についても財務諸表監査は財務の健全性に関する報告ではないという回答が多かった。

一方投資者は，現在の監査人の役割を拡張することなく，現在の監査人の責任の範囲内で，監査人は企業の財務健全性に関する安心（comfort）を提供すべきことを期待している（EC［2011a］p.8）。

また専門職団体および財務諸表作成者は，GPで提案されているヨリ実証的な検証（substantive testing）に焦点を当てる監査の方法論，いわゆる「基本に戻る」アプローチによって，財務諸表監査がより高い保証を与えることができると同意していない（EC［2011a］p.7,11）。

　この点につき，例えば財務諸表作成者からは，このようなアプローチは小規模事業体の監査には支持できるが，中規模あるいは大規模事業体の監査には賛同できないと回答し，リスクベースのアプローチ（財務諸表における重要な虚偽表示のリスクに基づくアプローチ）が監査手法としてヨリ効果的であるとしている（EC［2011a］p.11）。

　同様に，日本公認会計士協会のGPに対するコメント（日本公認会計士協会［2010］）においても，以下のように述べられている。

　「リスクに基づくアプローチは，コストベネフィットの観点からのみならず，財務諸表監査の質の向上のためにも重要である。監査人は，リスクに基づくアプローチにより，よりリスクの高い分野に焦点を当てた検証が可能になり，結果的に，財務諸表監査の質の向上が図られている。したがって，当協会は，リスクに基づくアプローチによる現在の財務諸表監査は，『財務諸表の適正表示に対する合理的保証』を提供するものとして，適切であり，このアプローチを変更すべきではないと考える。」（日本公認会計士協会［2010］4頁）

　それに加えてQuick［2012］においても，伝統的な監査手法すなわち財務諸表の実証的な検証に重きをおくアプローチが適切であるかどうかは，疑問であるという。この点に関して，大手の監査事務所は，ビジネスリスク監査アプローチ（business risk audit approach）[3]を適用しており，当該アプロー

---

▶3　Quick［2012］のいう"business risk audit approach"では，ビジネスリスクを「クライアントがビジネスの目標の達成を失敗するリスク」と定義しており，当該アプローチでは，まず①監査人は内部統制を含め，事業体とその環境の理解を得るためにリスク評価手続を実施する。これにより財務諸表の虚偽表示につながる可能性のあるビジネスリスクの識別を可能とする，②その後，監査人はそれらのビジネス上のリスクに対する事業体の対応を評価し，その実施についての証拠を入手する，そして③リスク評価に基づいて監査人はアサーションレベルでの虚偽表示のリスクを評価し，必要な監査手続を実施する」としていることから，当該アプローチは，わが国でいう「事業上のリスク等を重視したリスク・アプローチ」を指すものと思われる。

チの有効性に関して，先行研究では混在した結果が出ているが，全体としてビジネスリスク監査アプローチが監査品質に対する負の効果があると証明されていないという。その結果，財務諸表の実証的な検証への回帰は有益ではなく，主にそれは監査のコストを増加させるだけであると指摘している（Quick［2012］pp.20-21）。

(2) 無限定適正意見以外の監査報告書（qualified audit reports）について

GPで提案されたこと，すなわち「監査意見が無限定適正意見ではない」ことは，被監査会社と監査人の双方が嫌うものであり，「オール・オア・ナッシング」の考え方がもたれ続けていることに，専門職団体・投資者は同意している。このうち専門職団体は，限定付適正意見が監査報告書においてヨリ良く説明されるべきであると指摘している（EC［2011a］p.7）。

一方，投資者からは，この点を改善すべく，さらに情報を与える監査意見や，「強調事項」を頻繁に使用すること，あるいは監査報告書で使用されている専門用語の見直し（例えば，「強調事項」や「（真実かつ公正な概観のための）離脱（true and fair override）」など）を提案している（EC［2011a］p.8）。

これに対して財務諸表作成者は，監査報告書の用語の見直しには賛同しており，監査意見，監査人の責任，および実施された監査の内容については明確に区分すべきであり，監査人は重要な判断に関するヨリ多くの情報と同様に，詳細な情報を提供すべきであるとしている（EC［2011a］p.11）。

そして無限定適正意見以外の監査報告については，現在の形式が十分であると一般的に信用されているが，無限定適正意見以外である理由について説明をすることに関して研究することが有益であるとともに，長文式監査報告書あるいは短文式監査報告書であるべきかについては特に関心がなく，監査人の監査意見に対する責任を明確にするとともに，監査人がいかに監査計画を立案し，実施したか（すなわち監査の方法論）を一般大衆および利用者に説明するべきではあるが，当該説明は監査意見に含むべきではないとのコメントもあった（EC［2011a］p.11）。

### (3) 外部および内部へのさらなるコミュニケーションについて

　監査人と被監査会社の外部および内部へのコミュニケーションについては，専門職団体・公的機関からは，期待ギャップを減少するためには必要である（EC［2011a］p.7,9）という認識であった。ただし，決算日と監査報告書の日付の時間間隔（time gap）は，監査の品質を毀損することなく短縮することはできないとしている。

### (4) CSRについて

　CSRに監査人が積極的に役割を果たすべきかどうかについては，専門職団体・投資者・財務諸表作成者いずれのグループからも否定的な回答が多い傾向であった。これは，CSR報告書がしばしば定性的な情報であるために，現在の監査人が当該情報を監査することには慎重であるべきことを示している（EC［2011a］p.10）。

### (5) 監査人の権限（mandate）の拡大について

　公的機関は，現在の監査の役割は将来情報ではなく，歴史的情報に関する保証であり，少なくとも大規模な上場企業に関しては，将来情報の分析はアナリストや格付機関によって行われている。したがって監査人はこうしたものに取って代わるべきものではないとの意見であった（EC［2011a］p.9）。

## 第4節　コメントを受けて

　さて，2011年11月30日にECは，すべての法定監査に対して適用される，①「年次財務諸表及び連結財務諸表の法定監査に関する指令[4]2006/43/ECを改正する欧州議会（European Parliament）及び欧州連合理事会（閣僚理事会）（Council of the European Union 1）の指令案（EC［2011b］）（以下，

---

▶4　ジェトロ・ブリュッセル・センター［2006］によれば，規則（Regulation）は，規則自体がEU域内の各国政府や民間企業の行動を直接規制する法令であり，各加盟国の国内法に優先して直接加盟国に適用されるのに対し，指令（Directive）は，採択されると，加盟国は国内法・規制を指令に沿って制定または改正しなければならない。また指令は最低要求であり，各国の国情などにより厳しくすることができるという。

指令案という)」および社会的影響度の高い事業体(Public-Interest Entities：PIE)[5]の監査人および監査委員会に対して適用される，②「PIEの法定監査に対する要求事項に関する欧州議会及び欧州連合理事会の規則案」(EC [2011c])(新設)(以下，規則案という)の2つの法案を公表した。

　法案の提出とともに公表された委員会スタッフのワーキングペーパーによれば，法定監査が実施される際に，2006/43/EC指令は，法定監査人あるいは監査事務所によって適用される監査基準を直接規定しておらず，EU内で国際的な監査基準の適用可能性についての決定をECが行うという公的な権限を与えている。現状ではECは，未だ当該問題について決断を下しておらず，加盟国では適用可能な監査基準の決定を自由に決めることができている(EC [2011d] pp.99-100)。

　そして監査報告書の内容は，78/660/EEC指令の第51条aに規定されており，以下の情報を含まなければならないとしている。

① 導入区分で少なくとも法定監査の対象となる年次財務諸表とともに，財務諸表の作成に適用された財務報告のフレームワークを識別しなければならない。

② 当該法定監査の範囲の記載は，少なくとも法定監査が監査基準に準拠して実施されたことを識別しなければならない。

③ 監査意見を表明する。年次財務諸表が真実かつ公正な概観を示し，関連する財務報告の枠組みに従って作成されているかどうか，また関連する場合，年次財務諸表が，法定の要求事項に準拠しているかどうかに関する法定監査人の意見を明確に記載する。監査意見は，無限定適正意見，限定付適正意見，不適正意見，または法定監査人が意見を表明できない場合，意見不表明としなければならない。

④ 監査意見に影響を及ぼすことなく，法定監査人が強調する事項を記載する。

---

▶5　PIEとは，銀行その他の金融会社，および法定監査指令2006/43/ECで定義されている一般の上場企業などを指しており，金融領域の発展に伴い，金融機関の新しいカテゴリーがEU法の下に作成され，PIEの定義は同指令2006/43/ECの改正である指令の提案によって改正され，集団投資のための投資会社，決済機関，譲渡可能証券へ集合的投資を行う事業体(UCITS)，電子マネー機関，およびオルタナティブ投資を行うファンドも含まれる(EC [2011e] p.3, footnote1)。

## 図表4-1 規則案の内容（抜粋）

### 第4章 監査報告

#### 第21条 法定監査の結果

　法定監査人または監査事務所は，法定監査の結果を以下の報告書によって提示しなければならない。
― 第22条に従った監査報告書
― 第23条に従った監査委員会に対する追加報告書
　法定監査人または監査事務所は，法定監査の結果を第24条に従って被監査会社の監査委員会に報告し，また第25条に従ってPIEの監督当局に報告しなければならない。

#### 第22条 監査報告書

第1項
　法定監査人または監査事務所は，PIEに対する法定監査の結果を監査報告書において提示しなければならない。

第2項
　監査報告書は書面によらなければならない。監査報告書において，少なくとも次のことが行われなければならない。
(a) 監査対象である年次財務諸表または連結財務諸表を作成している企業の名称を記載する。
(b) 年次財務諸表または連結財務諸表の名称およびそれが対象としている日付及び期間を記載する。
(c) 追加的な報告書がレビューされている場合，当該レビューの範囲について説明する。
(d) 法定監査人または監査事務所を選任した，被監査会社における期間の名称を記載する。
(e) 過去の更新及び再選任を含む，選任された日付および在任期間について記載する。
(f) 第20条に規定される国際的な基準に従って法定監査を実施した旨を記載する。
(g) 財務諸表作成に際して適用された財務報告の枠組みの名称を記載する。
(h) 使用した方法論について記述する（貸借対照表を直接検証した程度，システムおよび運用評価手続に依拠した程度）。
(i) 前年度と比較した実証手続と内部統制の運用評価手続の比率の変動について説明する。これは，前年度の法定監査が他の監査人や監査事務所によっておこなわれた場合も記載する。
(j) 法定監査実施において適用した重要性の基準値について具体的に説明する。
(k) 重要な会計上の見積り，または測定の不確実性の領域を含む，財務諸表または連結財務諸表の虚偽表示リスクの主な領域について記載する。
(l) 被監査会社，または連結財務諸表監査の場合には，親会社およびグループの状況に関して記述する（特に企業または親会社およびグループが予測しうる将来にわたって義務を果たし，継続企業として存続する能力の評価）。
(m) 企業または連結財務諸表の場合には親会社の内部統制システム（法定監査において識別した内部統制上の重要な不備を含む）および帳簿・会計システムについて評価する。
(n) 法定監査が，不正を含む，誤謬をどの程度発見するようにデザインされているか説明する。
(o) 会計規則違反，法令，定款および会計方針に関する判断への違反，および企業のガバナンスにおいて重要なその他の事項について記載し説明する。

(p) 監査意見が第23条に規定される監査委員会に対する追加報告書と整合している旨を確認する。
(q) 第10条第3項に規定される非監査業務を提供しておらず，従って法定監査人または監査事務所は監査実施において完全に独立している旨を宣誓する。法定監査が監査事務所によって実施されている場合，監査報告書において，監査業務チームの各メンバーの名前を記載し，すべてのメンバーが完全に独立していること，また被監査会社に対する直接的または間接的な利害を有さないことを記載しなければならない。
(r) 法定監査人または監査事務所が，被監査会社に提供することを監査委員会が承認している，第10条第3項(b)(i)および(ii)に規定される非監査業務について記載する。
(s) 法定監査人または監査事務所が被監査会社に提供することを第35条第1項に規定される監査当局が承認している，第10条第3項(b)(iii)および(iv)に規定される非監査業務について記載する。
(t) 監査意見を表明する。年次財務諸表または連結財務諸表が，真実かつ公正な概観を示し，関連する財務報告の枠組みに従って作成されているかどうか，また関連する場合，年次財務諸表または連結財務諸表が，法定の要求事項に準拠しているかどうかに関する，法定監査人または監査事務所の意見を明確に記載する。監査意見は，無限定適正意見，限定付適正意見，不適正意見，または法定監査人または監査事務所が意見を表明できない場合，意見不表明としなければならない。限定付適正意見，不適正意見または意見不表明の場合，監査報告書においてその理由を説明しなければならない。
(u) 監査意見に影響を及ぼさずに，法定監査人または監査事務所が強調する事項を記載する。
(v) 年次報告書が，同事業年度における年次財務諸表と整合していること等についての意見を記載する。
(w) 法定監査人または監査事務所の所在地を記載する。

第3項
　複数の監査人または監査法人がPIEの法定監査を遂行するために選任された際には，法定監査の結果に同意し，共同報告書および意見を提出しなければならない。意見が不一致の場合には，各法定監査人または監査事務所は，個別の意見を提出しなければならない。もしある法定監査人あるいは監査事務所が限定付適正意見を表明する，不適正意見を表明する，あるいは意見を表明しない場合，全体としての意見は限定付適正意見を表明する，不適正意見を表明する，あるいは意見を表明しないとしなければならない。独立した段落で，各法定監査人あるいは監査事務所は不一致の理由について言及しなければならない。

第4項
　監査報告書は，4ページまたは10,000字（空白を除く）を超過してはならない。また，第23条に規定される監査委員会に対する追加報告書への参照を設けてはならない。

第5項
　監査報告書は，法定監査人あるいは監査事務所によって発行年を示し，署名がなされなければならない。監査事務所が法定監査を実施する場合には，監査報告書は，監査事務所に代わって少なくとも法定監査を実施した法定監査人によって署名されなければならない。

第6項
　年次財務諸表，連結財務諸表および特定事業の関連する報告書に関する指令［XXX］の第35条では，PIEの監査報告を適用しない。

第7項
　法定監査人あるいは監査事務所は，任意の権威ある当局による監査報告書の承認を示すような方法で当局の名称を使用してはならない。

⑤ 年次報告書が，同事業年度における年次財務諸表と整合していること等についての意見を記載する（EC［2011d］p.101）。

さらに規則案は，先の金融危機に対する法定監査の脆弱性（weaknesses）が，その事業，規模，従業員数または企業の状況によって広範囲の利害関係者を有しており，PIEの法定監査において，特に明白であったとして提案された（EC［2011c］p.2）。そして規則案では，監査報告に関して前頁の図表4-1のように提案されている（EC［2011c］pp.41-44）。

## 第5節　むすびに代えて

現在，IAASB（国際監査・保証基準審議会）やPCAOB（公開会社会計監視委員会）のみならず，英国などの諸外国で，監査報告の変革に関する議論が行われている。本章では，その詳細[6]についての検討は行わないが，前節で取り上げたECの規則案では，監査人が実施した監査の内容についての説明あるいは補足的な事項の記載を求めている点が特徴的である。すなわち，図表4-1の第2項(h)から(o)に掲げられているように，例えば監査において使用した方法論（貸借対照表を直接検証した程度，およびシステムおよび運用評価手続に依拠した程度），前年度と比較した実証手続および運用評価手続の比率の変動，監査における重要性の基準値，重要な会計上の見積もり，または測定の不確実性の領域を含む，財務諸表（連結財務諸表）の重要な虚偽表示のリスクの主な領域，法定監査が不正を含む誤謬をどの程度発見するようにデザインされているか等を詳述することを求めている。

このように，ECの提案するPIEの監査報告書では，監査報告書の利用者の理解を促進するために，監査人が実施した監査の詳細を開示する方向性が提示されている。

また本章では取り扱っていないが，追加的でヨリ詳細な監査報告書が被監査会社に提出され，監査委員会および経営者に対して，実施した監査に関す

---

▶6　この点につき，詳細な研究として林［2011］，山﨑［2011］，五十嵐［2012］，伊藤［2012］などがある。また日本監査研究学会課題別研究部会［2012］も参照されたい。

る詳細な情報を提供することを求めている点も特徴的である。

　なお指令案および規則案は，その後2013年12月17日に欧州議会と加盟国の間で暫定合意に至っており（EC［2013］），2014年4月3日に欧州議会で議決されている。

### 参考文献

EC［2010］Green Paper, *Audit Policy: Lessons from the Crisis.*

EC［2011a］Summary of Responses Green Paper Audit Policy: Lessons from the Crisis.

EC［2011b］*Proposal for a Directive of the European Parliament and of the Council amending Directive 2006/43/EC on statutory audits of annual accounts and consolidated accounts.*

EC［2011c］*Proposal for a Regulation of the European Parliament and of the Council on specific requirements regarding statutory audit of public-interest entities.*

EC［2011d］*Commission Staff Working Paper Impact Assessment accompanying the document Proposal for a Directive of the European Parliament and of the Council amending Directive 2006/43/EC on statutory audits of annual accounts and consolidated accounts and a Proposal for a Regulation of the European Parliament and of the Council on specific requirements regarding statutory audit of public-interest entities.*

EC［2011e］*Reforming the Audit Market — Frequently Asked Questions.*

EC［2013］MEMO/13/1171, *Commissioner Michel Barnier welcomes provisional agreement in trilogue on the reform of the audit sector,* Brussels (17 December), http://europa.eu/rapid/press-release_MEMO-13-1171_en.htm（最終閲覧日：2014年6月26日）.

Humphrey, C., A. Kausar, A. Loft, and M. Woods.［2011］Regulating Audit beyond the Crisis: A Critical Discussion of the EU Green Paper, *European Accounting Review,* Vol.20, No.3, pp.431-457.

Quick, R.［2012］EC Green Paper Proposals and Audit Quality, *Accounting in Europe,* Vol.9, No.1, pp.17-38.

五十嵐則夫［2012］「財務報告制度の変革と監査報告のパラダイムシフト」『企業会計』第64巻第2号，109-117頁.

伊藤龍峰［2012］「監査報告書改革の動向：PCAOBコンセプト・リリースNo.2011-003を手掛かりとして」『西南学院大学商学論集』（西南学院大学）第59巻第1号，

29-49頁。

甲斐幸子［2010］「欧州委員会　グリーン・ペーパー『監査に関する施策：金融危機からの教訓』」『会計・監査ジャーナル』第22巻第12号，10-15頁。

甲斐幸子［2012］「欧州委員会　社会的影響度の高い事業体の法定監査に関する規則案について」『会計・監査ジャーナル』第24巻第3号，25-39頁。

ジェトロ・ブリュッセル・センター［2006］「EU法データベース『EUR-Lex』検索マニュアル（改訂版）」4頁，https://www.jetro.go.jp/jfile/report/05001142/05001142_001_BUP_0.pdf#search='EURlex'（最終閲覧日：2014年6月26日）。

日本監査研究学会課題別研究部会［2012］『監査報告モデルに関する研究（中間報告）』。

日本公認会計士協会［2010］「欧州委員会　グリーン・ペーパー『監査に関する施策：金融危機からの教訓』に対するコメント」1-8頁，https://www.hp.jicpa.or.jp/specialized_field/files/4-99-0-2_j-20101215.pdf（最終閲覧日2014年6月26日）。

林隆敏［2011］「標準監査報告書の行方」『会計・監査ジャーナル』第667号，67-72頁。

林隆敏［2012］「監査保証のあり方と保証業務基準への展望」『会計』第181巻第3号，341-353頁。

三神明［2011］「金融危機後の会計監査のあり方―欧州委員会グリーン・ペーパーについての一考察」『企業会計』第63巻第8号，128-132頁。

山﨑秀彦［2011］「監査人報告変革の方向性」『会計・監査ジャーナル』第23巻第7号，79-86頁。

（髙原利栄子）

# 第5章 IAASBとASBによる委託研究の概要

## 第1節　はじめに

　2006年，IAASB（国際監査・保証基準審議会）とASB（監査基準審議会）が共同で，SAR（標準監査報告書）に対する各利害関係者の認識（すなわち，監査報告書にかかる期待ギャップの現状把握）を調査研究する国際的なプロジェクトを立ち上げた。一言に「期待ギャップを軽減する」といっても，そもそも監査報告書にかかる期待ギャップが本当に存在しているのか，存在しているとすれば，どの程度のギャップがあるのかをできるだけ正確に認識しなければ，ギャップを軽減しようがない。つまり，期待ギャップの軽減を試みるためにはまず，各利害関係者が監査報告書について実際にどのように捉えているのかを明らかにしなければならない。そのため，IAASBとASBは，複数の研究グループに対して，共同で資金を提供し，監査報告書にかかる期待ギャップの現状を認識し，提言を求める研究を委託した。この研究委託は，それぞれの監査報告書にかかる基準[1]の改訂を視野に入れたものであったといえる[2]。実際のところ，これらの研究成果の報告を受け，2011年5月にはIAASBがConsultation Paper, *Enhancing the Value of Auditor Reporting: Exploring Options for Change*（以下，討議資料という）」（IAASB [2011]）を公表し，また，同年6月には米国の監査基準設定機関であるPCAOB（公開会社会計監視委員会）が*Concept Release on Possible Revisions to PCAOB Standards Related to Reports on Audited Financial Statements*（以下，Concept Releaseという）（PCAOB [2011]）を公表するなど，これらの委託研

▶1　ここでは，ISA（国際監査基準）改訂700号（IAASB [2005]），およびSAS（監査基準書）第58号（AICPA [1988]）を指す。
▶2　基準設定主体が設定もしくは改訂するに先立って，基準の設定・改訂の必要性を検証するため，基準設定主体外部の識者に研究を委託したり，意見を求めたりすることがある。

究の成果は，今後のSARのあり方に大きな影響を与える可能性が高い。

　以下，本章では，IAASBとASBによる3つの委託研究（Mock et al. [2009］；Gold et al. [2009］；Asare and Wright [2009]）を取り上げて概説し，これらの委託研究によって明らかにされたSARに対する各利害関係者の認識を整理する[3]。

## 第2節　Mock et al. [2009] の概要

　IAASBとASBの委託を受けて，Mock et al. [2009][4]は，①財務諸表および監査報告書の利用者のSARに対する認識の性質とその原因を識別して提供すること，②SARが財務諸表利用者の判断に影響を与えるとすれば，どのように影響するのかを検証すること，③①および②の結果を受けて，将来の研究のための示唆を与えることの3つの目的を掲げた（p.1）。

　Mock et al. [2009] は，フォーカスグループ法（Focus Groups：FG）[5]と発話プロトコル分析（Verbal Protocol Analysis：VPA）[6]の2つの分析手法を用いて検証を行った。

　FGでは，利害関係者として，財務諸表作成者（CFO），貸手銀行，証券アナリスト，素人投資家，監査人の合計53人の個人が参加し，各カテゴリーにおいて，それぞれ2時間ほどのセッションがもたれた（p.2）。各カテゴリー

---

▶3　本章においては，これら3つの委託研究の内容をできるだけ正確に概説することが重要なのであって，委託研究の研究方法や成果等について吟味することは本章の対象ではない。
▶4　本研究は，Theodore J. Mock（Ph.D., University of California, Riverside教授兼オランダのUniversity of Maastricht教授），Jerry L. Turner（Ph.D., CPA, CIA, The University of Memphis教授），Glen L. Gray,（Ph.D., CPA, California State University, Northridge教授），およびPaul J. Coram（Ph.D., FCA, オーストラリアのUniversity of Melbourne准教授）の4人による共同研究の成果である。
▶5　集団討議の方法を活用して定性情報の収集を目的とするマーケティング・リサーチの手段。6人から12人程度のグループを構成し，司会者が特定の話題や製品について被験者の意見を引き出しながら討議を進行する。オープンな議論が可能だが，被験者の中の少数が討議を支配する危険性もある。討議の模様は，マジックミラーのある部屋からみられるほか，録画や録音されて，マーケティング戦略や広告戦略の立案に利用される。グループインタビューともいう。
▶6　意思決定の過程途上の意思決定者に発話を求め，その発話を手掛かりとして意思決定プロセスを分析する手段。この技法における"発話"は，第三者の存在を意識した"会話"とは本質的に異なり，半ば無意識的に発せられるものである。無自覚の独り言は発話プロトコル法で意図されている発話の一種である。この技法で最も肝要な点は，発話（声を出す行為そのもの）が意思決定プロセスに影響を与えない様に配慮する点である。藤井他 [2002] や小澤 [2011] に詳しい。

は別々にセッションがもたれたが，①SARにかかる認識の性質を確認し，②GAAS（一般に認められた監査の基準）のもとで実施された会計監査についての利用者の知識と認識を決定するという共通の目的をもっていた（p.2）。より具体的には，各セッションにおいて，保証水準のレベル，サンプリング，内部統制，内部統制監査，不正，継続企業の前提，SARの全体的な有用性等についての討論が行われたのである。

　FGの結果，①保証水準のレベル，②サンプリング，③内部統制，④内部統制監査，⑤不正，⑥継続企業の前提，および⑦SARの全体的な有用性の7つの項目について，監査人とそれ以外の利害関係者との間に認識のギャップが析出された（pp.3-7）。これらのうち，⑤不正および⑥継続企業の前提については，財務諸表利用者が，監査報告書にこれらの項目についての記述がない場合，監査人がこれらの項目について検討した結果，問題がないと結論づけたものと考えており（p.6），また，⑦SARの全体的な有用性については，財務諸表利用者は監査報告書の全文を読んでおらず，素人投資者にいたっては監査報告書をみてすらいないこと，さらに，CFO，貸手銀行，およびアナリストは監査報告書の記述のうち，無限定適正意見かどうかと，どこの監査事務所がサインをしているかだけをみていることが判明した（pp.6-7）。ただし，FGの被験者は各利害関係者の母集団のほんのわずかに過ぎないため，Mock et al.［2009］は，FGの結果を定量化することはしていない。

　続いて彼らは，SARが財務諸表利用者の判断に影響を与えるかどうか，与えるとすればどのように与えるのかを調べるために，FGとは異なる方法論としてVPAを用いた（p.2）。VPAには，FGに関与していない経験豊かな現役のオーストラリア人証券アナリスト16人が参加して，各セッションは1時間ほどであった（p.3）。VPAの被験者は，株式公開をしようとしている小売企業の1株当たりの価値を評価するという課題に個々に取り組み，その課題をこなしている間「口に出して考える」よう依頼され，被験者の言語表現は，録音・文字起こしして，意思決定と情報評価プロセスについての証拠とした（p.3）。

　VPAにさいしては，全9頁の財務情報に加えて，短文式のSARが提供された場合のStudy 1（8名）と長文式のSARが提供された場合のStudy 2

(Study 1の被験者以外の8名)の2パターンの検証を行った(p.8)。アナリストが監査報告書をどのように評価しているかについてヨリ詳細な証拠を提供するため，最初は監査報告書を提供せずに，被験者であるアナリストたちに当該財務情報に基づいて1株当たりの価値を評価してもらい，その後，短文式か長文式いずれかのSARが提供された際の1株当たりの価値を再評価してもらうという手順をとった(p.8)。また，再評価ののち，被験者自身が認める財務諸表情報の信頼性に関する監査の効果などの監査報告書のいくつかの点についてのアンケート項目に回答してもらった(pp.8-9)。

VPAの結果，すべての被験者が監査報告書に何らかの注意を払っているが，それは，財務情報の信頼性に関するものに限られているという証拠が得られた(p.8)。別の言い方をすると，被験者は，監査報告書の欠如は，財務情報の信頼性に関する「赤信号」とみなしたが，監査報告書が会社の価値評価をするのに役立つ追加情報を提供しているわけではないことを理解していたことが判明した(p.8)。また，短文式か長文式かという監査報告書の形式は，被験者の意思決定プロセスにおいて観察可能な相違はみられず，このことは，被験者が財務情報の信頼性を知るために，監査報告書の形式にかかわらず，無限定適正意見が付されているかどうかだけに注意を払っていることを意味する(pp.8-10)。

FGとVPAの結果を受けてMock et al. [2009] は，その後の研究への示唆として，推奨される将来の研究の基礎，拡張されるディスクロージャーのために考慮すべき潜在的項目，およびディスクロージャーの方法の3点を提示した(pp.11-20)。

第1の推奨される将来の研究の基礎としては，①SARで意図するメッセージは何か[7]，②SARが意図的に提供するのはどの程度の保証水準か，③その保証水準を如何にして伝達するか，そして④監査人はSARで他にどのような情報を伝達しうるかについて解明する必要性があることを示した(pp.11-12)。

第2の拡張されるディスクロージャーのために考慮すべき潜在的項目とし

---

▶7　Mock et al. [2009] は，SARで監査人が伝えたいメッセージを明確に定義する必要性について言及し，メッセージの定義が明確でないことがFGで析出された種々の混乱の源であることを指摘している(p.11)。

第5章　IAASBとASBによる委託研究の概要

ては，①監査についての情報（特に重要性と独立性），②財務諸表の品質，③財務報告システムの品質，④企業実体としてのクライアントの質，⑤継続企業の前提，⑥他のビジネスリスクなどがあげられるが，これらの情報の有用性と，これらの情報を公開することで，SARによって提供される保証水準についての財務諸表利用者の認識に与える影響を検証する必要があることを示した（pp.12-17）。

最後のディスクロージャーの方法については，彼らは，現在のSARの形式を維持した上で追加項目を注記等で提供することを推奨しており，監査そのものと監査のクライアントに関するさらなる情報を監査報告書以外で公開するための代替的方法を模索する必要があることを示した（p.18）。

## 第3節　Gold et al. [2009] の概要

Gold et al. [2009][8]は，ドイツとオランダにおける改訂ISA700に準拠した長文式の監査報告書（以下，完全版）と監査意見のみの短文式の監査報告書（以下，意見のみ）における監査人と財務諸表利用者の期待ギャップを明らかにすることを目的として，①期待ギャップのパーシステンス（persistence）（仮説H1），②期待ギャップに関する財務諸表利用者の影響（仮説H2），および③期待ギャップを軽減する詳細な（完全な）監査報告書の有用性（仮説H3）という3つの仮説を検証したものである（pp.7-11）。各仮説について換言すると，仮説H1は監査人と財務諸表の利用者では監査報告書についての認識が異なるという仮説であり，仮説H2は財務諸表利用者の特性（アナリストか学生か）によって監査報告書についての認識が異なるという仮説であり，仮説H3は完全版の方が意見のみの場合よりも監査人と財務諸表利用者の認識の違いが小さいという仮説である。

Gold et al. [2009] においては，オンライン調査用のソフトウェアで作成された実験に参加した計500人の被験者に対して，ある株式上場会社の概略と，

---

▶8　本研究は，Anna Gold氏（Ph.D.，オランダのRotterdam School of Management, Erasmus University准教授），Ulfert Gronewold氏（Dr.，ドイツのRuhr University Bochum教授），およびChristiane Pott氏（Dr.，ドイツのUniversity of Muenster准教授）の3人による共同研究の成果である。

過去2年間の要約財務諸表を示した後,意見のみの監査報告書もしくは完全版の監査報告書をランダムに提示し(図表5-1),被験者に期待ギャップを含むいくつかの質問に回答してもらうという手順がとられた(p.11)。

Gold et al. [2009]の実験の結果,仮説H1および仮説H2に関連して,監査報告書の強度(intensity)および監査プロフェッションの評判は監査人の責任度と負の相関があること(p.34),ドイツ人被験者はオランダ人被験者よりも経営者に対する責任を高く評価していること(p.35),逆に,オランダ人被験者はドイツ被験者よりも監査人に対する責任を高く評価していること(p.37),財務諸表の信頼性について女性は男性よりも高く評価していること(p.36),年齢が高いほど経営者に対する責任評価が高く(p.37),財務諸表への信頼度も高いこと(p.36),および監査プロフェッションの評判は経営者の責任評価と負の関係があること(p.37)が析出された。また,仮説H3に関連して,意見のみの場合と完全版の場合の財務諸表の信頼性インデックスは図表5-2のようになる。

**図表5-1　リサーチ・デザインと被験者**

| | | 被験者 | | | | | | 合計 |
|---|---|---|---|---|---|---|---|---|
| | | 監査人 | | アナリスト | | 学生 | | |
| | | GER | NL | GER | NL | GER | NL | |
| 監査報告書 | 意見のみ | n=111 | n=28 | n=33 | n=10 | n=56 | n=21 | 259 |
| | 完全版 | n=94 | n=30 | n=29 | n=10 | n=53 | n=25 | 241 |
| | 合計 | 205 | 58 | 62 | 20 | 109 | 46 | 500 |

GER=ドイツの参加者; NL =オランダの参加者
出所:Gold et al. [2009] p.32.

**図表5-2　財務諸表の信頼性インデックス(仮説H3)**

| | 意見のみ | 完全版 |
|---|---|---|
| 監査人 | 4.09 | 4.01 |
| 財務諸表の利用者 | 4.14 | 4.47 |

出所:Gold et al. [2009] p.24に基づき作成[9]。

▶9　Gold et al. [2009] は,図示しているが,Gold et al. [2009] の図は誤解を招きかねないため,本章ではGold et al. [2009] の本文の記述に基づいて表に書き直した。

これらの実験結果を受けて，Gold et al.［2009］は，完全版の改訂ISA700の監査報告書のもとで，監査人と財務諸表利用者との間に監査期待ギャップが存在している強い証拠があり，また，監査人と経営者の責任に関するISA700監査報告書の詳細な説明，および監査の業務（task）と範囲は，この期待ギャップを軽減するのに有効ではなく，部分的には，有害な影響をもつことさえあると結論づけている（pp.23-24）。

## 第4節　Asare and Wright［2009］の概要

Asare and Wright［2009］[10]では，SARは，財務情報の信頼性を高め，利用者に対する情報リスクを削減し，もって資本市場における投資と効率性のレベルを高めるよう意図されているが，監査人と利用者が監査機能の責任と限界（マクロレベル）についての解釈を共有し，またSARで用いられる専門用語（ミクロレベル）についての解釈を共有していることが重要であるとして，コントロールした実験を用いて，マクロレベルとミクロレベル両方における監査人と銀行と投資者の解釈の一致の程度を検証した。具体的には，彼らは，マクロレベルの分析として，SARの目的と限界についての利害関係者（監査人，投資者，債権者）の解釈のギャップを，また，ミクロレベルの分析として，SARで用いられる専門用語（SARで用いられる専門用語のうち，重要な虚偽記載（material misstatements），合理的な保証（reasonable assurance），試査（test basis），重要な見積り（significant estimates），および適正に表示している（present fairly）の5つ）についての利害関係者の解釈のギャップを評価したのである（pp.13-14）。

Asare and Wright［2009］には，78人の監査人，43人の投資者，および33人の債権者が協力した[11]。データの収集にあたっては，インターネットを

---

▶10　本研究は，Stephen K. Asare氏（Ph.D., University of Florida准教授）およびArnold Wright氏（Ph.D., Northeastern University教授）による共同研究の成果である。
▶11　監査人はAICPAの名簿からランダムに選出した現役CPA300人のうち回答があった者を，投資者は平均的な投資者の代理として私立大学のMBAの会計コースの学生を，債権者の選出方法は不明であるが銀行家を被験者としている（pp.14-15）。

通じて，実験被験者に，架空の株式非公開会社に関する情報[12]と同社のSARを提供し，情報をレビューした結果と，SARに含まれる以下の項目の解釈に関して回答してもらった。

また，Asare and Wright [2009] は，期待ギャップを，①利用者（投資者＆債権者）が監査人と異なるタイプ（タイプⅠ），②片方の利用者（投資者or債権者）が監査人と異なるタイプ（タイプⅡ），および③投資者，債権者，監査人がいずれも異なるタイプ（タイプⅢ）に分け，得られた結果をこれら3つのタイプに分類した（p.11）。

Asare and Wright [2009] で析出された期待ギャップをまとめると次頁の図表5-3のようになる。マクロレベルでの分析の結果，監査人の責任については，概して監査人よりも利用者の方がヨリ大きく評価しており，7つのマクロレベルの要因のうち，5つの要因について，監査人の解釈と利用者（投資者＆債権者）との解釈に有意差がある（タイプⅠの期待ギャップが存在している）ことが明らかとなった。マクロレベルでの分析結果を受けて，Asare and Wright [2009] は，基準設定機関に対して，まず，①監査が保証していない事項のうち，利用者が保証されていると評価しているものについて，監査がこれらの事項を評価するよう設計されていないことを伝達できるよう，範囲パラグラフを修正し，そうでなければ，②監査人の責任を拡張すべきかどうかを検討する必要があることを勧告した（pp.22-23）。

また，ミクロレベルでの分析の結果，現行の監査基準を改訂するよりもむしろ①監査報告書においてギャップの確認された用語の意味を明確にすべきであり，②特定の利用者グループの教育に注力する必要があるとの見解を示した（p.23）。

最後に，Asare and Wright [2009] は，将来の研究の可能性として，①析出された結果について，Asare and Wright [2009] の調査と異なる条件（不況時以外の経済状況），異なる利用者サンプル（平均的な投資者ではなく洗練されたアナリスト）で確認する必要があること，および②SARに含ま

---

▶12 被験者に提供された情報は，架空のハードウェア産業の小売業者について，同社が監査を受けてきた年数，財務情報および非財務情報の要約（例えば，売上高，収入，総資産，比率，店舗数）を含む。

第5章　IAASBとASBによる委託研究の概要

**図表5-3　Asare and Wright［2009］で析出された期待ギャップ**

| 分析の目的 | ギャップのタイプ | 内　　容 |
|---|---|---|
| マクロ | Ⅰ | ・財務諸表に重要な不正がないと評価する際，監査報告書はどのくらい重要か。<br>・会社が適切に経営されていることについて，監査報告書はどの程度の信頼性レベルを提供するか。<br>・会社が健全な投資対象であることについて，監査報告書はどの程度の信頼性レベルを提供するか。<br>・会社が自社の戦略目的に適合するであろうことについて，監査報告書はどの程度の信頼性レベルを提供するか。<br>・監査人が重要な不正を発見する可能性はどの程度か。 |
| マクロ | Ⅱ | ・投資（貸付）意思決定をする際，監査報告書はどの程度重要か。<br>・会社の将来の存続可能性について，SARはどの程度の信頼性レベルを提供するか。 |
| ミクロ | Ⅰ | ・あなたは，監査人は重要性を決定する際に，どの程度のパーセンテージの純利益を用いるべきだと思うか。 |
| ミクロ | Ⅱ | ・「適正に表示している」が取引の経済的実質に関して提供される保証に関して意味することは何か。<br>・「適正に表示している」がGAAPに適合しているという保証に関して意味することは何か。<br>・「合理的な保証」が意味する保証水準は何か。<br>・監査人は売上高のどのくらいをサンプルとすべきか。<br>・受取勘定について提供される保証水準はどの程度か。<br>・現金について提供される保証水準はどの程度か。 |
| ミクロ | Ⅲ | ・「試査」に関して，あなたは，監査人が売上取引のどの程度のパーセンテージを一般的に検証していると思うか。 |

出所：Asare and Wright［2009］p.27およびp.30に基づき作成。

れるメッセージについて監査人，投資者，および銀行家の間でみられる解釈の相違を説明する理論的要因を特定して検証する必要があることを提示している（pp.23-24）。

## 第5節　おわりに

　本章で取り上げたIAASBとASBの3つの委託研究はいずれも，監査報告書にかかる監査人と利用者の期待ギャップを明らかにした上で，基準設定機関に対して，利用者が実際に行われている監査を理解できるよう監査報告書を

修正することを異口同音に促している。ところが，これらの委託研究が報告されたのちに公表された討議資料とConcept Releaseはいずれも，利用者の理解を深める議論ではなく，監査人の責任を拡張する方向でのみ議論が展開されているのである。このことは，IAASBとASBが共同で研究を委託した当初から監査報告書にかかる期待ギャップを軽減するために監査人の責任を拡張することを当初から想定していた可能性を示唆していると解することもできる。

**参考文献**

AICPA [1988] SAS No.58, *Reports on Audited Financial Statements*.

Asare, S.K., and A. Wright [2009] *INVESTORS', AUDITORS', AND LENDERS' UNDERSTANDING OF THE MESSAGE CONVEYED BY THE STANDARD AUDIT REPORT* (September).

Gold, A., U. Gronewold, and C. Pott [2009] *Financial Statement Users' Perceptions of the IAASB's ISA 700 Unqualified Auditor's Report in Germany and the Netherlands* (July 15).

IAASB [2005] ISA700 (Revised), *The Independent Auditor's Report on a Complete Set of General Purpose Financial Statements*.

IAASB [2011] Consultation Paper, *Enhancing the Value of Auditor Reporting: Exploring Options for Change*.

Mock, T.J., J.L. Turner, G.L. Gray, and P.J. Coram [2009] *The Unqualified Auditor's Report: A Study of User Perceptions, Effects on User Decisions and Decision Processes, and Directions for Further Research* (May 11).

PCAOB [2011] PCAOB Release No.2011-003, *Concept Release on Possible Revisions to PCAOB Standards Related to Reports on Audited Financial Statements*.

Porter, B., C. ÓhÓgartaigh, and R. Baskerville [2009] *REPORT ON RESEARCH CONDUCTED IN THE UNITED KINGDOM AND NEW ZEALAND IN 2008 INVESTIGATING THE AUDIT EXPECTATION-PERFORMANCE GAP AND USERS' UNDERSTANDING OF, AND DESIRED IMPROVEMENTS TO, THE AUDITOR'S REPORT* (September).

小澤康裕 [2011]「発話プロトコル法による監査判断研究」『立教経済学研究』第64巻第3号，141-147頁。

藤井聡・須田日出男・安達知秀・北村隆一 [2002]「CVMにおける意思決定過程の分析：NOAAのガイドラインの認知心理学的検証」『土木計画学研究・論文集』第19巻第1号，91-98頁。

（異島須賀子）

# 第6章 IAASBの動向

## 第1節　IAASBにおける監査報告変革プロジェクトの概要

　IAASB（国際監査・保証基準審議会）は，2006年にAICPA（米国公認会計士協会）／ASB（監査基準審議会）とのジョイントにより，財務諸表監査および監査報告書に対する利用者の知覚を識別することを目的とした研究に着手した。その後，IAASBに設けられたタスク・フォースは，2009年9月に開催されたIAASBミーティング（開催地：サンフランシスコ）において研究結果を報告し（IAASB［2009］），IFAC（国際会計士連盟）／IAASBによる監査報告変革プロジェクトが本格的にスタートした。以降，プロジェクトは，累次のミーティングを経て，2011年に，Consultation Paper, *Enhancing the Value of Auditor Reporting: Exploring Options for Change*（以下，CPという），2012年に，Invitation to Comment, *Improving Auditor's Report*（以下，ITCという）の公表と，これらに対する各加盟団体等から寄せられた回答[1]の分析を基礎として，2013年には，Exposure Draft, *Reporting on Audited Financial Statements: Proposed New and Revised International Standards on Auditing*[2]（以下，EDという）に集約されるに至っている（EDに対するコメントの締め切りは2013年11月22日であった）。

　IAASBによる監査報告変革プロジェクトの目的は，2006年のAICPA／ASBとのジョイントによる研究結果を引き継ぎ，次に示す2点が大きな柱として設定された[3]。

---

▶1　CPに対しては82通の，またITCに対しては165通のコメント・レターが寄せられた。
▶2　本章第4節で示すとおり，IAASB［2013］は5つの現行ISAの改訂草案と1つの新設草案から構成されている。本章における"ED"の表記は，このうちISA700の改訂草案と新設草案であるISA701を示すものとする。
▶3　http://www.ifac.org/auditing-assurance/projects/auditor-reporting（最終閲覧日：2013年9月30日）。

〈IAASBにおける監査報告変革プロジェクトの目的〉
① 監査報告書の構造と記載内容に関するISAの要求事項の改訂を提案し，監査報告書のコミュニケーション価値（communicative value）とレリバンスの適切な向上を図ること。
② 監査報告関係のISAが各国内の財務報告制度の発展に資するためには，いかなる改訂が必要であるかを明確にした上で，報告されるべきコンテンツを確定すること。

　プロジェクトの展開過程において識別された課題を，これらの目的に即して概観すれば，①については，監査報告書に「記載することが望まれる」コンテンツと，監査人の役割の観点から，監査報告書に「記載することが許される」コンテンツをいかに峻別し，記載項目をいかなるフォーマットで監査報告書に配置するかが議論の主たる対象とされた。必然的に問題となったのは，監査における保証機能の枠組みにおいて，監査報告書の情報提供機能をいかに位置づけるかという点と，監査人が情報のファースト・プロバイダーとしての役割を果たすことが許容されるのか否か，すなわち，いわゆる「二重責任の原則」をどのように考えるか（あるいは回避するか）という点であった。
　また，②に関しては，財務報告制度や監査制度に各国間で相違がある中で，監査報告書の国際的な標準様式をいかに構築するか，特に各国の制度において遵守することが要求される規則や用語をどのように規定するかという点が中心的な論点となった。無論，国際基準を各国の国内制度に一律に適用することは不可能であるが，法規制や監査基準が各国間で異なることを前提とした監査報告書の統一様式を示すことは，国際基準設定機関としての役割として当然である。この点についてIAASBでは，ISAのグローバルな運用可能性の観点から，監査報告書を「（連結）財務諸表の監査に関する報告」（第1部）と，「他の法規制による要求事項に関する報告」（第2部）の2部構成とすることを，CP，ITC，EDにおいて一貫して提示している[4]。第2部は必要に応

▶4　CPはp.28，ITCはp.12，EDはp.16にそれぞれ監査報告書の例示が掲載されている。

じて設けられることとなるが，EDでは国内の監査基準設定機関によって要求される事項や監査報告書における用語が，ISAによって要求されるものと明らかに異なる場合には，国内基準設定機関に対して両者を結合（combine）して示す（第2部において記載する）ことを選択肢として認めている。

IAASBの監査報告変革プロジェクトはこれらの目的のもとで展開されてきたが，そもそもの問題意識としては，「現状の監査報告書は，限定付の報告書かそうでないか（the report is qualified or not）によって，利用者によって価値が測られている（valued by users）」（IAASB［2009］p.1, Key Messages, General #1），あるいは「無限定の監査報告書は多分にシンボリックなものであり，そこに何が書かれているかということよりも，無限定の監査報告書が存在していること自体に価値がある」（IAASB［2009］p.1, Key Messages, General #1）ということを，必ずしも是としないことにあった。一連のプロジェクトでは，「監査報告書の価値」とは何か，またこれをいかに改善していくかという問題意識が根底にあり，上で示したプロジェクトの目的はこうした問題意識を基礎として設定されたものであるといえる[5]。

以上のような経緯と背景を前提的理解として，以下，本章では，IAASBによる監査報告変革プロジェクトの過程で発行されたCP，ITCについて概観し，今般のEDが含意する監査報告モデルの変革の方向性について考察する。

## 第2節　CPにおける議論の背景と変革オプション

### 1　情報ギャップとコミュニケーション価値

2011年のCPに先行して公表されたIAASB［2009］は，上述のように監査報告書の価値を明らかにする上で，現行の標準監査報告書の問題点を洗い出すことから始め，「実施された監査に関する特定の情報（information about the particular audit performed）」，「監査上の発見事項（audit findings）」，

---

▶5　古賀［1990］（221頁）は，監査報告書のコミュニケーション機能について，「監査報告書は，安全運転シグナルと同じ意味でのシンボルにすぎないのである。かかるシンボルそれ自体としては，利用者の具体的意思決定目的に対して，明確な適合性をもちえない…（中略）…何らかの除外もしくは例外事項を含む場合において，はじめて単なるシンボル以上の情報提供機能をもつことになる。」として，「統合的監査コミュニケーション・システム」の必要性を主張している。

あるいは「監査対象企業に関する情報 (information about audited entity)」といった情報が欠落していることにより，利用者にとって有用なものとはいえない状況にあると指摘した (IAASB [2009] p.1, Key Messages, Specific Matters #1, #2)。また，IAASB [2010] では，「利用者は，監査報告書に対して，事業体に関する固有の情報 (entity-specific information) や，実施された監査に関する情報が含まれるべきであると考えている」(IAASB [2010] pp.2-3) として，利用者ニーズの視点から監査報告書の情報提供機能を拡充させることを提唱している。このことは，現行の監査報告書が有するいわゆる"pass/fail model"，あるいは"binary model"といった特徴を超越することを利用者は望んでいるという認識 (IAASB [2010] p.2) のもとで，新たな監査報告モデルを構築することの必要性を主張していると捉えることができる。

また，財務諸表監査に関する情報について，「監査の一般的性質に関する『効能書き (generic information)』よりも，特定の監査手続や結論の根拠に関する情報をどのように提供するかについて議論されるべきである」としている (IAASB [2010] p.3)。こうした指摘は，新しい監査報告の実現可能性や，各国への適用可能性といった障壁をひとまず考察の前提から排し，プロジェクトの開始にあたって広く監査人報告 (Auditor Reporting)[6]変革の可能性を示したものとして理解することができる。

CPでは，以上のような現状認識のもとで，現行の監査報告書においては，利用者が求める情報と，現状で利用可能な情報との乖離，すなわち「情報ギャップ (information gap)」が生じていることを識別し，これを図表6-1のように概念的に示している。

図表6-1において，情報ギャップは分断線の上下の隔たりとして表されている。すなわち，左側の山で表されるように，財務諸表およびその他の開示

---

▶6 一連の監査報告プロジェクトの過程で発行されたIAASBの文書では，"Auditor's Report"と"Auditor Reporting"を区別していることがわかる。このことは，前者が単に「監査の結果」としての報告書を意味しているのに対し，後者は監査の結果に加えて何らかの情報を追加した「監査人による報告書」という意味合いが含まれているものと捉えることができる。なお，IAASB [2009] では"Auditor's Report"という用語を使用しているが，これはプロジェクトの開始にあたり，現状の標準監査報告書をめぐる問題点を洗い出すことを目的としているためである。

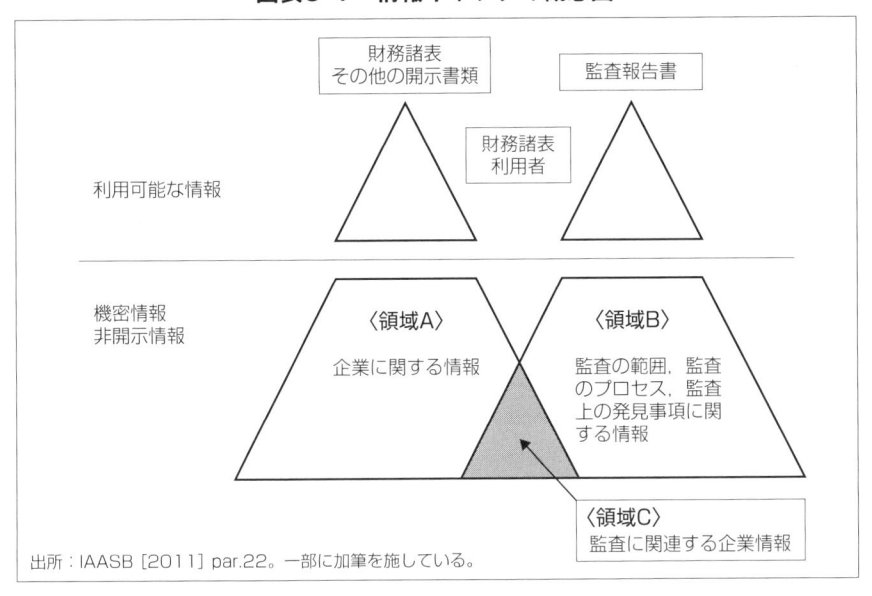

## 図表6-1 情報ギャップの概念図

[図：利用可能な情報と機密情報・非開示情報の概念図。財務諸表その他の開示書類、監査報告書、財務諸表利用者、〈領域A〉企業に関する情報、〈領域B〉監査の範囲、監査のプロセス、監査上の発見事項に関する情報、〈領域C〉監査に関連する企業情報]

出所：IAASB［2011］par.22。一部に加筆を施している。

書類によって提供される情報に関する情報提供者と利用者との乖離に加え，右側の山として表されるような監査報告書情報に関する監査人と利用者との乖離も識別されている。総括的にいえば，CPからITC，さらにEDの公表に至る過程において，IAASBは当初は左側の山における情報ギャップの縮減を含めた取り組みをみせていたが，ITCの公表を境に右側の山における情報ギャップの縮減に絞った取り組みに注力することとなった。

図表6-1における〈領域A〉は，財務報告制度，あるいは広く企業内容開示制度によって，現状では開示が要求されていない情報領域であり，この領域に含まれる情報に関する問題は企業会計・開示制度に関するマターである。CPでは，こうした情報はすでに「MD&A（経営者による討議と分析）」や「事業と財務に関するレビュー（Operating and Financial Review: OFR）」によってレリバンスのある情報提供がなされている（IAASB［2011］par.53）としている。また，仮に今後その一部が開示されることになっても，一義的な開示責任は企業側にあることに変わりはない。したがって，〈領域A〉に含まれる情報をいかに開示するかという問題は，「二重責任の原則」に抵

触する可能性があることから，監査報告変革の考慮対象とはならない。

〈領域B〉は，上述のIAASB［2009］，および［2010］における「実施された監査に関する情報」，および「監査上の発見事項」を表したものである。図表中において，「監査の範囲」（audit scope）とは，監査対象企業の事業活動に関する外部環境要因としてのリスクや仮定のうち，監査人がその存在を知覚して考慮対象とした情報を意味する（IAASB［2011］par.23）。すなわち，例えば，重要な虚偽表示リスクの評価等，監査人の判断に影響を及ぼす外部要因としての情報を，どこから，あるいはどの範囲で監査人が収集し，判断の基礎としたかといった情報が含まれる。次に「監査のプロセス（audit process）」とは，監査業務全般にわたる監査人の活動に関する情報を意味する（IAASB［2011］par.23, par.62）。例えば，測定上の不確実性が存在する会計上の見積りを含む項目（あくまで監査人の判断において識別した項目）に関して，監査人がどのようなプロセスで重要な虚偽表示リスクを認識・評価し，評価したリスクにどのようなプロセスで対応したのか，といった情報や，監査のプロセスにおいて監査人が設定・適用した重要性水準に関する情報などが含まれる。「監査上の発見事項（audit findings）」とは，「監査の範囲」，「監査のプロセス」以外で監査人が識別した企業に関する情報以外の情報であり，例えば監査業務の遂行に際して監査人が直面した課題と解決プロセスに関する情報などが含まれる（IAASB［2011］par.23）。

〈領域C〉には，企業と監査人が共有する対外的な機密情報，あるいは非開示情報に関して，監査人がどのように評価を行い，監査上の判断にどのように反映させたかといった事象に関する情報が含まれる。CPでは，「ガバナンス構造およびリスク・マネジメントの質と有効性」（IAASB［2011］par.23）を一例としてあげており，監査人が監査対象項目に関する監査証拠の信頼性や適合性を評価するにあたって，その判断根拠（メタ証拠）を提供する性質を有するものと考えられる[7]。

監査報告書の情報提供機能をめぐる従来の議論は，〈領域A〉に属する情報を監査人が伝達することの是非および伝達内容に関する論点を中心に行わ

---

▶7　監査証拠の評価プロセスにおけるメタ証拠の意義および機能については岸［2011］を参照されたい。

れ，制度的には追記情報の「その他の事項区分」(other matter paragraphs) という情報容器が受け皿として用意された。しかしながら，例えばわが国においては，「公認会計士法の規定により要求される利害関係の記載がこれに該当する」(日本公認会計士協会監査基準委員会報告書706-A5) とされるなど，必ずしも実効性のある受け皿とはいえない状況にある。この点，CPでは，〈領域A〉を，〈領域B〉および〈領域C〉と峻別することによって監査人が提供する情報の属性を2系列化し，監査報告変革プロジェクトの対象を両領域に限定したことに意義を見いだすことができる。

　CPによって示された「監査報告書の価値を改善する」という方向性は，監査報告書（あるいは監査人報告）の価値を「コミュニケーション価値」という属性に集約するものであった。「コミュニケーション価値」の定義については明示されていないが，例えば，「利用者の中には，監査報告書の構造や用語に変更が加えられれば，監査報告書のコミュニケーション価値は改善されると確信している者もいる」(IAASB [2011] par.12 (c))，あるいは，「監査報告書のコミュニケーション価値は，監査の品質に対する利用者の知覚に影響を与える」(IAASB [2011] par.16) など，監査報告書の外形的・内容的な変革が，利用者にとっての情報価値の向上をもたらすことの有用性を指摘している。このことは，端的には図表6-1における分断線を引き下げることによって，〈領域B〉や〈領域C〉に含まれる情報を開示するような変革を図るものとして理解されるが，問題は，どの程度まで分断線を引き下げるかという点にある。〈領域B〉には監査人の機密情報が，また〈領域C〉には監査人の守秘義務の対象となる企業情報が含まれており，機械的に分断線を引き下げることは許容されない。また，分断線を引き下げることによって得られる効果，すなわちコミュニケーション価値が改善される度合いを，企業や監査人が新たに負うリスクが上回ることになれば，制度として成立しない。

　分断線の引き下げによる効果とリスクについてはCPも当然認識しており，その上で分断線を引き下げることによって得られる監査の透明性（transparency about the audit performed）が利用者に与えるポジティブな効果を主張する。すなわち，「監査の透明性は，財務諸表に対する利用者の理解を促

進するのみならず，監査の品質と価値に対する知覚に対しても影響を与える」(IAASB [2011] par.99) として，〈領域B〉および〈領域C〉に属する情報のコミュニケーション価値向上に対する有為性を提示する。このように，CPによる監査報告変革プロジェクトの方向性は，情報ギャップの態様を識別・整理し，コミュニケーション価値の向上を図るという構図で捉えることができる。

## 2　CPによる監査人報告変革のオプション

　CPは，上述のような情報ギャップの認識と理解を基礎として，次のような監査人報告の3つのタイプの変革オプションを示した（IAASB [2011] par.33）。
① 　オプション1：現行の事業報告モデルおよび監査の範囲の枠内での変革
② 　オプション2：コーポレート・ガバナンス報告モデルへの変革
③ 　オプション3：他の保証業務および関連業務を含めたモデルへの変革

　それぞれのオプションについては紙幅の関係上，詳細について記述することはできないが，主な内容は以下のように要約される（IAASB [2011] pars.36-90）。
① 　オプション1
　　1-A．監査報告書で使用される用語に関する説明を付すかどうか，あるいは経営者および監査人の責任に関する記述や監査意見の配置など，主として外形的な変革を求めるオプション。
　　1-B．その他の情報（財務諸表外の情報）に対する監査人の関与と責任に関する記述を記載するオプション。
　　1-C．重要な虚偽表示リスクが高い項目や，ゴーイング・コンサーンに関する重要な不確実性，あるいは重要性水準など，監査に関する利用者の理解を向上させる追加的な情報を「監査人によるコメンタリー（auditor commentary）」として記載するオプション。
② 　オプション2
　　統治責任者（those charged with governance: TCWG）による報告書と

監査報告書を統合し，新たな監査報告書への変革を図るオプション。
③　オプション3
　　事業体のサステナビリティ，ビジネス・モデル，広範なリスク・マネジメントの状況，内部統制プロセス，財務報告プロセス，主要な業績指標等への監査人の関与を含めた記載を求めるオプション。

　CPがEDの前々段階という位置づけから，示されたオプションはきわめて幅広いものであった。結果的には，EDは上記の「オプション1」を前提としたモデルを提示することとなったが，これは図表6-1における〈領域B〉に含まれる情報に対する監査人の伝達の方向性を具体的に示したものであるといえる。

　特に，上記1-Cにおける「監査人によるコメンタリー」は，プロジェクトの開始当初から基準化の実現に対するIAASBの意欲が強くみられた，いわば「変革の目玉」であり，形を変えてEDにも反映されることとなった。また，「オプション2」は〈領域C〉に相当するものであり，それ自体がEDに反映されることはなかったが，監査人とTCWGとのコミュニケーションを重視し，得られた知見を監査報告書のコミュニケーション価値の改善につなげることを求めることとなった。「オプション3」で，監査人の関与対象として提示された情報の多くは〈領域A〉に属するものであり，上述のとおり，基本的には財務報告を含む事業体の報告モデルの変革に関する問題である。

　IAASBは，これら3つのオプションに対する各加盟団体等から得た回答を基礎として，プロジェクトの次の段階であるITCの公表に至った。次節においてその内容を概観する。

## 第3節　ITCによる監査報告変革のプリンシプルと標準監査報告書の例示

### 1　CPに対する一般的合意と監査報告変革の7つのプリンシプル

　IAASBによって2012年6月に公表されたITCでは，CPに対する回答を分析した結果，以下の諸点について一般的合意を得たとしている（IAASB［2012］par.9）。

① 監査報告書における追加的情報としての「監査人によるコメンタリー」は，監査済財務諸表，あるいは監査に関する利用者の理解に関して最も重要であると監査人が判断した事項を強調するものであること。また，この情報は，少なくとも上場企業を含むPIE（Public Interest Entities）に対して要求され，その他の事業体については監査人の裁量によって提供されるべきであること。

② 財務諸表を作成するにあたって，経営者が継続企業の前提に立脚したことの適切性，および継続企業の前提に関する重要な不確実性を識別したかどうかに関する明示的な言明を監査報告書に記載すること。

③ 監査済財務諸表とその他の情報に重要な不整合があるかどうかについて，監査報告書に記載すること。この記載は，監査人が当該その他の情報の閲覧と，その結果として特に識別したことを基礎として行われること。

④ 監査意見，および事業体に関する固有の情報は，監査報告書の目立つ箇所に配置（prominent placement）されるべきであること。

⑤ ISAに準拠した監査では，監査の透明性や，監査人，経営者，TCWGのそれぞれに関する責任の明確化を図るために，今後さらに提案がなされること。

　ITCは，EDの公表を前に，CPで示した「オプション1」を前提としたプロジェクトの基本姿勢を再度明確にすることを基軸として，SAR（標準監査報告書）のフォーマットとコンテンツを一定程度確立することを中心的課題とするものであった。これに対する議論を展開するにあたり，上記の一般的合意を前提とした上で，CPでは図表6-2のような7つのプリンシプルが示

## 図表6-2　ITCにおける監査報告改革のプリンシプル

P-1：監査報告書の変革は，利用者にとって価値を有するべきものであること，また，国際的に受け入れられる（capable）べきものであること。
P-2：利用者は，急激に複雑化する財務報告書を案内する能力と，より良い理解を促進してもらうことを，監査人に期待していること。
P-3：監査済財務諸表，およびISAによって実施された監査とその性質に関する主要な事項について，さらなる透明性の向上が要求されていること。
P-4：現行のISAに準拠して実施される監査の範囲（audit scope）は維持されるべきであること（たとえ，本ITCに対する反応が，特定の変革オプションを参照して，より広範なニーズを示し，これについてIAASBが再検討する場合であっても当該監査の範囲は維持されるべきである）。
P-5：情報のオリジナルな提供者としての経営者，およびTCWGの責任と，監査人の責任区分を維持することに対するニーズが存在すること。
P-6：国内の監査基準設定者に対しては，各国内の財務報告制度に基づいた監査報告書の作成，およびその他の要求への対応が求められていること。
P-7：改訂された監査人報告の基準は，規模に応じて（proportionate basis），すべての事業体に対して適用されることが受容可能であること。

された（IAASB［2012］par.9）。

　IAASBによる監査報告改革プロジェクトの基本姿勢として示された上記の7つのプリンシプルは，国際基準としての受容可能性（capability）を確保しながら，利用者の価値向上を大儀とした監査人による情報提供を実現することを志向するものである。これらは，幅広く改革オプションを示したCPへの回答のうち，合意された考え方は具体的な形で採用し，拒絶された考え方はそぎ落とすことによって，目指すべき全体像を明確にしようとする姿勢がうかがえる。

## 2　ITCにおける標準監査報告書の例示と特徴点

　ITCでは，上記のような一般的合意とプリンシプルに立脚した具体的な監査報告書の例示（Illustrative Auditor's Report: IAR）が掲載されている。

**図表6-3　ITCによる標準監査報告書の例示（IAR）**

独立監査人による報告書

ABC社株主各位［あるいは他の適切な宛名］
  Ⅰ　財務諸表に関する報告
   1．意見
   2．意見の基礎
   3．継続企業
     ・継続企業の前提の利用
     ・企業の存続能力に疑義を生じさせるような事象又は状況に関する重要な不確実性
   4．監査人によるコメンタリー
       例：重要な訴訟，のれん，金融商品の評価，収益・債権・現金の収受記録に関する監査上の戦略，他の監査人の関与
   5．その他の情報
       例：監査済財務諸表とアニュアル・レポートとの重要な不整合
   6．経営者，TCWG，監査人の責任

  Ⅱ　その他の法規制による要求事項に関する報告

紙幅の関係上，ここではその見出しを示すこととする[8]（便宜上，筆者により図表中に適宜番号を付している）。

ITCによって示された図表6-3のIARには，以下のような特徴点（C-1～C-6）をみることができる。なお，文中の「P-n」は上記の7つのプリンシプルとの関連を表すものであり，これらの関連づけは筆者による。

---

C-1．報告書が大きく2つに区分されたこと。（「財務諸表に関する報告」と「その他の法規制による要求事項に関する報告」）
→P-1，P-6，P-7

---

監査人報告を大きく2つに区分することは，CPにおいてすでに提示されたところであり，この点に変更はない。ただ，IARでは，ISAと国内の監査

---

▶8　ITCの段階におけるIARの原文についてはITCのpp.9-12を，また抄訳については岸［2012］（50-52頁）を参照されたい。

基準との乖離について記述することによって，改善された監査人報告の国際的な運用可能性を高めることが意識されている（P-1）。例えば，わが国の場合には，「他の監査人の監査結果の利用」については，監査報告書に記載しないことになっているが，IARでは，「監査人によるコメンタリー」の中で言及する例が示されている（C-5）。

仮に，わが国において当該記述を行った監査報告書を発行する場合には，その旨をⅡの「その他の法規制による要求事項に関する報告」の記載区分において記述するか，またはその選択を行ったかどうかについて記述することが想定される。ただ，こうした記述が利用者の意思決定に有効に作用するかどうか，あるいはISAとの整合性について利用者を誤導することにならないかどうかについては，なお議論の余地がある。

> C-2. 監査意見表明区分が報告書のトップに配置されたこと。
> →P-1, P-7

先に指摘したとおり，監査意見の表明区分を報告書の上位に配置するという案はCPにおいても示されたところであり，ITCではこのアイデアを引き継いだ上で，文字通りトップに配置された。この点について，ITCは，「CPに対する回答者，特に規制当局が，監査意見をより目立たせる（prominent）ことを支持した」として，その意義を説明している（IAASB［2012］par.18）。また，従来の監査意見の性質である，「pass／failモデル」（原文では "pass/fail" nature）に対しては，現在も一定の価値を有するものであるとの評価（IAASB［2012］par.18）から，これを監査人報告の冒頭に配置したことを示唆している。

しかしながら，IARで示された監査意見の表明形態は従前と変わっていない。監査人報告が，監査意見から始まること自体のインパクトはあるが，実際に監査意見が利用者の注意を引くかどうかは，配置場所よりも監査結果の記述内容，あるいは表現方法にあるとも考えられる。この点については，pass／failモデルに代わる意見表明方法が議論されてきたところであるが，新たな意見表明の形態は示されなかった。監査意見を再配置することによっ

て監査報告書の価値がどの程度向上するかについての評価は未知であるが，「国際的に受容可能であること」(P-1) という観点からは，意見表明方法，あるいは表現方法をドラスティックに変更することは容易ではない。

> C-3.「意見の基礎」の記載区分が設けられたこと。
> →P-1, P-3, P4, P-7

現行のISA705では，除外事項付意見 (modified opinion) が表明される場合にのみ，その根拠が示されることとなっている (ISA705, par.16)。適正意見の場合，監査人が十分かつ適切な監査証拠を入手し，監査意見表明の基礎を得た旨の記述は，「監査人の責任」の区分においてなされる。ITCでは，これを独立した記載区分とした上で，監査意見に近接して (close proximity) 配置することが，利用者のレリバンスを高める (IAASB [2012] par.19) として，監査意見に続けて記載することとしている。このように，従来，適正意見を表明する場合に，監査人の責任において形成された「意見の基礎」を取り出し，独立記載区分としたことは，現状における監査報告書の記載内容を実質的に維持しながら (P-4)，実施された監査の性質に関する透明性を高める (P-3) といえる。

しかしながら，一方では，このことによる監査人報告の価値の向上 (P-1) が，どの程度図られるかについて懐疑的な側面も否定できないであろう。この点もC-2と同様に，記載内容や表現方法について，例えば特定の項目（監査人が，重要な虚偽表示リスクが高いと判断した項目等）に対する監査証拠の十分性や適切性に関する記述を加えるなど，監査人報告の価値の向上に資するような工夫の余地はある。

> C-4.「継続企業の前提」の記載区分が設けられたこと。
> →P-1, P-2, P-3, P-4, P-7

継続企業の前提に関する記述は，現行のISA570では，継続企業としての存続能力に重大な疑義を生じさせるような事象または状況に関する重要な不

確実性（以下，不確実性という）が存在する場合になされる。これに対して，IARでは，継続企業の前提に関する記述を，標準監査報告書において設けることとした。つまり，すべての監査報告書に，たとえ不確実性が存在しないと判断した場合であっても，「継続企業の前提」という記載区分を設けることを示した。記載内容については，①経営者が，継続企業の前提を使用することの適切性，②不確実性を識別したかどうか，および③不確実性を識別しなかった旨の言明は事業体の存続能力を保証するものではないこと，の３点である。

SARを含め，すべての監査報告書において「継続企業の前提」の記載区分を設けることの意義について，ITCは，以下の点を指摘している（IAASB [2012] para.25-27）。

① 議論の過程では，単に経営者（による不確実性の識別と評価；筆者注）の責任と監査人（による経営者の評価の妥当性判断；同）の責任を記述するにとどめる案（制度導入の障壁は低いが，価値も低い）から，事業体の将来の存続可能性に対する監査人の結論を記述する案（制度導入の障壁は高いが，価値も高く，現在の監査の範囲を超える）まで幅広く検討された。その結果，経営者が継続企業の前提を使用したことの適切性に関する記述を行う案が，現行のISAによって要求される監査手続との首尾一貫性の観点から適切であるとされた（P-4）。

② 継続企業の前提に関する記述を設けることにより，ISA570によって要求されている監査人の業務上の努力（auditor's work effort），すなわち，継続企業の前提に対する経営者の評価と，その利用についての適切性を判断したことを明示することができる（P-3）。

③ 不確実性を識別しなかったということは，事業体の存続能力を必ずしも保証するものではないことを言明することにより，利用者に対して追加的な価値を提供することができる。そもそも不確実性という概念は不明瞭であり，財務諸表の作成者と監査人の双方に対して慎重な判断を要求するものである。したがって，この言明がなければ，継続企業の前提に関する記述を監査人報告に含める際に，制度導入上の障壁となる可能性がある。また，この記述がなければ，不確実性が識別されなかったという監査人の言

明が，事業体の継続を意味するものとして利用者を誤導するおそれがあり，かえって期待ギャップを拡大する可能性がある（P-1）。

このように，不確実性が識別されなかった場合にも，その旨を「継続企業の前提」の記載区分において記述すること自体には，ITCが主張するような一定の意義はあるといえる。特に，上記②で示したように，継続企業の前提に対する経営者の評価と，その利用についての適切性を監査人が判断したこと，あるいは，このような判断がISAによって要求されていることを利用者に伝達することは，これまで暗示的に伝達していたことを明示的にするという点で，監査人報告の改善について一定の進展をもたらすであろう。

しかしながら，現行の制度においても，継続企業の前提に関する記述がないことと，不確実性が識別されなかったことがイコールであることについては，利用者サイドにも一定の理解はあるものと考えられる。また，多くの場合は不確実性は識別されないのであるから，こうした記述は新たな"boiler-plate"を引き起こすことも考えられる。したがって，「継続企業の前提」の記載区分を設けることが，監査人報告の変革に与えるインパクトは必ずしも大きいとはいえない。

この点について，ITCは，「IAASBは，誰が，どのように，実務的かつ適時に継続企業に関する潜在的な問題について情報を提供するのが最善か，また，多くの先導的な人々がこの問題について解決策を模索していることは認識している。IAASBは，継続企業の前提に関する監査人報告のあり方について，引き続きモニターしていく」（IAASB［2012］par.33）として，このセクションを結んでいる。

> C-5.「監査人によるコメンタリー」の記載区分が設けられたこと。
> →P-1, P-2, P-3, P-5, P-7

「監査人によるコメンタリー」は，CPにおいても提示されたところであるが，ITCでは具体的な記載項目が示され，監査人による情報提供の可能性が示唆された。ITCは，その意義について次のように説明している（IAASB

[2012] par.39)。

　「監査人によるコメンタリーは，監査済財務諸表や監査それ自体に対する利用者の理解に最も重要であると監査人が判断し，これに対する透明性を提供するという包括的な目的（overarching objective）をもって新設された。」(P-3)

　また，CPでも言及された，現行の「強調事項区分」(Emphasis of Matter paragraphs)，および「その他の事項」(Other Matter paragraphs) との比較から，次のような相違点を指摘している（IAASB [2012] par.42）。
① 強調事項の要件が，「財務諸表に対する利用者の理解の基礎（fundamental）」となる事項であるのに対して，監査人によるコメンタリーでは，「利用者が財務諸表を理解するにあたって最も重要であると思われる（likely to be most important）」とすることにより，利用者の注意を引く「境界線」(threshold) を引き下げたこと（P-1，P-2，P-3）。
② 財務諸表の特定の領域には関連しないものの，監査上の重要事項に関連するものを，監査人による情報提供の対象としたこと（P-3）。
③ 利用者の理解に重要であるかどうかに関する監査人の判断に柔軟性をもたせたこと（P-1，P-2，P-3）。

　ITCは，このような性質を有する「監査人によるコメンタリー」の利用者にとっての価値は，「監査人がどの程度詳細な情報を提供するかによる」(IAASB [2012] par.48) としている。したがって，監査人報告の価値の向上を探求してきたこれまでの議論の中で，回避すべき問題として常に言及されてきた監査人報告の"boilerplate"化の可能性は，ここでは生じるおそれが相対的に低いと考えられる。
　また，「他の監査人の関与」の記載については，他の監査人がグループ監査において重要な役割を果たすこと，また，米国においては，グループ監査人と他の監査人との責任分担を行うこと，および責任分担に関する記述を監査報告書において行うことが選択的に可能であることから，IAASBは，他の監査人の関与について「監査人によるコメンタリー」において記述するこ

との妥当性を検討している（IAASB［2012］par.78,79）。さらに，他の監査人の名称と住所を開示することも選択的に検討しているが，このことによる価値が，制度への導入に際しての障壁を上回るかどうかについての疑問も考慮対象としている（IAASB［2012］par.80）。

「監査人によるコメンタリー」の，制度導入上の障壁は，監査人による情報提供の可能性を思慮する際に大きく問題視されることが想定される。この点に関するITCの説明は，以下のように要約することができる（IAASB［2012］par.62）。

① 監査人は，事業体に関するオリジナルな情報の提供者であるべきではない。（それは，経営者，もしくは統治責任者が果たすべき役割である。）
② 「監査人によるコメンタリー」を導入するにあたっては，法的，あるいは倫理上の障壁が存在する。
③ 「監査人によるコメンタリー」は，監査人による高度に主観的な見解を提供するものとなる可能性がある。
④ 監査の品質管理プロセス，「監査人によるコメンタリー」の形式，内容についての議論，これら監査人側で生じたコストの依頼人への転嫁など，財務諸表の作成者と監査人の双方に追加的なコストが生じる。
⑤ 監査報告書の比較可能性が毀損されるおそれがある。
⑥ 「監査人によるコメンタリー」に記載された事項に対して，監査人が保証を提供したとの誤解，およびこのことに起因する期待ギャップ拡大のリスクがある。
⑦ 「監査人によるコメンタリー」で言及された情報が，その他の情報に参照されることによって予期せぬ結果を招来するおそれがある。
⑧ 財務諸表を読む代わりに「監査人によるコメンタリー」を読んだ結果，当該「コメンタリー」を不適切に信頼してしまう可能性がある。
⑨ 長期的には，「監査人によるコメンタリー」が標準化してしまう可能性がある。
⑩ 「監査人によるコメンタリー」と経営者による開示との「情報の衝突」（dueling information）が生じる可能性がある。
⑪ 経営者が開示していない事項を「監査人によるコメンタリー」において

言及した場合など，情報の漏洩や法的責任が生じる可能性がある。

　このような障壁は，CPにおいても，また監査人による情報提供をめぐる従来の議論においても，しばしば指摘されてきた。特に，コストや責任，あるいはプライバシーに関する問題は，監査人による情報提供によって得られるベネフィットと相克することはある意味当然である。一方で，監査報告書の価値の改善を指向する場合には，こういった問題は避けられず，落としどころを誤ると，監査報告変革プロジェクトの柱である「監査報告の価値の改善」は骨抜きになるおそれがある。

---

C-6.「その他の情報」の記載区分が設けられたこと。
→P-2，P-3，P-4，P-7

---

　ITCは，「その他の情報」を監査人報告に含めることについて，CPに対して寄せられた意見は肯定的なものが多数であったとする（IAASB［2012］par.66）。議論の過程では，「監査人の責任を記述することで足りる」とする案（障壁は低いが，価値も低い）から，「その他の情報に対しても意見を表明するべき」とする案（障壁は高いが，価値も高く，現在の監査の範囲を超えるものである）まで議論された。その結果，ITCでは，「監査済財務諸表とその他の情報との相違を識別したかどうか」をこの記載区分で記述することが提示された（P-2，P-4）。

　ITCの主張によれば，現行のISA720では，監査人の業務は，他の情報を閲覧することに限定されていることから，「重要な相違はなかった」との言明は他の情報に対しても監査が実施されたとの誤った解釈を利用者に与え，かえって期待ギャップを拡大することにつながることを危惧している（IAASB［2012］par.68）。

　このような誤解を最小化するために，IARでは，「その他の情報」の記載区分の末尾に，「その他の情報に対しては監査を実施しなかったため，これに対する意見は表明しない」旨を明示することが示されている（P-3）。

　以上，本節ではITCによって示された監査報告改革のプリンシプルと，こ

れらに基づいて例示されたSARの特徴を関連づけて考察した。EDは，ここでの議論の集約的結果としての性質を有することから，監査報告の変革に関する実質的な議論はCPに対する回答に立脚したITCにおいてなされたものと理解することができる。実際に，EDで示されたIARは，ITCによって示されたIARと比較して本質的な相違はなく，本文においてもITCで議論された内容を再度説明している部分が多くみられる。ただし，「監査人によるコメンタリー」については，本節でも指摘したとおり，一連の監査報告改革プロジェクトにおける中核的な課題であったことから，KAM（監査上の主要な事項）と改称した上で（後述のとおり，その間一時的に"Key Matters of Audit Significance"という用語が使用された），独立した新設のISAとして起草されている。

そこで，次節においては，EDにおける監査報告書の例示とKAMについて考察する。

## 第4節　EDにおける監査報告書の構成と"Key Audit Matters"

### 1　EDにおける監査報告書のモデル

IAASBは，CPとITC，およびその間に行われた累次のミーティング（Working Group Report）によって得られた知見を集積し，2013年7月25日に公開草案を公表した。公開草案は，新設のISA701を含めた以下のISAから構成される。

① ISA700（改訂），*Forming an Opinion and Reporting on Financial Statements*
② ISA701（新設），*Communicating Key Audit Matters in the Independent Auditor's Report*
③ ISA260（改訂），*Communication with Those Charged with Governance*
④ ISA570（改訂），*Going Concern*
⑤ ISA705（改訂），*Modifications to the Opinion in the Independent Audi-*

tor's Report
⑥ ISA706（改訂），*Emphasis of Matter Paragraphs and Other Matter Paragraphs in the Independent Auditor's Report*

　このうち，監査報告改革に直接的に関連するのはISA700とISA701の，それぞれ改訂草案，新設草案である。その他のISAは，これら２つのISAの改訂と新設によって影響を受けるものであることから，本節においてはこれら２つのISAを考察の対象とする。

　後掲のとおり，EDによって示されたIARは，ITCによるIARと同様に２部構成であり，また記載項目も同じである（KAMの例示項目に若干の変更がみられる）。ただし，記載の順序について，継続企業に関する記載区分とKAMの区分が入れ替わっている。これにより監査報告書の構成は，冒頭から，意見，意見の基礎，KAMという順序となり，利用者の読みやすい流れとなった。

　EDの公表とともに発行された*At a Glance*[9]によれば，IARの特徴は以下のように要約される。

① 監査意見および事業体に関する固有の情報の「目立つ」場所への配置 (prominent placement)
② KAMに関する監査人の報告
③ 継続企業の前提に関する監査人の報告
　・財務諸表の作成に際して，経営者が継続企業の前提を利用したことの適切性に関する監査人の結論
　・存続能力に重大な疑義を生じさせるような重要な不確実性を識別したかどうかに関する監査人の結論
④ その他の情報に関する監査人の報告　（ISA720の開発プロジェクトによって決定される予定）
⑤ 監査人の独立性，その他関連する倫理上の責任に関する明示

▶9　*At a Glance*は全８頁（そのうちの後半４頁はIARが掲載されている）の要約版であり，改訂監査報告書による主要な効果（本章の本文を参照）や期待されるベネフィット，IAASBへのフィードバックを求める主要な事項について簡潔にまとめられている。

⑥ "engagement partner" の個人名の開示
⑦ 監査人の責任および監査上の重要な特徴（key features of the audit）に関する記載の改善

　このうち，①の「事業体に関する固有の情報」については，独立の記載区分は設けられていない。文言だけみれば，図表6-1における〈領域A〉に属する情報を，あたかも監査人が経営者に代わって報告するように思える。IAASBの意図としては，例示したKAMの記載項目，すなわち「のれん」，「金融商品の評価」，「事業の買収」，「長期契約に係る収益認識」には，必然的に監査対象企業に固有の情報が含まれることを指して"entity-specific information"と表現したものと考えられる。IARにおいて，KAMの具体例を示す前のパラグラフで，"The four specific topics and content presented below…"としていることからもこのことがうかがえる。
　②に関する考察は次節で行うとして，③はITCをそのまま引き継いだ内容であり，④はISA720の改訂作業で行うとしている。また，⑤のうち「独立性」については，「意見の基礎」の記載区分において独立性が要求される根拠としての法や規則を示した上で，"We are independent"という言明を行うこととしている。「その他関連する倫理上の責任」としては，「監査人の責任」の記載区分において，職業的懐疑心を保持して専門的判断を行使したことを明示することとしている。⑥については，わが国では従来から行われてきた実務であり，実務従事者にとっても違和感のないところであろう。
　⑦における「監査上の重要な特徴」は，CPおよびITCではみられなかった表現であるが，参照として示してあるパラグラフにはKAMに関する記述が示してあることから，両者は同一のものと考えられる。
　以上のように，監査報告改革をめぐる議論は，監査報告書の価値を高めることを目的とした監査人による情報提供を中心として，実質的にはCPおよびITCにおいて概ね収斂したといえる。EDに対する各加盟団体等からのコメントによっては，KAMの性質（識別要件や記載要件等）が変容する可能性は依然として残るものの，新たな論点が追加されることはないであろう。

## 2 "Auditor Commentary" から "Key Matters of Audit Significance" へ

　本章で再三にわたり指摘してきたとおり，監査報告変革の中心的課題は監査報告書の価値を高めること，またその手段として監査人による情報提供の方向性を探究することにあった。CPにおいて提示された「監査人によるコメンタリー」は，監査人による追加的情報の伝達を担う容器として議論されたが，監査人が情報提供すること自体に対するアレルギー反応は根強く，伝達する情報の選択や伝達されるべきでない情報との線引きなどが曖昧であること等から，プロジェクトの過程の中で常に注目された論点であった。

　IAASBは，ITC公表後の2013年2月に開催したミーティング（開催地：ブリュッセル）において，「監査人によるコメンタリー」に関する議論を行い，ISA707のドラフティング・チームによる，主として以下のような勧告からこれを不適格であると判断した（IAASB［2013a］par.11）。

① 監査業務の中で生じた（arising during the audit）事項に言及することで，「監査人によるコメンタリー」は，いかなるケースにおいても当該事項の動向について説明することが期待されるおそれがあること。

② 監査人は，「監査人によるコメンタリー」を記載するのと同時に意見を表明するのであるから，「監査業務の中で生じた」という用語を使用すると，当該事項が未解決のまま意見が表明されたという疑問を生じさせるおそれがあること。

　かくして，「監査人によるコメンタリー」は一時的に"Key Matters of Audit Significance（KMAS）"という名称に変更されることとなった。しかしながら，"significance"という用語をめぐって議論が行われる一方で（IAASB［2013a］par.14），問題の本質である識別の基準の曖昧性が解決されたとはいえ，EDの段階において次節でみるような識別要件が加えられるとともにKAMに改称された。

## 3 KAMによる情報提供の意義と効用

　CPによる「監査人によるコメンタリー」と，その後のKMASを経て，監

査人による情報提供の容器として用意されたのがKAMである。前項で指摘したように，KMASに関しては監査人の識別対象としての要件が未確定であったことから，KAMについては以下のような決定要件および伝達要件が設けられた。

(1) KAMの決定（IAASB［2013b］par.18）
　監査人は，TCWGとのコミュニケーションの対象となった事項のうち，KAMに該当するものを決定しなければならない。その決定を行うにあたっては，監査の実施過程において監査人に重大な注意を引き起こした領域や状況を考慮しなければならない。これらには下記のものが含まれる。
① ISA315に従って識別された重要な虚偽表示のリスクが存在すると監査人が判断した領域
② 十分かつ適切な監査証拠の入手を含む，監査人が直面した重要な困難の存在が認められた領域
③ 内部統制の重要な欠陥を含む，監査アプローチの計画に関する重要な修正が必要となった状況

(2) KAMの伝達要件（IAASB［2013b］par.9）
　監査人は，KAMとして決定した事項を，"Key Audit Matters"の見出しを付して，下記に示す記述とともに監査報告書に独立した区分として記載しなければならない。
① KAMは，財務諸表の監査において最も重要であると監査人が判断した事項であること。
② KAMは，TCWGとのコミュニケーションが行われた事項の中から選択されたものであるが，議論された事項のすべてを表示することを意図するものではないこと。
③ KAMに関する監査手続は，財務諸表監査全体の文脈においてデザインされたものであること。
④ 監査意見はKAMによって修正されることはなく，また監査人は個別のKAMに対して意見を表明しないこと。

このように，監査人がKAMとして伝達する追加的情報を「TCWGとのコミュニケーションの対象となった情報」に限定し，その中からリスク評価手続を経た領域，あるいは内部統制の欠陥を含めて監査計画の修正をもたらした領域など，識別にあたっての一定の基準が示された。また，伝達に際しても，個別のKAMに対する個別の意見は表明しないことなど，監査の透明性の向上を図りながらコミュニケーション価値を改善する工夫がみられる。

　CPにおける「監査人によるコメンタリー」や，その後のKMASは，図表6-1における〈領域B〉に属する情報に限定される一方で，識別の基準や伝達要件が明確に示されなかったという欠陥があった。対して，KAMに関する識別および伝達の要件は，図表6-1における〈領域B〉を中心としながらも，〈領域C〉に属する情報も含めて伝達されることが考えられる。この意味で，KAMは「監査報告書の価値を改善する」という目的と，識別・伝達の基準の曖昧性をある程度は達成・克服しうるものであるといえる。

　また，「監査人によるコメンタリー」には，監査人による「所見」，あるいは「見解」といったニュアンスがあったが，KAMではTCWGとのコミュニケーションやISA315に基づくリスク評価手続，さらには監査計画の修正など，証拠に裏づけられた事実を記載する意味合いに変化したと理解することができる。この点，KAMの対象となったアサーションについて，その背景にある事実を説明する効果は期待できるが，個別のKAMに対する意見表明は行われないことから，利用者の理解が得られるかどうかは未知である。

　監査の実務者サイドの視点からは，長期的にはKAMが"boilerplate"化するのではないか，あるいは「KAMに該当する事項はない」とする監査報告書が標準化するのではないかといった危惧が想定される。前者については，ファーム間の競争意識や差別意識，利用者サイド（市場）の評価，あるいは「監査の受益者は誰か」といった基本的な問題意識をもって，IAASBを中心とした会計士業界全体での継続的なモニタリングが必要となるであろう。

　後者については，EDでは次のように記述している。すなわち，監査人がKAMは存在しないと判断した場合には，下記の措置を講じなければならないとしている（IAASB［2013b］par.13）。

　①　当該結論について，品質管理レビューの実施者との協議を行うこと。

②　当該結論をTCWGに伝達すること。
③　監査報告書において，KAMの性質を説明した上で，KAMに該当する事項は存在しないと決定した旨を説明すること。

またEDでは，KAMの記載対象を，原則として上場企業の財務諸表としているが，「該当事項なし」という結論は，例えばきわめて限られた事業活動の実施や資産の保有がある企業等，限られた状況のもとでのみなされるとしている（IAASB［2013b］par.47）。

「該当事項なし」との結論に対する上記のような基準上の手当てには，一定の抑止効果は期待できるが，本質的な問題として，「該当事項なし」との記述は誰にとって有益か，という問題を監査実務従事者や各国の監査基準設定者が共通の意識をもつべきである。また，利用者サイドも，「該当事項なし」を乱発するファームには，品質評価の観点から懐疑の目を向けなければならない。

## 第5節　総括と展望

以上，本章ではIAASBによる監査報告改革の経緯と動向について考察した。特に，改革の必要性を生じさせた「情報ギャップ」の縮減と，監査報告書のコミュニケーション価値の改善というプロジェクトの目的に対して，監査報告書の外形的変革と監査人による追加的な情報提供のあり方を探究することによってアプローチしようとするIAASBの方向性について論じた。プロジェクトの過程で発行されたCPとITCは，監査人による情報提供という監査論上のクラシカルな課題に対して，国際基準設定機関としての議論と知見を提供し，基準レベルでの到達点を示したことは大きな成果であるといえる。

一方，事業体における開示の態様が，財務報告（Financial Reporting）から事業報告（Business Reporting）へ，さらには統合報告（Integrated Reporting）へと進展する状況において，監査のコミュニケーションの枠組みは今後さらに変容を迫られるであろう。そうした状況にあって，監査人に対する情報提供の役割を期待する気運はさらに高揚するものと思慮される。大

局的にみれば，IAASBによる一連の監査報告改革への取り組みは最初の一歩に過ぎない。しかしながら，CPにおいて示されたオプション2やオプション3を提示した事実は，最初の一歩ながら大きな一歩であるとみることもできる。

プロジェクトの最終段階にある現在において，EDに対するコメントと2014年に予定されている監査報告関連のISAの改訂は，監査報告の将来像を決定づける上で大きな意義を有する。

**図表6-4　EDによる標準監査報告書の例示（IAR）（一部省略）**

INDEPENDENT AUDITOR'S REPORT
To the Shareholders of ABC Company [or Other Appropriate Addressee]
Report on the Audit of the Consolidated Financial Statements

Opinion
In our opinion, the accompanying consolidated financial statements present fairly, in all material respects, (*or give a true and fair view of*) the consolidated financial position of ABC Company and its subsidiaries (the Group) as at December 31, 20X1, and (*of*) their consolidated financial performance and their consolidated cash flows for the year then ended in accordance with International Financial Reporting Standards (IFRSs).
We have audited the consolidated financial statements of the Group, which comprise the consolidated statement of financial position as at December 31, 20X1, and the consolidated statement of comprehensive income, consolidated statement of changes in equity and consolidated statement of cash flows for the year then ended, and notes to the consolidated financial statements, including a summary of significant accounting policies.

Basis for Opinion
We conducted our audit in accordance with International Standards on Auditing (ISAs). Our responsibilities under those standards are further described in the *Auditor's Responsibilities for the Audit of the Consolidated Financial Statements* section of our report. We are independent of the Group within the meaning of [*indicate relevant ethical requirements or applicable law or regulation*] and have fulfilled our other responsibilities under those ethical requirements. We believe that the audit evidence we have obtained is sufficient and appropriate to provide a basis for our opinion.

Key Audit Matters
Key audit matters are those matters that, in our professional judgment, were of most significance in our audit of the consolidated financial statements. Key audit matters are

selected from the matters communicated with [*those charged with governance*], but are not intended to represent all matters that were discussed with them. Our audit procedures relating to these matters were designed in the context of our audit of the consolidated financial statements as a whole. Our opinion on the consolidated financial statements is not modified with respect to any of the key audit matters described below, and we do not express an opinion on these individual matters.

*The four specific topics and content presented below are purely for illustrative purposes. This section would be tailored to the facts and circumstances of the individual audit engagement and the entity. Accordingly, the IAASB has intentionally drafted these examples in a manner that illustrates that Key Audit Matters will vary in terms of the number and selection of topics addressed and the nature in which they may be described, and are intended to be consistent with the disclosures in the entity's consolidated financial statements.*

*Goodwill*

Under IFRSs, the Group is required to annually test the amount of goodwill for impairment. This annual impairment test was significant to our audit because the assessment process is complex and highly judgmental and is based on assumptions that are affected by expected future market or economic conditions, particularly those in [*Countries X and Y*]. As a result, our audit procedures included, among others, using a valuation expert to assist us in evaluating the assumptions and methodologies used by the Group, in particular those relating to the forecasted revenue growth and profit margins for [*name of business lines*] . We also focused on the adequacy of the Group's disclosures about those assumptions to which the outcome of the impairment test is most sensitive, that is, those that have the most significant effect on the determination of the recoverable amount of goodwill. The Group's disclosures about goodwill are included in Note 3, which specifically explains that small changes in the key assumptions used could give rise to an impairment of the goodwill balance in the future.

*Valuation of Financial Instruments*

The Group's disclosures about its structured financial instruments are included in Note 5. The Group's investments in structured financial instruments represent [$x\%$] of the total amount of its financial instruments. Because the valuation of the Group's structured financial instruments is not based on quoted prices in active markets, there is significant measurement uncertainty involved in this valuation. As a result, the valuation of these instruments was significant to our audit. The Group has determined it is necessary to use an entity-developed model to value these instruments, due to their unique structure and terms. We challenged management's rationale for using an entity-developed model, and discussed this with [*those charged with governance*], and we concluded the use of such a model was appropriate. Our audit procedures also included, among others, testing management's controls related to the development and calibration of the model and confirming that management had determined it was not necessary to make any adjustments to the output of the model to reflect the assumptions that marketplace participants would use in similar circumstances.

*Acquisition of XYZ Business*
As described in Note 2, in December 20X1, the Group completed the acquisition of XYZ Business. XYZ Business was a division of a large private company. As of December 31, 20X1, the Group has completed the initial acquisition accounting on a preliminary basis. The Group will finalize the initial acquisition accounting during 20X2, and the amounts recorded as of December 31, 20X1 could change. We focused on this transaction because it is material to the consolidated financial statements as a whole and the fact that values had not previously been assigned to the division as a standalone operation. In addition, determining the assumptions that underlie the initial acquisition accounting and the useful lives associated with the acquired intangible assets involves significant management judgment given the nature of the [*name of industry*].

*Revenue Recognition Relating to Long-Term Contracts*
The terms and conditions of the Group's long-term contracts in its [*name of segment*] affect the revenue that the Group recognizes in a period, and the revenue from such contracts represents a material amount of the Group's total revenue. The process to measure the amount of revenue to recognize in the [*name of industry*], including the determination of the appropriate timing of recognition, involves significant management judgment. We identified revenue recognition of long-term contracts as a significant risk requiring special audit consideration. This is because side agreements may exist that effectively amend the original contracts, and such side agreements may be inadvertently unrecorded or deliberately concealed and therefore present a risk of material misstatement due to fraud. In addition to testing the controls the Group has put in place over its process to enter into and record longterm contracts and other audit procedures, we considered it necessary to confirm the terms of these contracts directly with customers and testing journal entries made by management related to revenue recognition. Based on the audit procedures performed, we did not find evidence of the existence of side agreements. The Group's disclosures about revenue recognition are included in the summary of significant accounting policies in Note 1, as well as Note 4.

Going Concern
The consolidated financial statements of the Group have been prepared using the going concern basis of accounting. The use of this basis of accounting is appropriate unless management either intends to liquidate the Group or to cease operations, or has no realistic alternative but to do so. As part of our audit of the consolidated financial statements, we have concluded that management's use of the going concern basis of accounting in the preparation of the Group's consolidated financial statements is appropriate.

Management has not identified a material uncertainty that may cast significant doubt on the Group's ability to continue as a going concern, and accordingly none is disclosed in the consolidated financial statements of the Group. Based on our audit of the consolidated financial statements of the Group, we also have not identified such a material uncertainty.

However, neither management nor the auditor can guarantee the Group's ability to continue as a going concern.

Other Information

[*The illustrative wording for this section is subject to the IAASB's finalization of proposed ISA 720 (Revised) . The content of this section may include, among other matters:* (a) *a description of the auditor's responsibilities with respect to other information;* (b) *identification of the document*(s) *available at the date of the auditor's report that contain the other information to which the auditor's responsibilities apply;* (c) *a statement addressing the outcome of the auditor's work on the other information; and* (d) *a statement that the auditor has not audited or reviewed the other information and, accordingly, does not express an audit opinion or a review conclusion on it.*]

Responsibilities of [Management and Those Charged with Governance or other appropriate terms] for the Consolidated Financial Statements

Management is responsible for the preparation and fair presentation of these consolidated financial statements in accordance with IFRSs, and for such internal control as management determines is necessary to enable the preparation of consolidated financial statements that are free from material misstatement, whether due to fraud or error. [*Those charged with governance*] are responsible for overseeing the Group's financial reporting process.

Auditor's Responsibilities for the Audit of the Consolidated Financial Statements

The objectives of our audit are to obtain reasonable assurance about whether the consolidated financial statements as a whole are free from material misstatement, whether due to fraud or error, and to issue an auditor's report that includes our opinion. Reasonable assurance is a high level of assurance, but is not a guarantee that an audit conducted in accordance with ISAs will always detect a material misstatement when it exists. Misstatements can arise from fraud or error and are considered material if, individually or in the aggregate, they could reasonably be expected to influence the economic decisions of users taken on the basis of these consolidated financial statements.

*The remaining material in this section can be located in an Appendix to the auditor's report (see paragraph 39 of proposed ISA 700 (Revised) . When law, regulation or national auditing standards expressly permits, reference can be made to a website of an appropriate authority that contains the description of the auditor's responsibilities, rather than including this material in the auditor's report.*

As part of an audit in accordance with ISAs, we exercise professional judgment and maintain professional skepticism throughout the planning and performance of the audit. We also: Identify and assess the risks of material misstatement of the consolidated financial statements, whether due to fraud or error, design and perform audit procedures responsive to those risks, and obtain audit evidence that is sufficient and appropriate to provide a basis for our opinion. The risk of not detecting a material misstatement resulting from fraud is higher than for one resulting from error, as fraud may involve collusion, forgery, intentional omissions, misrepresentations, or the override of internal control.

Obtain an understanding of internal control relevant to the audit in order to design audit procedures that are appropriate in the circumstances, but not for the purpose of expressing an opinion on the effectiveness of the entity's internal control.

• Evaluate the appropriateness of accounting policies used and the reasonableness of accounting estimates and related disclosures made by management.

• Evaluate the overall presentation, structure and content of the consolidated financial statements, including the disclosures, and whether the consolidated financial statements represent the underlying transactions and events in a manner that achieves fair presentation.

• Obtain sufficient appropriate audit evidence regarding the financial information of the entities and business activities within the group to express an opinion on the consolidated financial statements. We are responsible for the direction, supervision and performance of the group audit. We remain solely responsible for our audit opinion.

We are required to communicate with [*those charged with governance*] regarding, among other matters, the planned scope and timing of the audit and significant audit findings, including any significant deficiencies in internal control that we identify during our audit.

We are also required to provide [*those charged with governance*] with a statement that we have complied with relevant ethical requirements regarding independence, and to communicate with them all relationships and other matters that may reasonably be thought to bear on our independence, and where applicable, related safeguards.

## Report on Other Legal and Regulatory Requirements

[*The form and content of this section of the auditor's report would vary depending on the nature of the auditor's other reporting responsibilities prescribed by local law, regulation, or national auditing standards. Depending on the matters addressed by other law, regulation or national auditing standards, national standard setters may choose to combine reporting on these matters with reporting as required by the ISAs (shown in the Report on the Audit of the Consolidated Financial Statements section), with wording in the auditor's report that clearly distinguishes between reporting required by the ISAs and other reporting required by law or regulation.*]

The engagement partner responsible for the audit resulting in this independent auditor's report is [*name*].
[*Signature in the name of the audit firm, the personal name of the auditor, or both, as appropriate for the particular jurisdiction*]
[*Auditor Address*]
[*Date*]

### 参考文献

IAASB [2009] Meeting at San Francisco, Agenda Item 4, *Auditor's Report - IAASB Working Group Proposals* (December).

IAASB [2010] Meeting at Orlando, Agenda Item #7-A, *Auditor Reporting - Issues and IAASB Working Group Proposals* (December).

IAASB [2011] Consultation Paper, *Enhancing the Value of Auditor Reporting : Exploring Options for Change* (May).

IAASB [2012] Invitation to Comment, *Improving Auditor's Report* (June).

IAASB [2013a] Meeting at Brussels, Agenda Item 2, *Auditor Reporting* (February).

IAASB [2013b] Exposure Draft, *Reporting on Audited Financial Statements: Proposed New and Revised International Standards on Auditing* (*ISAs*) (June).

岸牧人 [2011]「監査証拠の多義性」『産業経理』第71巻第1号, 65-75頁。

岸牧人 [2012]「IFAC/IAASBが提示する監査人報告の変革」『経営志林』第49巻第3号, 47-58頁。

古賀智敏 [1990]『情報監査論』同文舘出版。

(岸牧人)

# 第7章 PCAOBにおける監査報告書拡充の議論（Ⅰ）
―2005年, 2010年および2012年の検討会資料をもとに―

## 第1節　はじめに

　近年のPCAOB（米国公開会社会計監視委員会）における監査報告書拡充の検討は，2005年2月にPCAOB／SAG（常置諮問グループ）[1]において開始された。この検討はいったんは中断するものの，2008年10月に公表された*Final Report of the Advisory Committee on the Auditing Profession to the U.S. Department of the Treasury*による勧告を受けて2010年4月に再開された。その後，2010年7月，2011年3月および11月，ならびに2012年5月および11月の検討会における審議を経て，2013年8月に監査報告書の内容を拡充するための新たな監査基準の公開草案が公表される運びとなった。この間の2011年6月には，新たな監査報告書モデルに関して広く社会からコメントを求めるためのConcept Releaseも公表されている。公開草案は，現行のpass／failモデルおよび監査報告書の基本的な構成要素は維持しつつも，監査人に対して，個々の監査に特定の情報をより幅広く伝達することを求める内容となっている。具体的には，以下の3つの点における変更を通じて監査報告書を拡充することが提案されている（PCAOB［2013a］p.14）。

① 監査人が決定したCAM（監査上の重要な事項）を伝達すること。
② 監査人の独立性，継続監査期間，ならびに財務諸表外のその他の情報の監査人による評価に対する監査人の責任およびその評価結果を，新たな要素として監査報告書に追加すること。
③ 財務諸表に重要な虚偽表示が存在しないかどうかについて合理的な保証

---

▶1　監査およびこれに関連する専門的実務基準の設定および改訂に関し，PCAOBに助言を行う組織。監査人，投資者，公開会社の役員などから構成され，1年に2ないし3回の検討会を開催している。メンバーの任期は3年である。

を得ることに対する監査人の責任に関し，現在監査報告書に記述されている内容をより充実したものとすること。

　監査報告書の内容を拡充するために，監査報告書に新たに組み込むべきとされる要素は，2005年2月から2013年8月に公開草案が公表されるまでの検討の過程で変化してきている。周知のとおり，財務諸表利用者の情報ニーズへの対応を図るための監査報告書拡充の議論は，いわゆるファースト・プロバイダーと二重責任の原則あるいは守秘義務との関係や，財務諸表外情報の保証を求めることによる監査人の業務および責任の拡大など，監査の機能や監査人の職能といった監査の本質的問題にも波及しうるものであり，また財務諸表監査の社会的な役立ちの再考を促すものでもある。

　本章では，2013年8月の公開草案に至るまでの，2005年から2012年までのPCAOBにおける監査報告書拡充に関する議論に焦点を当て，その変遷を，2005年2月，2010年4月および2012年11月のSAG検討会における資料ならびに2008年10月のACAP（監査専門家に関する諮問委員会）による米国財務省に対する最終報告書をもとに考察することにしたい。なお，2013年8月の公開草案については，次章で詳細な検討が行われることとなるため，本章においては必要な範囲で取り上げることとする。

## 第2節　2005年2月のSAG検討会における議論

　2005年2月にSAG検討会が開催された背景には，以前の検討会において，複数のメンバーから監査報告書モデルを現行のpass／failモデルから変更すべきであるとの発言があったことが述べられており，したがってこの検討会では，現行の監査報告書モデルについて議論し，現行のモデルを変更すべきかどうか，もし変更するとすれば，どのように変更すべきかについて意見交換を行うものとされた。

　2005年2月の検討会資料では，現行の監査報告書をいくつかの側面から考察するアプローチがとられており，それぞれの側面の中で議論すべきテーマが検討課題として示されている。検討会資料で示された側面は，次の5つで

ある。
① 現行の報告書モデル
② 財務会計の枠組みと監査報告書モデル
③ 監査報告書における個人の監査人の識別
④ 他の独立監査人によって行われた監査の領域
⑤ 監査報告書の形式に関するIAASB（国際監査・保証基準審議会）の新たな基準

　これら5つの側面につき，①については3つ，②ないし⑤についてはそれぞれ1つずつの検討課題が示されている。以下順を追って，検討課題の背後にある状況を取り上げていく。

## 1　現行の報告書モデルについて

　検討はまず現状の把握からスタートしている。現行の報告書モデルについての検討課題は3つあるが，最初の2つの検討課題は，「現行の監査報告書モデルの長所と短所は何か」，「現行のpass／failモデル以外の，異なる形式の監査報告書に対するニーズはあるか，もしあるとすれば，当該ニーズはいかなる方法によって最も満たされるか」というものである。これに関連して，資料ではまず，AUセクション508「監査済財務諸表に関する報告書」による監査報告書の記載内容および監査意見の種類を述べた上で，監査範囲の制約もしくは採用された会計原則の容認可能性または開示の完全性に関して限定された意見が付された財務諸表をSEC（証券取引委員会）は受理しないこと，したがってSECに提出される監査報告書は，無限定適正意見が記載されたものでなければならない旨が説明されている（PCAOB［2005］pp.2-3）。かかる説明は，本検討会が，pass／failモデルに対する問題提起から開催されていることから，本検討にあたっては，pass／failモデルが少なくとも現時点においては，制度的な適合性を有している点を考慮すべきことを示唆したものであるように思われる。

　検討課題の第3は，「監査報告書は，財務報告の質に関する監査人の判断のような，財務諸表で採用された会計についてのより多くの説明を提供すべ

きか」というものである。この検討の背景には，現在，監査人が監査委員会との間で行うことが求められているコミュニケーションの内容のうち，財務諸表の質に関するより多くの情報を監査報告書に含めるべきであるとの主張があるとされている。したがって，ここでの検討の前提としては，会社が採用した会計についての説明を追加するとしても，それは監査委員会とのコミュニケーションの中で交わされた情報にまずは限定されると考えてよいものと思われる。

## 2　財務会計の枠組みと監査報告書モデルについて

　この検討課題は，「監査報告書モデルを，財務諸表の異なる構成要素に対しては異なるレベルの保証を提供するものとなるよう見直しを行うべきか」というものである。この検討の背景には，近年の財務会計の性質の変化に監査はいかにして対応すべきかとの問題意識があるものと思われる。資料では，2003年11月に米国議会が公表した*The Future of the Accounting profession*と題する報告書（以下，議会報告書という）における考えを取り入れ，例えば償却可能固定資産のように勘定科目が適切な歴史的原価を有する場合，または取引市場のある有価証券のように実際の市場価値を有する勘定科目の場合には現行のシステムによることが合理的であるが，歴史的原価を用いることが不適切で，利用可能な市場が存在しない勘定科目の場合など，貸借対照表および損益計算書に含まれる情報が不確実性を伴う場合には，財務諸表の作成者および監査人に対し，財務諸表利用者に情報提供を行う自由と柔軟性を与えることが必要であるとの議会報告書の見解を引用している。議会報告書ではさらに，現行のシステムは単一の包括的な証明システムであって，財務諸表の主観的な要素に対しては適切に対処できるものではない旨が述べられている（PCAOB［2005］pp.5-6）。

　こうした議会報告書の指摘に基づき，資料では2つの方向を提示している。1つは，監査人が，財務諸表における異なる勘定または開示について，異なるレベルの保証を提供するというものである。例えば，引当金やストックオプションの評価と，現金や買掛金のような勘定とでは異なるレベルの保証が提供されうるとしている。もう1つの方向は，年金評価のように，評価の実

施において会社が専門家を利用した金額に関しては，異なるレベルの保証を提供するというものである。資料では，財務諸表の正確性に対する期待が変化しなければならなくなるにつれて，財務諸表における新たな情報に適したさまざまなレベルの証明が混在するという意味で，監査意見が意味することに対する期待も変化しなければならないとの見解が示されている（PCAOB [2005] pp.6-7)。

## 3　監査報告書における個人の監査人の識別について

　この検討課題は，「監査報告書の署名には，当該報告書を承認したパートナーおよびセカンド・パートナー，または監査チームの他のメンバーの氏名を含めるべきか」というものである。現行の実務では，監査報告書の署名は会計事務所の名称でなされており，個人名での署名は行われていない。資料では，検討のための参考として，個人名で署名することの妥当性を肯定する意見と否定する意見の両者が併記されている（PCAOB [2005] pp.7-8)。それらを箇条書きにして示せば，次のとおりである。

(1) 肯定する意見
① パートナーに署名を求めるのは，サーベンス・オクスレー法のセクション302で，最高経営責任者および最高財務責任者等に対し，SECに提出する年次または四半期報告書の正確性を，署名した文書で証明することが求められていることと同じ趣旨によるものである。
② パートナーは，自らが承認した監査報告書に対して個人的な責任をもつべきである。
③ 監査報告書に個人名を載せることは，監査人に対して，監査を綿密に実施することの重要性をより認識させることになる。

(2) 否定する意見
① サーベンス・オクスレー法のセクション302は，証券法のもとでの経営者の責任を再確認したものであり，セクション302は経営者が財務諸表に対する責任を否定しようとしているがゆえに定められたものである。

② 監査報告書の全体的な責任は会計事務所が負っているのであるから，個々のパートナーが監査報告書で氏名を述べるべきではない。
③ 署名を個々のパートナーの氏名に限定してしまうと，責任を限定していると受け取られる可能性がある。
④ 個人の署名を掲載することは，個人の監査に対して事務所ベースでの品質管理を強化していこうとするサーベンス・オクスレー法および新しい基準の考えに反する。

## 4 他の独立監査人によって行われた監査の領域について

この検討課題は，「監査報告書には，提携先の事務所の監査人を含む他の監査人によって実施された業務について，より多くの開示を含めるべきか」というものである。米国は，主たる監査人がその監査報告書において，他の監査人と責任を分担することを認めている数少ない地域の1つである。主たる監査人が他の監査人の業務に対する責任を引き受けないことを決めた場合には，報告書の中で他の監査人の監査に言及し，財務諸表に対する意見の表明における主たる監査人と他の監査人の責任の区分を明確に示さなければならない。資料では，検討のための参考として，AUセクション543「他の独立監査人によって行われた監査の領域」のパラグラフ05を引用し，「他の監査人が主たる監査人によって雇用されており，その業務が主たる監査人の指導と管理のもとで遂行されている場合」など，主たる監査人が他の監査人に言及しない場合の例示が4つ示されている。

## 5 監査報告書の形式に関するIAASBの新たな基準について

ここでいう新たな基準とはISA700「一組の完全な一般目的財務諸表に関する独立監査人の報告書」を指しており，ここで問題とされているのは，監査報告書における財務諸表に対する経営者の責任に関する記述についてである。この検討課題は，「監査人の報告書には，経営者のどのような責任を記載すべきか，そして経営者がその責任を果たさない場合には，監査人は意見を表明しないべきか」というものである。AUセクション508では，経営者の責任について「これらの財務諸表は，会社の経営者の責任に属するもので

ある」と記載するものとされているのみで，十分に説明的なものとはなっていない。これに対し，ISA700は次の記載を要求するものとなっている。

「経営者は，国際財務報告基準に従ってこれらの財務諸表を作成し，適正に表示する責任を有している。この責任には，不正によるか誤謬によるかにかかわらず，重要な虚偽表示のない財務諸表の作成および適正な表示のための内部統制を立案し，運用し，維持すること，適切な会計方針を選択し，適用すること，ならびに当該状況において合理的な会計上の見積りを行うことが含まれる。」

## 第3節　ACAPの最終報告書における勧告

ACAPは当時のポールソン財務長官の主導により設置された組織で，同長官は，米国資本市場の競争力を向上させるため，監査専門家の持続可能性を高めることに関心を寄せていた。ACAPの目的は「公開会社を監査する専門家が，力強く活動的な状態で持続していくこと」を確実なものとするための勧告を行うことにあり，その設置の背景には，監査専門家による客観的で独立した財務諸表の保証は，投資者の確信さらには資本の移動にとって重要なものであり，資本市場が効果的に機能することを考えた場合，そこにおける監査人の役割を軽視することはできないとの認識があった。

ACAPは2007年10月15日に最初の会議を開催して以降，数次にわたる会議と4回のパブリックコメントの収集を経て，2008年10月6日付で*Final Report of the Advisory Committee on the Auditing Profession to the U.S. Department of the Treasury*（以下，最終報告書という）を公表した。ACAPでは，全体の活動に加え，焦点と考えられた3つの主要な領域すなわち「人的資源」，「事務所の構造および財務」ならびに「集中および競争」に関して小委員会が設けられ，それぞれの小委員会で，ACAP全体で検討する勧告が作成された。最終報告書はこれらの勧告がまとめられたものである。最終報告書全体は10の章から構成されており，第1章から第5章で議長の声明やメンバーの紹介，ACAPの設置経緯や問題の背景説明などが行われ，第6章が人的資源に関する勧告，第7章が事務所の構造および財務に関する勧告，第

8章が集中および競争に関する勧告，第9章が反対意見の紹介，第10章が付録となっている。勧告は人的資源に関して5つ，事務所の構造および財務に関して7つ，集中および競争に関して6つ行われているが，大きな勧告の中でさらに細かな勧告が行われているものもあるため，詳細なものもカウントすれば，勧告の数は全部で31になる。これらの勧告の中で監査報告書に関係するものは，「事務所の構造および財務」の中で行われた勧告5と勧告6の2つである。ここではこの2つの勧告を取り上げる。

　勧告5は，次のように述べている。
　　「PCAOBに対し，標準監査報告書モデルの改善を検討するため，基準設定の作業に着手するよう促すこと。また，PCAOBおよびSECに対し，現行の監査基準のもとでの不正発見における監査人の役割を監査報告書において明らかにし，さらにPCAOBに対して，これらの基準を定期的に見直し，改訂するよう促すこと。」

勧告5に関するACAPの立場を整理すれば，次の2つのポイントにまとめることができる。
① 　会社の会計およびこれに対する監査判断に関連する情報を監査報告書に盛り込むべきである。
② 　期待ギャップが依然として解消されていない点に鑑み，不正の発見に関する監査人の役割と責任を監査報告書の中で明確にすべきである。

　まず①について，最終報告書では，監査人は財務諸表が適正に表示されている（合格）か否（不合格）かについて意見を述べるため，多くの者は，監査報告書モデルをpass／failモデルと考えているとし，SECが「不合格」の意見が付された財務諸表を受理しないことから，発行される多くの監査報告書が，標準化された文例そのものから逸脱することは滅多にないとした上で，この標準化された文例によるpass／failモデルは，監査人の業務および判断の量を適切に反映していないとする見解があることを述べている。この監査人の業務および判断の量に関連するものとして，1978年の監査人の責任に関する委員会（コーエン委員会）による次の所見を紹介している。

「国内の大規模企業に対する監査には多数の監査人が関わり，何万時間もの監査業務が行われ，それに対してクライアントは何百万ドルもの報酬を支払っている。それにもかかわらず，監査人の標準報告書では，そこで払われるかなりの量の熟練した努力をごくわずかな用語と区分に圧縮してしまっている。（ACAP [2008] Ⅶ, p.15)」

また，ACAPは，世界的な規模での企業経営における複雑性の増大が公正価値の測定に関するものを含めた判断と見積りの機会を増加させ，それが財務報告における複雑性の増加をもたらしていることを認識しているとし，この複雑性が，現在のpass／failモデルを超えて，監査報告書を財務諸表の監査についてのより適切な説明を含むものとするための改善の必要性をもたらしていると述べている（ACAP [2008] Ⅶ, p.17)。

②については，現行の監査基準およびSEC規則のもとでは，財務諸表を作成し，財務諸表の正確性と不正の防止および発見に対する第一義的な責任は経営者が有しており，監査人の役割は，財務諸表に重要な虚偽表示がないことについての「合理的な保証」を提供することであるとした上で，現行の標準監査報告書においては「不正」について言及されておらず，不正の発見に対する監査人の責任についても述べられていない点を指摘している。その上で，監査人は投資者および資本市場に対し，不正の発見に関する自らの責任をより効果的に伝える必要があるとの意見があり，ACAPはこの意見に同意していること，さらにACAPは，投資者，その他の財務諸表利用者および一般大衆に，不正の発見および報告に関する監査人の役割を明確に伝えることは，期待ギャップを狭めることに役立つと考えている旨が述べられている（ACAP [2008] Ⅶ, p.18)。

監査報告書に関係するもう1つの勧告である勧告6は，次のように述べている。

「PCAOBに対し，監査報告書に業務執行パートナーの署名を求めることを検討するための基準設定作業に着手するよう促すべきである。」

これについてはまず，現在のSEC規則では，監査報告書の署名は業務執行

パートナーではなく，会計事務所の名前を示すものとなっているとし，2005年2月のSAG検討会における資料で示されたものと同様の賛成意見および反対意見を紹介した上で，ACAPとしては，監査報告書における業務執行パートナーの署名は，透明性と説明責任を増加させるものと考えているとの立場を明らかにしている（ACAP［2008］Ⅶ，p.20）。

## 第4節　2010年4月のSAG検討会における議論

　PCAOBは，ACAPによる勧告，SAGメンバーからの意見およびこの問題に関する国際的な動向を考慮し，監査報告書モデルに関する検討を再開し，2010年4月7日から8日にかけてSAG検討会を開催した。

　検討会資料では，議論を再開するにあたって，米国における標準監査報告書の歴史的変遷およびACAPによる勧告についての説明が行われ，その後に，大きく2つの検討論題が示されている。1つは標準監査報告書に関するものであり，もう1つは不正の発見における監査人の責任についてである。そして第1の標準監査報告書についてはこれを内容面と形式面の2つに区分した上で，内容面については3つ，形式面については4つの検討課題が示されている。第2の検討論題である不正の発見における監査人の責任については，監査報告書に記載される監査人の責任と不正探索型監査手続の2つの観点から，それぞれ1つずつの検討課題が示されている。

　まず歴史的変遷に関する記述においては，「推奨ではなく，強制された言い回しを用いた最初の報告書」が作成されたのは1934年のことであり，会計事務所はこれをニューヨーク証券取引所に届け出ることが求められたこと，AIA（米国会計士協会）の特別委員会の見解に従って，特に①会計事務所間で統一された報告用語を設けることにより，報告書の比較可能性を向上させ，その結果として，不十分な報告の質を改善し，曖昧で漠然とした用語法による誤解をなくすこと，ならびに②監査報告書における限定事項がより容易に認識されうるようにすることの2つの目的を達成するため，専門家は標準監査報告書を採用したことが述べられている（PCAOB［2010］pp.4-5）。ここに，現行のpass／failモデルの起源を見いだすことができるように思われる。

すなわち「強制された言い回し」の論拠を繰り返せば，①比較可能性の向上，②不十分な報告の質の改善，③曖昧で漠然とした用語法に起因する誤解の解消，④限定事項の容易な認識ということである。監査報告書が定型的な言い回しから離れ，個々の監査により特定の情報を説明的に記載するものになるにつれ，比較可能性は低下し，曖昧で漠然とした用語法に起因する誤解は増加し，限定事項は明確に把握しにくくなるといった具合に，上記①，③および④についてはマイナスに作用する可能性がある。一方，②は不十分な報告の質を改善するために統一された言い回しを用いるとするものであるが，コーエン委員会以降の議論ではこれとは逆に，不十分な報告の質を改善するために，個々の監査に特定の情報を盛り込むことが提唱されてきている。近年においては，事業経営の複雑化に伴うリスクの増大と会計における見積り，判断の多用化といった要因がこの流れを加速させている。1930年代と現代とでは，不十分な報告の質の背景が異なるのである。

　資料では2005年のSAG検討会についてもわずかながら触れており，その中で，あるSAGメンバーは，現行のpass／failモデルは「明瞭」で「簡潔」で「首尾一貫性」があり，「比較可能性」を有し，「投資大衆が容易に理解できる」ことから，現行のモデルを支持する立場を表明し，他のメンバーは，現行の監査報告書モデルは「きわめて機械的」で「ある種の決まり文句」であり，「最低限の情報内容しかない」ものであって，「現行のモデルは無限定（「合格」）意見の中に幅を認めない」ものであると述べたことを紹介し，現行のpass／failモデルを変更することについて見解の一致には至らなかったことが示唆されている（PCAOB［2010］pp.10-11）。

　標準監査報告書の内容面での検討にあたり，資料では，「最高財務責任者，銀行およびアナリストグループは，無限定適正意見が表明されているか，そしてどの会計事務所が報告書にサインしているかを知るためだけに監査報告書を見ると述べている」とのMockらの調査結果に触れ，利用者は監査報告書が重要であることを理解しつつも，実際の監査報告書の内容に目をとおすことにほとんど関心がないことが明らかにされているとしている（PCAOB［2010］p.11）。そして，監査報告書の変更を検討する上での1つの方向として，監査人がクライアントの監査委員会との間で行うことが求められる一定

のコミュニケーションの内容を監査報告書に組み入れることを検討する考えを明らかにしている。これは，2005年2月のSAG検討会で，複数のSAGメンバーが，監査人と監査委員会との間で議論された情報を強調事項区分に含めることが現行の監査報告書モデルの改善につながると主張したことを受け，2005年の検討に引き続いて議論していくことを再確認したものである。ただし，2009年10月に開催された監査委員会とのコミュニケーションに関するSAG検討会の議論では，複数のSAGメンバーから，もしも監査人が監査委員会に提供することが求められている一定の情報を監査報告書または監査報告書の補足文書に含めることになるとすれば，そうした開示は，監査人と監査委員会との間の意見交換における率直さと透明性を低めることにつながりかねず，監査委員会とのコミュニケーションにマイナスの影響を及ぼしうるとの指摘があったことも明らかにしている（PCAOB［2010］p.13）。内容面の検討課題は，次の3つである。

「現行の監査報告書モデルの便益と欠点は何か。現行の監査報告書のどの領域を拡張しうるか（例えば，監査人の責任についての記述，監査手続についての記述，経営者と監査委員会の責任についての記述など）。」

「監査報告書には，監査人が財務諸表の質に関する監査人による評価について監査委員会に提供することが求められている一定の情報を載せるべきか（例えば，経営者による新たな会計方針の選択または現行の会計方針の変更，会計上の見積り，判断および不確実性，通例でない取引，ならびに取引の時期とそれらが記録される会計期間など重要な財務諸表項目に関する会計方針についての監査人による判断など）。」

「監査報告書には，財務諸表が適正に表示されているとの結論に至る過程で監査人が実施した手続の説明を含めるべきか。もしも含めるべきであるならば，監査人が自らの意見を形成するために適用するPCAOB基準によって求められている解説以外に，どのようにして報告書に価値を付加することができるか。」

第7章　PCAOBにおける監査報告書拡充の議論（Ⅰ）

　次に，監査報告書の形式面に関して，資料では①強調事項の記載の義務づけ，②長文式監査報告書の導入，③補足的開示文書としてのAD＆A（監査人による討議と分析）の要求，④財務諸表に対する保証水準の多様化（財務諸表の異なる部分には異なるレベルの保証を行うなど）という4つの方向が提示されている。具体的な検討課題としては，次の4つが掲げられている。
「監査報告書の形式として：
⑷　監査人に，追加情報として強調事項を記載することを義務づけるべきか。
⑸　監査人と経営者による重要な判断に関する情報を含めて長文式の報告書にすべきか。
㈻　監査報告書に，一定の財務諸表の開示を参照するような手引きを組み入れるべきか。その場合，監査人が，経営者によるどの見積りと判断を取り上げるべきかを決定するための手助けとするために，どのような規準を設けるべきか。
上記のことを実現した場合の監査報告書の形式の便益と欠点は何か。」

　「現行のpass／failモデルを残し，監査人による判断と経営者によってなされた判断に関する監査人の見解を論ずるための監査人による補足的報告書，すなわちAD＆Aを求めることとすべきか。この補足的報告書の便益と欠点は何か。」

　「近年の市場危機に由来する最近の経済環境の変化とその（即時換金不能な金融商品の評価における困難性のような）影響を受けて，監査報告書は，財務諸表の個々の勘定科目の見積りや不確実性の程度に応じて異なるレベルの保証を提供するものに拡張されるべきかどうかについてのSAGメンバーの考えは変化したか。」

　「監査報告書を，幅のある程度づけのシステム（multi-range grading system）を取り入れて拡張するとした場合，監査人はいかなる程度づけの規準を利用することが可能か。」

これら4つの検討課題のうち，3番目の検討課題は保証水準の多様化についてのものであるが，これは，2005年2月のSAG検討会で「監査報告書モデルを，財務諸表の異なる構成要素に対しては異なるレベルの保証を提供するものとなるよう見直しを行うべきか」について議論した際，多くのSAGメンバーから反対意見が出されたことから，2010年4月の本検討会の時点においても，従来の意向に変更はないかを確認したものである。また，最後の検討課題にある「幅のある程度づけのシステム」とは，「合格」の部類の中に程度の幅をもたせるものであるとされている（PCAOB［2010］p.18）。これはすなわち，無限定適正の枠内での適正の程度を，何らかの尺度を用いて明らかにするものであると思われる。

　第2の検討論題である不正の発見における監査人の責任については，監査報告書に記載される監査人の責任と不正探索型監査手続の2つの側面から検討するものとされている。前者の記載は，ACAPによる「監査報告書では，不正の発見における監査人の役割と限界を投資者に対して明確に伝えるべきである」との勧告を受けたもので，ここでの検討課題は次の事項とされている。

　「ACAPによる勧告は，監査報告書で，『不正の発見における監査人の役割と限界』を明確に述べるべきことを提唱している。監査人の責任を記述するにあたり，標準監査報告書に
ⅰ．『不正によるものか誤謬によるものかにかかわらず』という語句
および
ⅱ．監査は，監査人が合理的な保証を得ることに基づくものであるが，この合理的な保証は高い水準の保証ではあるものの，絶対的な保証ではないとするPCAOBの監査基準の概念
の2つを加えることは，報告書にとって意味ある追加となるか。監査報告書において，不正に関する監査人の責任を述べる上で役立つ言葉としては，他にどのようなものが考えられるか。」

　また，後者の不正探索型監査手続については，いくつかの不正探索型監査の形式を紹介した上で，「PCAOBは，不正探索型監査の要素または他の選

択肢を監査に加え，不正に関する追加の監査手続を求めるように監査基準を修正すべきか。もしも追加的な監査手続を監査基準に組み込むとすれば，具体的にはAUセクション316『財務諸表監査における不正の検討』にはどのような見直しが必要になるか。」との検討課題を提示している。監査報告書の内容をいかに拡充すべきかという観点からすれば，この検討課題は報告書論というよりは若干手続論に踏み込んだ内容のものとなっているように思われる。

## 第5節　Concept Releaseと2012年11月のSAG検討会における議論

　2011年6月に，PCAOBは，監査報告書拡充の方向性についてパブリック・コメントを募集するため，*Concept Release on Possible Revisions to PCAOB Standards Related to Reports on Audited Financial Statements and Related Amendments to PCAOB Standards*を公表した[2]。Concept Releaseの付録には，2010年のSAG検討会の結果について，標準監査報告書を改善することについては全体の合意が得られたものの，具体的に監査報告書にいかなる情報を追加すべきかについては合意が得られなかったと記されている（PCAOB [2011] A-5）。Concept Releaseでは，その方向について以下の4つの代替案が示された。

① AD&Aの追加
② 強調事項区分の記載の義務づけとその内容の拡充
③ 財務諸表外のその他の情報に対する監査人による保証の義務づけ
④ 標準監査報告書における文言の明確化

　そしてこれらの代替案は相互排他的なものではなく，またこれまでの検討によって得られたすべての見解を網羅しているものでもなく，さらには，改訂される監査報告書には，これらの代替案，代替案に含まれている要素，ま

---

▶2　本Concept Releaseの詳細については，伊藤龍峰 [2012]「第3章　PCAOBコンセプト・リリース2011-003にみる監査報告書改革の動向」日本監査研究学会課題別研究部会『監査報告モデルに関する研究（中間報告）』および伊藤龍峰 [2012]「監査報告書改革の動向―PCAOBコンセプト・リリースNo.2011-003を手掛かりとして―」『商学論集』（西南学院大学）第59巻第1号を参照されたい。

たはConcept Releaseには示されていない案のうちの1つまたは複数のものが取り込まれる可能性があることも示唆していた（PCAOB [2011] p.12)。

2012年11月の検討会における資料では，Concept Releaseに対するコメントおよび2011年9月15日に開催した公聴会におけるコメントから次の状況が明らかになったとしている（PCAOB [2012] p.3)。

① 財務諸表作成者と監査委員会のメンバーは，概して監査報告書の大幅な変更は支持しておらず，会社の財務諸表に関するいかなる情報も，これを財務諸表利用者に提供する責任は経営者または監査委員会にあるのであって，監査人にあるのではないと考えている。

② 監査人は概して，監査報告書の一定の変更についてはこれを支持する立場をとっているものの，追加されるいかなる報告も，客観的で事実に基づくもの（objective and factual）でなければならないと考えている。

③ 投資者は，監査報告書の情報価値を高めるための変更を強く支持している。監査報告書に追加するものとして投資者が最も多く主張したのは，次の情報に関するものであった。

　(イ) 財務諸表および監査におけるリスクの高い領域

　(ロ) 経営者による重要な判断，見積りおよび測定上の重要な不確実性を伴う領域のような財務諸表における最重要事項

　(ハ) 会社の会計方針および実務の質

　(ニ) 財務諸表における重要な変更，または通例でない取引のような財務諸表に影響を及ぼす重要な事象

投資者が求めているこれらの事項は，PCAOBが2012年8月に採択した監査基準第16号「監査委員会とのコミュニケーション」の中で，監査人に対し，監査委員会に伝達することを求めている事柄に含まれることから，資料では，監査基準第16号に従って監査委員会と交わす情報を，財務諸表に関連づけられる強調事項区分に記載することを義務づけることによって監査報告書の内容を拡充することを基本的な考えとすることを提案している（PCAOB [2012] p.8)。そしてここでは，次の検討課題が示されている。

「監査基準第16号に従って監査委員会との間で情報として交わされる事

項のうち，どの事項が監査人によって監査報告書の強調事項区分に記載されることが適当であるか，そしてそれはなぜか。どの事項は適当でないか，そしてそれはなぜか。例えば，強調事項区分は，財務諸表についての事柄のみに関連するものとすべきか，あるいは監査戦略のような監査についての事柄にも言及するものとすべきか。」

「監査基準第16号に従って監査委員会との間で情報として交わされる事項を，監査報告書において強調することが適当であるとした場合，
㈤　監査委員会との間で情報として交わされる事項のうち，一定のものについては監査報告書に含めることを義務づけることとすべきか。監査委員会との間で情報として交わされる事項のうち，一定のものを監査報告書に含めることを監査人の裁量に委ねることとすべきか。
㈥　監査報告書に含める事項を監査人の裁量によることとした場合，監査人がどの事項が財務諸表の利用者にとって最も重要であるかを決定する際に考慮すべき要因は何か。」

「監査委員会との間で情報として交わされる事項が，監査報告書において強調される事項の基本として利用されることとなった場合，強調事項区分にはどの程度詳細に記載することが適当とされるべきか。例えば，強調事項区分で提供される情報は，財務諸表で提供されている情報のままであるべきか，または財務諸表では提供されていない，事実に基づいた客観的な情報も含めるべきか。」

「小規模で複雑でない会社，仲介業者および商人ならびに新興成長企業の監査において，何らかの特別な報告を行うことを検討すべきか。」

「他の規制当局または基準設定主体のプロジェクトで検討されている要素のうち，PCAOBが監査報告書モデルプロジェクトを遂行する上で考慮に入れるべきものはあるか。」

## 第6節　監査報告書拡充の方向性の変遷

　第2節，第4節および前節で取り上げた2005年2月，2010年4月および2012年11月のSAG検討会資料ならびに2011年6月のConcept Releaseで示された監査報告書拡充の方向を整理して再度示せば，図表7-1のようになる。

　これらの方向のうち，監査報告書拡充の方向としてどの方策が多く取り上げられ検討されてきたかという観点からみれば，(1)から(4)の中で3回取り上げられているものが最多のものであるが，これには3つのものが該当する。第1は経営者の責任に関する記述を拡充する（(1),(2)および(3)）というものであり[3]，第2は監査委員会とのコミュニケーションの内容を開示する（(1),(2)および(4)）というものであり，第3は強調事項の記載を義務づける（(2),(3)および(4)）というものである。

　第1の経営者の責任に関する記述は，いわゆる二重責任の原則についての理解を財務諸表利用者により深めてもらう趣旨のもので，大局的にみれば，不正な財務報告への対応として，適切な財務諸表の作成と開示については，関連する内部統制の整備・運用も含めて経営者に第一義的責任があることを経済社会に周知徹底するための取り組みの1つと捉えることができる。

　第2に関して，開示すべき監査委員会とのコミュニケーションの内容として例示されているものは，財務報告の容認可能性から一歩踏み込んだ，財務報告の質に関する監査人の評価あるいは判断である。この財務報告の質には，財務諸表に記載される会計情報の表現の忠実性，検証可能性および中立性に重要な影響を及ぼす事項が含まれるとされ，その具体例としては，見積り，判断および不確実性など，前述したような重要な財務諸表項目に関する会計方針があげられている。開示される内容は，コミュニケーションを通じて監査人側と会社側とで共有されているものであるから，監査人による一方的な開示に比べれば，開示することに対する会社側の理解も得られやすいものと思われる。

---

▶3　Concept Releaseでは，明確化する文言の中に含められている。

第7章　PCAOBにおける監査報告書拡充の議論（Ⅰ）

## 図表7-1　監査報告書拡充のための方策

| (1) SAG検討会（2005年2月16日開催） |
|---|
| ① 監査委員会とのコミュニケーションの内容に含まれている財務報告の質に関する監査人の判断のような，財務諸表で採用された会計に関する事項について，より多くの説明を提供する。 |
| ② 財務諸表の異なる構成要素に対しては異なるレベルの保証を提供する。 |
| ③ 監査報告書の署名にパートナー等の個人の氏名を含める。 |
| ④ 他の監査人によって実施された業務についてより多くの開示を行う。 |
| ⑤ 財務諸表の作成と適正な表示およびそのための内部統制の整備と運用などに関し，経営者が負っている責任をより詳細に記載する。 |
| (2) SAG検討会（2010年4月7-8日開催） |
| ① 監査人の責任についての記述，監査手続についての記述，経営者と監査委員会の責任についての記述などを拡張する。 |
| ② 監査人が財務諸表の質に関する監査人の評価について監査委員会に提供することが求められている一定の情報を載せる。 |
| ③ 財務諸表が適正に表示されているとの結論に至る過程で監査人が実施した手続の説明を含める。 |
| ④ 追加情報として強調事項を記載することを義務づける。 |
| ⑤ 監査人と経営者による重要な判断に関する情報を含めて長文式の監査報告書にする。 |
| ⑥ 補足的開示文書としてAD&Aを追加する。 |
| ⑦ 財務諸表の個々の勘定科目における見積りや不確実性の程度に応じ，程度が異なる部分には異なるレベルの保証を提供する。 |
| ⑧ 幅のある程度づけのシステムを取り入れて無限定適正の程度を明らかにする。 |
| ⑨ 不正の発見における監査人の役割と限界を明確に記述する。 |
| (3) Concept Release（2011年6月21日公表） |
| ① AD&Aを追加する。 |
| ② 強調事項の記載を義務づけ，その記載内容を拡充する。 |
| ③ 財務諸表外のその他の情報に対して監査人による保証を義務づける。 |
| ④ 標準監査報告書における文言を明確化する。 |
| (4) SAG検討会（2012年11月15-16日開催） |
| ① 監査委員会との間で情報として交わされる事項のうち，一定の事項を強調事項区分に記載する（義務または監査人の裁量による）。 |

第3の強調事項の記載の義務づけは，財務諸表に関連する事柄を強調するため自らの裁量で監査報告書に説明区分を設けることを認めている現行の取扱いを要求に変更しようとするものである。このポイントは，あくまで強調事項であるということ，すなわち経営者による財務諸表への記載を前提としたものであるということである。監査報告書拡充の議論において指摘される問題の1つに，いわゆるファースト・プロバイダーの問題がある。これは，会社に関する適切な情報を開示する立場にあり，またその責任を有する者は経営者であるにもかかわらず，監査人が会社に関する情報の最初の提供者になってしまうという問題である。この視点からすれば，強調事項の記載の義務づけは，監査報告書の情報量を増加させながらこの問題を回避しやすくし，さらには，監査人が強調事項に記載する以前に経営者による情報開示が必要となるため，経営者の情報開示に対する意識がより改善されるという意味で，二重責任の原則についてもさらなる徹底が図られていくことにつながるものと思われる。

　2012年11月のSAG検討会における検討課題は，上記の第2と第3の方策を融合したもので，監査委員会との間で交わされる情報のうち，一定の事項を監査報告書に強調事項として記載するものとすることはどうかというものである。監査報告書拡充の方向として，開示すべき情報の範囲とその開示方法の輪郭が，2012年の検討会に至り，従来の議論が収斂した形としてようやく明確なものになったとの印象を与える内容である。この場合の議論の焦点の1つは，その検討課題の中でまさに述べられているように，強調事項区分においてその財務諸表の開示に関してどこまで言及するかということであろう。2012年の検討会で示された案は，強調事項という形に収めることによって財務諸表における記載とのつながりは確保したものの，議論すべき問題も残されたものであった。

　詳細な検討は次章に譲るが，2013年8月の公開草案における提案は，2012年11月の案から再び拡張の方向へと舵を切ったものとなっている。公開草案で新たな概念として登場した「CAM」は，監査委員会との間で交わされた情報に限定されるものではなく，また，財務諸表外のその他の情報についても評価を義務づけ，その結果を伝達するものとしている。PCAOBでは，

CAMを決定し，これを監査報告書に記載することにより，2011年6月のConcept Releaseで提案された方策によってもたらされるとされた便益のうちの多くを投資者およびその他の財務諸表利用者に提供できるものと考えている。さらに，CAMは，監査人が実施した監査手続に基づいて監査に関する情報を提供するものであって，経営者が作成した情報を検証するという現行の監査人の役割を変更するものではなく，会社の財務諸表に関する情報を提供する責任はあくまでも会社または監査委員会にあるとして，いわゆるファースト・プロバイダー問題に対処し（PCAOB［2013a］pp.16-17）。また，CAMの決定は，すでに行われた監査に基づくものであることから，コストについても考慮した提案であることが主張されている（PCAOB［2013a］p.27）。なお，公開草案の作成過程においては，他の基準設定主体による同様のプロジェクトの進行状況も検討したとされていることから，監査報告書の改訂に関するIAASBの動きもPCAOBによる提案内容に少なからず影響を及ぼしているものと思われる（PCAOB［2013a］p.13）[4]。

2013年8月の公開草案に対するコメントは2013年12月11日をもっていったん締め切られたが，PCAOBでは公開草案における提案内容についてさらに意見を求めるため，2014年4月2日から3日にかけて公聴会を開催することを決定した。これに伴い，2014年5月2日を締め切りとする新たなコメント期間が設けられた。

## 第7節　おわりに

本章では，PCAOBで監査報告書の内容を拡充する方向としていかなる方策が検討されてきたかにつき，SAG検討会の資料をもとに考察してきた。2005年のSAG検討会は従来のpass／failモデルを変更すべきかどうか，もし変更するとすれば，どのように変更すべきかとの問題意識からスタートした。その後，本章でみてきたように多くの改善策が示され，検討が重ねられた。その方策には，監査報告書における用語説明の充実にとどまるものから，監

▶4　IAASBはPCAOBより一足早い2013年7月25日に監査報告書の改訂に関する公開草案を公表し，KAM（監査上の主要な事項）の伝達等を要求する提案を行っている。

査人に業務の追加を課す，したがって監査人の責任の増大を伴うものまで，さまざまなレベルのものがあった。そうして紆余曲折を経ながら，2013年に公表された公開草案では，結果としては現行のpass／failモデルの形式を維持するとしながら，長年にわたる検討の１つの結果として，主なものとしては２つの策が示された。その１つはCAMの伝達であり，今１つはその他の情報の評価である。前者においては監査人に対し，監査結果または入手した証拠に基づいて当期の財務諸表監査におけるCAMを決定し，監査報告書に記載すべくこれを文書化する業務が課される。後者においては，監査人は，監査を通じて得られた監査証拠と到達した結論に基づき，その他の情報と財務諸表との間の重要な不一致の検証および事実についての重要な虚偽表示の検証を行うことが義務づけられる。いずれにおいても監査業務そのものが拡張されることはないが，監査人に義務づけられる業務の量は増大し，それに伴う責任も追加されることになる。こうしたある程度の広い意味でのコストをかけても，それが大局的にみれば，資本の効率的な分配と資本の平均コストの削減につながるとしているのである。pass／failモデルを維持することとされたのは，SECが合格（無限定適正意見）の監査報告書でなければ受理しない方針をとっているという現行制度との適合性を意識したものと思われる。2013年の公開草案が示す改訂案は，情報ニーズへの対応と制度的適合性の両立を図った１つの結果であると捉えることができよう。

　情報ニーズへの対応のポイントは，個々の監査に特定の情報をいかなることについていかなる範囲・程度・形で提供するかということにある。個々の監査に特定の情報を提供するということは，個々の会社の財務諸表に対して表明された無限定適正意見の内容をより詳しく説明するということである。これはすなわち，監査意見としては無限定適正だけれども，経営者による見積りや判断など，監査においていわゆるグレーな部分が存在した場合に，そのグレーな部分を何らかの形で明らかにするということであり，同じ無限定適正であっても等しく100点ではないことを明示するものである。かつての方向性にみられたような，AD&Aを補足的開示文書として要求するとか，監査委員会とのコミュニケーションの内容を強調事項として記載するとか，公開草案で示されているような，CAMを記載するといった方策は，pass／

failモデルを維持しながら，無限定適正の程度には直接関連づけずに情報提供を行うというものである。換言すれば，これらは監査意見としては「合格」としながらも，別のところでグレーな部分の説明を行うものであり，結局のところは適正の程度づけにつながるものである。

　適正の程度づけということは，無限定適正における適正の程度が低くなればそれだけ限定付適正に近づくのであり，その適正の程度が限定付適正のレベルに達した時点で，それまで無限定適正の程度を示していた情報が除外事項へと変貌することになる。無限定適正の範囲内では，問題点は監査意見に影響を及ぼさない単なる情報提供として扱われるが，限定付適正となれば，問題点はすなわち監査意見に影響を及ぼす除外事項となる。この両者を区別する識閾は，監査人による重要性の判断ということになる。

**参考文献**

ACAP [2008] *Final Report of the Advisory Committee on the Auditing Profession to the U.S. Department of the Treasury*, The Department of the Treasury (October).

PCAOB [2005] Standing Advisory Group Meeting, *Auditor's Reporting Model* (February).

PCAOB [2010] Standing Advisory Group Meeting, *ACAP Committee's Recommendation Relating to the Auditor's Reporting Model* (April).

PCAOB [2011] PCAOB Release No.2011-003, *Concept Release on Possible Revisions to PCAOB Standards Related to Reports on Audited Financial Statements and Related Amendments to PCAOB Standards* (PCAOB Rulemaking Docket Matter No.34) (June).

PCAOB [2012] Standing Advisory Group Meeting, *Auditor's Reporting Model* (November).

PCAOB [2013a] PCAOB Release No.2013-005, *Proposed Auditing Standards – The Auditor's Report on an Audit of Financial Statements When the Auditor Expresses an Unqualified Opinion; The Auditor's Responsibilities Regarding Other Information in Certain Documents Containing Audited Financial Statements and the Related Auditor's Report; and Related Amendments to PCAOB Standards* (PCAOB Rulemaking Docket Matter No.034) (August).

PCAOB [2013b] Standing Advisory Group Meeting, *Auditor's Reporting Model* (November).

甲斐幸子［2011］「米国公開企業会計監視委員会『監査した財務諸表に対する報告に関連するPCAOB基準の改訂に関するコンセプト・リリース』」『会計・監査ジャーナル』第23巻第9号，21-26頁。

児嶋和美［2009］「米国財務省　監査プロフェッションに関する諮問委員会の最終報告」『会計・監査ジャーナル』第21巻第3号，148-152頁。

山﨑秀彦［2011］「監査人報告変革の方向性」『会計・監査ジャーナル』第23巻第7号，79-86頁。

(森田佳宏)

第8章 PCAOBにおける監査報告書拡充の議論（Ⅱ）
―PCAOB Release No.2013-005"Proposed Rule"について―

## 第1節　はじめに

　PCAOB（公開会社会計監視委員会）は，2011年6月に*Concept Release on Possible Revisions to PCAOB Standards Related to Reports on Audited Financial Statements and Related Amendments to PCAOB Standards*を公表し，監査報告書モデルについて広く社会からのコメントを求めた。Concept Releaseでのコメントの対象は，監査報告書で財務諸表利用者に対して財務諸表監査や財務諸表に係る，以下のような追加的な情報の提供に関する代替案についてであった。

① AD&A（監査人による討議と分析）
② 強調区分の要求とその拡張使用
③ 他の情報に関する監査人の保証
④ 標準監査報告書の文言の明瞭化

　PCAOBは，Concept Releaseに対して145通以上のコメント・レターを受け取った，と述べている。PCAOBは，2011年9月15日に公開円卓会議（public roundtable）を開き，投資者および他の財務諸表利用者，財務諸表作成者，監査委員会メンバー，ならびに監査人といった多様な集団から，Concept Releaseで提示された代替案に対しての意見を聴取している。また，これと同様の議論が，2011年11月と2012年11月に開催されたSAG（常置諮問グループ）会議においても交わされている。

　Concept Releaseに対するコメントに共通するものとして，概ね，PCAOB報告基準を改訂するという見解を支持する点であった，としている。また，「現行の監査報告書では，特定の監査についての情報が投資者や他の財務諸

表利用者には提供されてはおらず，せいぜい提供されているものとしては，pass／failモデルに基づく監査意見の意味合い程度でしかない。」という点に関しても，コメントでは同意する旨が示されていたと述べているが，現行の監査報告書に対して行うべき変更の範囲，および変更に伴って生じる可能性のある潜在的なコストの性格と範囲については，同意や支持を表すコメントの中にも多様な見方が示されていた，としている。

　PCAOBは，コメントレターをもとに討議した結果や，時を同じくして行われている，IAASB（国際監査・保証基準審議会），EC（欧州委員会），FRC（財務報告審議会）による監査報告書改革に関する論議の進展等を考慮して，2013年8月13日にPCAOB Release No.2013-005, *Proposed Rule*（以下，公開草案という）を公表している。この公開草案では，Concept Releaseで示したいずれの代替案についても提案するには至っていない。ただ，Concept Releaseで示した代替案のすべてをまったく棄却したというのではなく，公開草案で示されている新しい提案内容の中に，Concept Releaseの趣旨や便益等の多くが含まれている，としているのである。

　以下では，公開草案で示されている提案内容について概観し，若干の検討を加えることにしたい。

## 第2節　公開草案におけるイントロダクション

　監査報告書は，財務諸表に対する監査に係る情報を，監査人が投資者や他の財務諸表利用者へ伝達するための重要な手段であり，現行の監査報告書は，次の3点について達成するために存在する，としている。

　すなわち，①監査済財務諸表を特定すること，②監査の性格を説明すること，③「財務諸表が，財政状態，経営成績，およびキャッシュ・フローの状況について，適用可能な財務報告のフレームワークに準拠して適正に表示しているかどうか」に関する監査人の意見を表明すること，である。このような監査報告書は一般に，pass／failモデルとよばれている。なぜならば，監査報告書では，監査人によって財務諸表が適正に表示されているか（pass），そうでないか（fail）に関する意見を表明しているからである。

米国における監査報告書は，1940年代以降は大きな変化は遂げていない。現行のpass／failモデルとしての監査報告書は，財務諸表が適正に表示されているかどうかについて明確な指示を与えるものであり，そのため多くの監査報告書利用者はpass／failモデルを有用なものであると考えてきた。しかしながら，現行の監査報告書では，財務諸表監査一般に関する重要な情報については提供しているが，特定の監査に関する特殊情報について提供しているとはいえないのである。また，投資者や他の財務諸表利用者は，監査意見が適正であるかどうかを見極めるためだけに監査報告書を利用しているに過ぎない。なぜならば，監査報告書は，財務諸表が適正であるかどうかという情報以外には，情報的価値を提供するものではない，と考えているからである。

　PCAOBは3年前からアウトリーチ活動を行ってきたが，その中で多くの投資者が，「現行の監査報告書は，投資者や他の財務諸表利用者に対して，監査人が財務諸表監査で得た特殊な情報については，（仮に提供しているとしても）ほんのわずかしか提供していない。」という不満を表明していた，と述べている。さらに，監査人は，財務諸表監査を実施している間，企業や企業を取り巻く環境，さらには財務諸表の作成に係る重要な情報について収集・評価しているはずであり，投資者等は，それらを監査報告書で監査人が追加的な情報として提供するならば，多くの便益を得ることができる，と指摘していたのである。なぜならば，投資者は，この種の追加的な情報の多くに気づくこともないであろうし，また，アクセスすることもできないからである。

　さらに，多くの投資者は，次のような2つの点についても指摘している。
① 監査人は，自身の監査に基づいた独自的で，かつ有意な見解を有している。
② 監査人は，監査報告書をより重要かつ有益なものとするために，監査報告書の中で監査人の知り得た事柄について開示すべきである。

　PCAOBのアウトリーチ活動において，一部の投資者が指摘しているところによれば，「監査人は監査を通して，投資者が知り得ないような企業の財

務諸表に関する知識を得ることになる。監査人が監査を通して知り得た独自の知識は，投資者が意思決定を行う際の支援となるのである。」と考えている点である。しかしながら，現行の監査報告書は，監査人の業務内容を表現するという点においては象徴的な価値を有するものであるが，監査人の意思や情報を伝達するという点に関しての価値をほとんど示すものではないとの評価しかされていない，としているのである。

また，監査報告書はグローバルに変化しつつある，とも指摘している。このことは，国際的な基準設定主体や規制当局，例えば，IAASBや英国のFRCによって，監査報告書を改革しようという同様のプロジェクトが進められていることを指している。PCAOBは，このようなアウトリーチ活動を受けて，以下のように2つの基準を提案している。

すなわち，これらの基準は，「情報量が豊富で正確な（or誤差のない；accurate）監査報告書の作成において，投資者の利益は言うに及ばず，公共の利益をも保護する。」ということを規定化することを意図している。これらの基準の提案理由としては，監査報告書の情報価値を増大させることで，監査それ自体や監査報告書の有用性および有意性を促進させようとするところにある。それと同時に，PCAOBは，財務報告プロセスに過度の負担をかけないようなバランスのとれたアプローチも模索している。

提案された2つの基準とは，以下のものである。
① 監査人が無限定適正意見を表明する場合の財務諸表監査に係る監査報告書（The Auditor's Report on an Audit of Financial Statements When the Auditor Expresses an Unqualified Opinion：以下，報告基準に係る提案という）
② 監査済財務諸表および当該監査報告書が含まれる特定文書における他の情報に関する監査人の責任（The Auditor's Responsibilities Regarding Other Information in Certain Documents Containing Audited Financial Statements and the Related Auditor's Report：以下，他の情報に関する基準に係る提案という）

第1提案の「報告基準に係る提案」とは，pass／failモデルを保持するも

のであり，現行の監査報告書の基本要素を含んでいる。また，財務諸表監査や監査人に係るより一層の情報を，投資者や他の財務諸表利用者に対して提供し得るものでもある。「報告基準に係る提案」の最も重要な点としては，財務諸表監査において特殊的だと考えられる，「CAM（監査上の重要な事項）」を監査報告書に記載するように監査人に求めている，という点である。監査人に求められるCAMの記載は，財務諸表監査をとおして取り組んだ監査事項についてのみであるが，このような事項の記載は，監査人にとって，困難で，主観的で，さらに，複雑な監査判断を要する場合もあれば，十分かつ適切な監査証拠の収集や財務諸表に対する意見の形成にあたって，監査人に大きな困難性を課す場合があることが考えられる。

現行の監査報告書では，監査人が収集・評価した情報が，投資者や他の財務諸表利用者に対してほとんど提供されていない。「報告基準に係る提案」が意図するところは，監査報告書の意義は，投資者や他の財務諸表利用者に対して，潜在的に価値ある情報を提供することであり，現に投資者はそのような情報に関心をもってはいるが，これまではアクセスすることができなかったのである。

監査人にCAMを監査報告書に記載するよう求めることによって，投資者や他の財務諸表利用者は，監査人が財務諸表の中に課題を見いだした領域に焦点を絞ることができることになる。また，投資者や他の財務諸表利用者に対して，過去には知り得なかったような監査に関する情報が提供されることにもなる。そのことで，彼らは財務諸表上の勘定科目や開示をより詳細に分析することが可能となるのである。さらに，CAMを監査報告書に記載することによって，経営者と投資者との間に存在する「情報の非対称性」（information asymmetry）のレベルを軽減するのに役立つ可能性もある。具体的には，通常，経営者は，監査の一部として監査人と常に交流している関係で，監査人が課題を見いだした領域がどこなのかについては十分に承知していると考えられるからである。しかしながら，投資者の場合には，この種の情報（監査人が課題を見いだした領域）については知らないのが通常である。経営者と投資者との間にある，このような「情報の非対称性」のレベルを引き下げることによって，より効率的な資本配分（capital allocation）がもたら

されることになり，また，平均資本コスト（average cost of capital）も低下することになる。

　PCAOBは，このような理由から，「CAMに関する情報を監査報告書に記載することは，投資者にとって価値をもたらすことであり，また，情報の非対称性を削減し得るものでもある。」という，この見解が正しいかどうかについてのコメントを求めているのである。

　第2提案の「他の情報に関する基準に係る提案」とは，監査人が監査報告書で無限定適正意見を表明するにあたって，監査済財務諸表や当該監査報告書が含まれる文書中の他の情報に関する監査人の責任に言及している。

　PCAOBは，他の情報に係る監査報告書の性格や様式を検討するにあたり，監査人の責任についての現行の監査基準（他の情報に関する部分）を綿密に評価しており，その結果，監査報告書における記載を支援するためには，他の情報に関する現行の基準を改訂することが適切であると結論づけているのである。

　「他の情報に関する基準に係る提案」が意図するところは，監査手続を改善することで，他の情報に関する監査人の責任を向上させ，投資者の利益を今より以上に保護するところにある。この提案の中で示されている「他の情報」とは，具体的には，証券取引法のもとでSEC（証券取引委員会）に登録されている企業のアニュアルレポートに含まれる情報のことであるとともに，監査済財務諸表および当該監査報告書に含まれる情報のことを指している。

　「他の情報に関する基準に係る提案」によって，現在，必要とされている監査手続をさらに改善するための提案がなされているわけであるが，その意図は，監査報告書に次の2点を記載するための具体的な根拠を，監査人に与えることにある。

① 他の情報に関して監査人が下した評価の結果
② それに関する監査人の責任

　監査人は，「他の情報に関する基準に係る提案」の中で求められる監査手続に準拠することによって，他の情報と監査済財務諸表との間に存在し得る重大な不整合を特定することに注意を向けることになり，また，監査実施に

よって得た証拠や監査をとおしてたどり着いた結論に基づいて，事実に関する重大な虚偽記載を特定することにも注意を向けることになるのである。

監査人は，投資者や他の財務諸表利用者とは異なり，他の情報と財務諸表との間に存在し得る不整合を特定できる立場にある。しかしながら，投資者や他の財務諸表利用者にとっては，財務業績の分析にあたって，こうした不整合を特定することは困難なのである。このような不整合が発生する理由は多々ある。例えば，過失による誤謬や意図的な虚偽表示等があげられる。「他の情報に関する基準に係る提案」によって，監査人は他の情報を詳細に評価し，企業経営の事実に関する重大な不整合（あるいは，それが発生している可能性）や重大な虚偽表示（あるいは，それが生じている可能性）を監査報告書に記載することになるのである。このことによって，他の情報と監査済財務諸表との間の整合性が促進され，ひいては投資者や他の財務諸表利用者が入手する情報が，質・量ともに増大することになる。一般的には，投資者が入手する情報の質や量が増大することによって，資本配分に係る意思決定がより効率的に行われることとなり，情報の質が改善されることで，平均資本コストの低下がもたらされるからである。

このような理由から，PCAOBは，「他の情報に関する基準に係る提案は，投資者が利用できる情報の質を改善させる。」というこの見解が正しいかどうかについてのコメントを求めている。

## 第3節 「基準の修正案に関する提案」の作成と概要

PCAOBは，「基準の修正案に関する提案」を作成するにあたって，以下の7点について考慮している。
① 現行の監査報告書において伝達されている情報内容
② 監査人が追加的に伝達することによって得られるであろう潜在的な便益
③ PCAOBが提案するアプローチに関連する潜在的なコスト
④ 代替的なアプローチ
⑤ 他の基準設定主体が進めている同様のプロジェクトの最近の進捗状況
⑥ 学術研究の成果

⑦　アウトリーチ活動をとおしてPCAOBが得た多くの重要な情報（Concept Releaseに関して寄せられたコメントを含む）

　現行の監査報告書に対する変更の性格や範囲を考慮するにあたって，PCAOBは，投資者や他の財務諸表利用者のニーズに対応しようと努力している。例えば，監査報告書をより情報量が豊富なものとする一方で，財務報告プロセスに過度の負担を掛けないようにしたことである。

## 1　報告基準に係る提案

　「報告基準に係る提案」は，現行の監査報告のあり方に関して，以下のような重大な変更を加えるものである。

① 　監査人に対して，当期の財務諸表監査の対象とはしていないCAMを，監査報告書上で伝達するよう求めることとし，もし，「CAMは存在しない。」と監査人が判断した場合には，監査人は，監査報告書で「監査人は，伝達すべき重要な監査事項はないと判断した」と記述する。

② 　3つの新たな要素を監査報告書に追加する。すなわち，①監査人の独立性，②担当期間，および③アニュアルレポート（監査済財務諸表および当該監査報告書を含む）に含まれる他の情報に関する監査人の責任と評価する。

③ 　監査報告書の「標準化された特定文言」を拡大する。例えば，PCAOB基準の下では，監査人は「誤謬であれ，不正であれ，財務諸表が重大な虚偽表示がないかどうか」ということに関する合理的な保証を得る責任がある。これを記述する場合には，『誤謬であれ，不正であれ』という文言を追加する。

　「報告基準に係る提案」は，現行の監査報告書におけるpass／failモデルを保持しており，また，特定の状況下で必要とされる説明区分も存続させている。加えて，財務諸表上の特定の事項に関して監査人による強調事項としての取扱いも残している。

## (1) CAMに関する監査報告

　PCAOBは、「CAMに関する監査報告書での伝達を求める。」という提案を作成するにあたり、多くの投資者からのかかる情報内容の要求を考慮した、としている。この情報要求とは、監査に関する事項や財務諸表上の最も重要な事項に係る開示の要求である。このような事項に含まれるものとしては、例えば、重要な経営判断、見積り、測定の不確実性が高い領域等があげられている。

　Concept Releaseでは、監査や財務諸表に関する追加的な情報を財務諸表利用者に提供するための代替案として、AD&Aおよび強調区分の要求とその拡張使用をあげていたが、PCAOBは、「報告基準に係る提案」ではかかる代替案のいずれも提案してはいない。

　PCAOBとしては、上記のような代替案ではなく、監査人に対して監査報告書の中でCAMについて伝達するよう求めるという提案に変更しているのである。CAMとは、監査をとおして取り組んだ事項のことであり、①困難で、主観的で、複雑な監査判断を含み、②十分かつ適切な監査証拠を収集する過程で、大きな困難を監査人に課し、あるいは、③財務諸表に対する意見の形成にあたって、大きな困難を監査人に課すような事項のことである。もちろん、「CAMとして考えられる事項とは、各領域でそれぞれ1つずつしかない。」というわけではない、ことは言うまでもないであろう。

　投資者の多くが、「監査人が監査報告書で、最重要事項に関する、監査人によるより一層の洞察（or深掘り：insight）を提供することによって、監査報告書の有意性を向上させてもらいたい。」と求めている。PCAOBは、この要求に応えるためにCAMの監査報告書への記載を提案するのである。なぜならば、CAMが監査報告書に記載されることにより、監査の実施や財務諸表に対する意見の形成といった監査人による監査業務全般についての有意義な情報が、投資者や他の財務諸表利用者に向けて、一体となった形で提供されることとなるからである。

　監査人は、どのような事項をCAMとして監査報告書に記載するかについて決定しなければならないが、「報告基準に係る提案」で示すCAMとは、以下の点を必要とする事項のことを指す、としている。

① 監査をとおして知り得た重要な問題や発見事項を要約して開示するために,「監査契約に関する文書」内に,かかる事項が記録されていること
② 契約した品質レビュアーによって,当該事項がレビューされること
③ 監査委員会に当該事項が伝達されていること
④ 上記3つの任意の組み合わせ

　PCAOBは,上記のうちの1つ以上に該当するような事項のすべてがCAMであると考えているわけではない。そうであるにもかかわらず,上記の4つの点に触れたのは,どの事項がCAMであるかを判断するための,効率的かつ費用対効果の優れた方法を提供するためである。
　さらに,「報告基準に係る提案」は,監査人がCAMを判断する上で考慮すべき要因のリストについても提示するとしている。かかる要因に関するリストが示されることによって,監査人は,監査それ自体で,かつ,収集した監査証拠の評価結果から,「どの事項がCAMであるのか」について判断しやすくなるからである。
　監査人によるCAMの伝達は,監査人にとって既知の情報に基づいて行われること,および,監査人が監査の一部分としてすでに行った監査手続に基づくものである,ということである。したがって,「報告基準に係る提案」は,財務諸表監査の目的を修正するものではなく,CAMの決定,監査報告書での伝達,および文書化以外の,新たな監査の実施を課すものでもないのである。
　監査人には,「報告基準に係る提案」によって,当該会計期間の財務諸表監査におけるCAMを監査の実施や監査証拠に基づいて決定するよう求められている。また,監査人は,「伝達すべきCAMはない。」と判断した場合には,かかる結論を監査報告書で記述するように求められている。CAMは,各監査における事実や状況に基づいて判断されるが,ほとんどの監査においては,監査人は,「(伝達すべき)CAMがある。」と判断するものと考えられる,と述べているのである。
　監査報告書におけるCAMに関する具体的な記載内容としては,以下の3点があげられている。

① CAMを特定すること
② 監査人が「ある事項がCAMである。」と判断するに至った検討過程を記載すること
③ CAMとして適用が可能な場合には，それに関連する開示や財務諸表上の勘定科目を示すこと

　CAMの伝達は，監査報告書をより情報量が豊富なものとすることを意図しているのであり，その結果，監査報告書の有意性を高め，かつ投資者や他の財務諸表利用者にとっての有用性を高めるものである。理論的には，どの情報が開示されるかを際立たせることは，投資意思決定に対して影響を及ぼす可能性があるとされており，そのため，CAMを監査報告書に記載することによって，投資者や他の財務諸表利用者の関心に沿うためには，投資意思決定に利用できる情報として貢献できるような監査となるべきであり，そのための課題の解決へと向かう必要がある，と述べるのである。情報量が豊富な監査報告書は，潜在的に価値のある情報を目立たせることによって，投資者や他の財務諸表利用者に奉仕することになるのであり，このことが監査報告書の価値を増大させるのである。

　CAMの伝達をとおして監査報告書を改善することは，Concept Releaseで寄せられたコメントの中で指摘されていた懸念に対処するものでもあった。すなわち，「企業の財務諸表に関わる情報や分析について，財務諸表利用者に提供するのは監査人の責任ではなく，企業や監査委員会の責任である。」という懸念である。「CAMを監査報告書に記載する。」という案は，「経営者によって作成された財務情報を証明する。」という，監査人の現在の役割を抜本的に変更するものではない。なぜならば，監査人は，監査人自身が実施した監査手続に基づいて，監査についての情報を監査報告書で伝達する（コミュニケートする）からである。

　PCAOBの考えは，「CAMを監査報告書に記載する。」という案を提示することによって，Concept Releaseに対して寄せられたコメントで指摘されていた監査コストに関する問題に対処しようとしているところにある。すなわち，CAMとは，相対的に複雑かつ困難な監査事項に基づくものであり，

PCAOBは,「報告基準に係る提案」が,監査の規模,性格および複雑性に応じて拡張・拡大されるであろう,と考えているからである。しかしながら,他方,PCAOBは,監査報告書でのCAMの伝達が,監査人や企業にコスト関連の何がしかの影響を与えることになるであろうことも考えている。監査人にCAMの監査報告書での伝達を求めることは,コスト関連の影響を与えるだけではなく,その他の意図しない結果をもたらす可能性もあるであろう。例えば,監査人は,監査の最終段階においてCAMを決定し,伝達のための文言を文書化することになるのであるが,このことによって,監査人が自身の業務をレビューし完成させるための時間を減少させることになるかもしれないからである。

PCAOBは,監査人に対して監査報告書でのCAMに関する伝達を求めることは,どのような性格と範囲に係るコストを発生させるか,コスト以外の意図しない結果をもたらすことになるのか,この点についてのコメントを求めている。

## 2 他の情報に関する監査人の責任

監査人は,たとえ財務諸表外の他の情報であったとしても,財務諸表監査の対象となった情報と同じ情報が他の開示書類の中に存在する場合や,また,それらが監査意見の表明にあたって,監査人が行う判断に影響を与える情報の内容と相違する内容の情報に遭遇する場合がある。「他の情報に関する基準に係る提案」で説明される「他の情報」とは,監査済財務諸表および当該監査報告書以外の開示書類に存在する情報のことである。これらは,SECに登録されている企業のアニュアルレポートに含まれているかもしれない情報と同じ内容の情報が,監査済財務諸表および当該監査報告書にも含まれていることを指している。例えば,Form 10-KをSECに提出している企業のアニュアルレポートに含まれる他の情報とは,選択された財務データ,MD&A(経営者による討議と分析),証拠書類,および関連事項に含まれる特定の情報等が,それに該当する。

現行のPCAOB基準の下では,監査人は,監査済財務諸表や当該監査報告書以外の開示書類に含まれる他の情報を読み取って考慮するとされているが,

報告基準には，監査人の責任に関する規定はない。

　PCAOBは，「監査済財務諸表等以外の開示書類に存在する他の情報に係る監査人の責任について，投資者や他の財務諸表利用者に対してより明確に説明する。」ということに取り組むとしており，その取り組みの一部として，他の情報に関する現行基準であるAU sec. 550の改訂のための検討を開始しているのである。

　PCAOBは，このような検討をとおして次の決定に至っている。すなわち，現行の基準を変更することが，「監査済財務諸表等以外の開示書類に含まれる他の情報に係る監査人の評価結果と責任について，監査報告書で説明すべきである。」ということに関する明確な基礎を与えるための適切な方法である，としているのである。

　財務諸表利用者は，「他の情報に関する基準に係る提案」によって，監査報告書から次のような有用な情報を得ることとなる，というのである。
① 他の情報に関する監査人の責任の性格と範囲
② 監査人が評価した他の情報の（内容の）明確化
③ 他の情報に関する監査人による評価結果の説明

　「他の情報に関する基準に係る提案」における他の情報に関する取り扱いによれば，監査人は，監査の過程において「他の情報が財務諸表上の情報と実質的に整合していない。」ことを発見するかもしれないことを想定して，あらかじめ「実質的な不整合」に対応するための特別の監査手続が提示されており，監査人が「他の情報」の中に「事実に関する重大な虚偽記載」が存在していないかどうかについて経営者と討議するとともに，監査人は自己の判断に基づいて他の監査手続を実施しなければならないこととなっている。

　「他の情報に関する基準に係る提案」の内容は，以下のとおりである。
① 証券取引法の下で，SECに登録されている企業のアニュアルレポート（監査済財務諸表および当該監査報告を含む）について，他の情報に関する監査人の責任を適用する。
② 監査人が収集した，当該他の情報に関連する監査証拠や監査人が監査を通じて得た結論に基づいて他の情報を評価する，という監査手続を提示す

ることで，他の情報に関する監査人の責任を高める。
③　監査人に対して，事実に関する重大な虚偽記載についての情報，および金額や情報に関して重大な不整合をもつ情報，あるいは，それらの表示方法について評価するよう求める。
④　他の情報に係る監査人の評価結果や責任について，監査報告書に記載するよう監査人に求める。

　現行のPCAOB基準では，他の情報を「読み取って考慮する」以上のことを監査人には求めてはいない。これとは対照的に，「他の情報に関する基準に係る提案」では，監査人が他の情報に係る評価を一貫して遂行し得るような監査手続が提示されているのであるが，PCAOBは，現行の監査基準においても，監査人は実務上「他の情報に関する基準に係る提案」が提示する監査手続と同じような監査手続の実施をとおして，他の情報に対する監査証拠の収集を行っているであろうことも述べている。
　PCAOBが注目しているのは，監査済財務諸表等とは直接的には関係ないような開示書類の中に他の情報が存在する場合であり，とりわけ，非財務的な性格のものや，企業の業務に関連する情報のケースについてである。その場合，監査人は，監査の実施をとおしても何らの監査証拠を得ることもないであろうし，また，かかる情報について何らの結論にたどり着くこともないであろうという点である。監査人は，「収集した監査証拠」に基づいて評価を下すことで「監査を通して得た結論」を導くことになるからである。「他の情報に関する基準に係る提案」では，監査人が他の情報の評価を一貫して実施でき得るような監査手続が提示されているが，監査済財務諸表等とは直接的には関連していない開示書類における他の情報に関しては，監査人には監査証拠を追加的に収集するための手続を実施するよう求められているのである。
　PCAOBは，「他の情報に関する基準に係る提案」を作成するにあたって，他の情報に関する監査人の責任についての変更がもたらすであろう追加的な労力やコストについて考慮したとしている。そのため，「他の情報に関する基準に係る提案」において提示している監査手続はコスト重視のものであり，

PCAOBは，当該監査手続について次のように考えている。

すなわち，監査済財務諸表等以外の開示書類における他の情報についての性格や範囲を考慮すれば，当該監査手続は，「より広範な業務を伴うような企業」だけでなく，「業務の複雑性がそれほど高くはない企業」に対しても拡張して適用することが可能となるからである。

ただ，PCAOBは，「他の情報に関する基準に係る提案」は，監査人や企業（監査委員会を含む）に対してコスト面での影響を与えることになるであろう，とも考えていることである。PCAOBは，このようなコストの性格と範囲についてのコメントを求めている。

## 第4節　むすびに代えて

公開草案における提案内容について概観してきたが，PCAOBは，監査報告書改革に関して，Concept Releaseで提示した4つの代替案については破棄しているが，監査人による監査報告書での情報提供機能を大きく進展させる内容の提案を行っている。

第1提案は「報告基準に係る提案」である。この提案では，CAMに関する監査報告書での開示について取り上げている。PCAOBは，かかる事項を監査報告書に記載することによって，投資者や他の財務諸表利用者のために，監査人による監査の実施や財務諸表に対する意見の形成にあたってのCAMという，監査業務全般に及ぶ情報の提供を求めている。その結果として，彼らの投資意思決定に寄与するといった，利用者志向型の監査報告書のあり方を強調する提案となっているのである。PCAOBによるこのような監査報告書改革の立脚点は，Concept Releaseでも同様の立場から代替案が提示されていた。しかしながら，公開草案ではConcept Releaseに対するコメントレターで指摘された二重責任の原則への抵触問題，とりわけ，AD&Aに対するコメントレターでの指摘に配慮する形でCAMの監査報告書への記載を提示しているのである。すなわち，CAMとは，監査人が当該監査の実施や意見形成の際に特に考慮した事項であり，したがって，かかる事項は，企業に係る情報ではなく，あくまでも監査に係る情報であるため二重責任の原則に

は抵触しない，との視点からの提案なのである。ただ，果たして，二重責任の原則への抵触の問題をクリアしているかどうかについては，さらなる検討を要するのではないだろうか。

また，そもそも，監査人が表明する意見は，監査人が監査証拠に対して専門的判断を加えた上での結果である。したがって，監査人による意見表明のための判断過程において，CAMとして取り上げられた事項を投資者等の財務諸表利用者に開示することが，果たして適切であるかどうか，すなわち，投資者等の財務諸表利用者がCAMに対して「除外事項」であるかのような誤解を惹起させることにならないかとの懸念が生じるのである。CAMの監査報告書での情報提供が制度化されるにあたっては，財務諸表利用者に対して十分な説明が必要となるであろう。

第2提案は「他の情報に関する基準に係る提案」である。この提案では，財務諸表等に含まれる情報と同じ内容の情報が，アニュアルレポート等の他の開示書類の中にも含まれている場合に，監査人は，当該他の情報との整合性を検討し，当該他の情報の開示についても責任をもつべきであるかどうかに関する提案である。

現行基準においては，監査人が財務諸表等における情報が他の開示書類の中に含まれていることを発見した場合は，双方の情報が整合しているかどうかについて検討するところまでであるが，提案では，さらに踏み込んで，他の情報が財務諸表等以外の開示書類に中に情報として含まれていた場合，他の情報に係る監査手続の実施と監査報告書での記載が求められている。

かかる第2提案に対する問題点として，監査済財務諸表等に含まれる情報と，それら以外の開示書類に含まれる同じ内容をもつ他の情報との間に重要な不整合（相違）があった場合，その責任は誰が負うべきであるのか，という基本的な立場からの議論がなされなければならないであろう。

PCAOBの公開草案は，これまでの監査報告書の役割とは異なり，利用者志向を強調する監査報告書とは，どのような内容を含むべきであるか，ということを基本的認識に据えた提案であると評価しなければならないが，議論すべき多くの課題が残されているようである。

**参考文献**

PCAOB [2011] PCAOB Release No.2011-003, *Concept Release on Possible Revisions to PCAOB Standards Related to Reports on Audited Financial Statements and Related Amendments to PCAOB Standards*, PCAOB Rulemaking Docket Matter No.34（June）.

PCAOB [2013] PCAOB Release No. 2013-005 Proposed Rule, *Proposed Auditing Standards – The Auditor's Report on an Audit of Financial Statements When the Auditor Expresses an Unqualified Opinion; The Auditor's Responsibilities Regarding Other Information in Certain Documents Containing Audited Financial Statements and the Related Auditor's Report ; and Related Amendments to PCAOB Standards*, PCAOB Rulemaking Docket Matter No.034（August）.

（伊藤龍峰）

# 第9章 英国における監査報告書改訂の動向[1]

## 第1節 はじめに

　IAASB（国際監査・保証基準審議会）は2011年5月にConsultation Paper, *Enhancing the Value of Auditor Reporting*（以下，CPという）を公表し革新的な監査報告書の改善提案を行った。この改善提案はこれまでの監査基準の改訂からすると非常にラディカルなものであり，わが国の公認会計士協会も改善提案に対してパブリックコメントを出すなど，各国の職業監査人に対して大きなインパクトを与えたものである[2]。当然のことながら，英国においてもIAASBの改善提案は大きな波紋を投げかけ，改善提案を自国の監査基準にどのように取り入れていくのかが大きな問題となった。IAASBはCPに対する多くのコメントを受け，2012年6月にInvitation to Comment, *Improving Auditor Reporting: Exploring Options for Change*（以下，ITCという）を公表した。ITCはCPに比べれば，ラディカルさは後退した感は否めないが，より現実的なものになったといえる[3]。英国は財務報告に対する会社法の影響が非常に強いといわれており（渡辺［2009］30頁），この点においてわが国の状況と似通っていることから，わが国においてISA（国際監査基準）をアドプションする際の参考となるであろう。

　そこで，本章では，これまで英国において，監査報告書の改善がどのように行われてきたのかを概観し，今般のIAASBの改善提案がどのように受け入れられようとしているのかを考察し，わが国がIAASBの改善提案を受け入れる際の参考となる点を明らかにしたい。

---

▶1　本章は小俣［2013］139-159頁を加筆修正したものである。
▶2　CPに関して，詳しくは岸［2012］を参照されたい。
▶3　CPからITCへの変遷について詳しくは本書第6章を参照されたい。

## 第2節　英国における監査基準設定主体の変遷

英国では現在，監査基準の設定主体としてFRC（財務報告評議会）が活動を行っている。英国における監査基準設定主体の変遷は図表9-1のようにまとめることができる[4]。

1974年にCCAB（会計士団体協議委員会）が共同で設立された。CCABは1976年にAPC（監査実務委員会）を設置し，監査基準書を公表してきた[5]。APCは1980年にAuditing standards and guidelines, *AUDIT REPORTS*を公表し，監査報告に関する実務の指針となった。1990年にFRCが設立され，その後FRCの権限が拡大され今日に至っている。FRCは民間団体ではあるが，ビジネス・イノベーション・技能省（Department for Business, Innovation and Skills: BIS）との関係が深い団体であるといえる。FRCは可能なかぎり早く年次予算を策定し，年次予算と負担金の予定を公表することを前提にBISに対して補助金の要求額を申請し，BISは申請に基づき毎年補助金額を承認しなければならないとされている。総収入に占める割合は低いものの[6]，

**図表9-1　英国における監査基準設定主体の変遷**

| | |
|---|---|
| 1976 | CCABの下にAPCが設立される |
| 1978 | APCがauditing standards and auditing guidelinesを公表する |
| 1980 | APCが一通りのauditing standards and auditing guidelinesを公表し終える |
| 1989 | APCが一連のPractice Notesを公表する |
| 1991 | APCがAPBに改組される |
| 2004 | APBが一連のISA（UK and Ireland）を公表するとともにFRCがAPBの監査基準設定権限を引き継ぎAPBはFRCの諮問機関となる |
| 2009 | APBが"The APB issues new ISAs (UK and Ireland)"を公表し，現存しているISAs（UK and Ireland）を新基準に置き換えることを宣言する |
| 2012 | APBがAudit & Assurance Councilに改組される |

▶4　英国の会計士団体の自主規制の変遷については加藤［2012］41頁に依っている。
▶5　英国会計制度史については山浦［1991］103-104頁に依っている。
▶6　FRCの2012/13アニュアルレポートによれば，政府補助金は全収入の2％程である（FRC［2013d］p.48）。

政府から補助金を受ける権利があること，BISはパブリックセクター組織の負担金の徴収に便宜を図るとされていることから財政面でのBISの影響は大きいといえる。BISはFRCが完全に独立して運営することを認めるものの，FRCの年次事業計画策定に際してBISがアドバイスする権限を与えられており，FRCはBISに対する報告義務を負っていること[7]，ならびに，会長と副会長はBIS大臣によって任命される[8]ことを考慮すれば，完全なプライベートセクターというわけではなく，パブリックの影響を強く受けた団体であるということがいえる。

また，2014年6月時点では，議長，副議長とも実業界の出身であり，15名の評議会委員のうち，監査法人での監査業務がキャリアの中心であった委員は4名であり，財務情報の利用者サイドの意向が強い団体であるといえる[9]。FRCの下には，ASB（会計基準審議会），APB（監査実務審議会），アクチュアリー基準審議会（Board for Actuarial Standards），職業的専門職監督審議会（Professional Oversight Board），監査調査委員会（Audit Inspection Unit），財務報告審査会（Financial Reporting Review Panel），会計士・アクチュアリー懲罰審査会（Accountancy and Actuarial Discipline Board）等の各機関がおかれ，質の高いコーポレート・ガバナンスと財務報告を実現し，ひいては英国の資本市場を活性化するというFRCの目的の実現を図っている[10]。

APBは1991年に*Proposals for an expanded auditor's report*を公開草案として公表し，1993年にSAS600として公表され，新たな監査報告の実務指針となった。さらに，APBは1998年には*Auditor's responsibility statements and auditor's reports on corporate governance*を公表し，その成果を受けSASを改訂し監査報告書の記載内容を変革している。2004年には国際監査基

---

▶7 　FRCとBISの関係については以下のウェブサイトを参照されたい。http://www.frc.org.uk/Procedures/Memorandum-of-Understanding.l.Memorandam-of-understanding-between-the-FRC-and-B.aspx（最終閲覧日：2014年6月21日）に依っている。
▶8 　以下のFRCのウェブサイトを参照されたい。http://www.frc.org.uk/About-the-FRC/FRC-structure/FRC-Board.aspx（最終閲覧日：2014年6月21日）
▶9 　以下のFRCのウェブサイトを参照されたい。http://www.frc.org.uk/About-the-FRC/FRC-structure/FRC-Board/Members.aspx（最終閲覧日：2014年6月21日）
▶10 　以下のFRCのウェブサイトを参照されたい。http://www.frc.org.uk/About-the-FRC/FRC-structure.aspx（最終閲覧日：2014年6月21日），FRCの各機関の訳は加藤［2012］に依っている。

準が導入されISA700（UK and Ireland）が監査報告書に関する基準となった。2010年には，クラリティプロジェクトへの対応としてISA700（UK and Ireland）が改訂された。さらに，2012年に英国のCorporate Governance Codeが改訂されるのと並行して，Corporate Governance Codeの規定とISAが整合するようにISAの改訂作業が行われ，2012年10月にISA700（UK and Ireland）が改訂された。さらに，IAASBの監査報告書の改善提案を受けて，改善提案の内容を反映させるべく，ISAの改訂作業に入り，2013年2月にISA700（UK and Ireland）の公開草案が公表され，4月末までの期日でコメントが募集された。コメントを受け2013年6月に改訂版ISA700（UK and Ireland）が公表され，2012年10月1日以降開始事業年度から適用されることとなった。

## 第3節　英国における標準監査報告書改善の経緯

英国における監査報告書に関する主要な基準等が公表された年代は図表9-2

**図表9-2　英国における監査報告書に関する主要な基準等の公表年**

| 1980 | APC | Auditing standards and guidelines, *AUDIT REPORTS* |
|---|---|---|
| 1991 | APB | *Proposals for an expanded auditors report* |
| 1993 | APB | SAS600 |
| 1998 | APB | *Auditors' responsibility statements and auditor's reports on corporate governance* |
| 2004 | FRC | ISA700（UK and Ireland） |
| 2007 | APB | Discussion Paper, *The Auditor's Report: A Time for Change?* |
| 2010 | FRC | ISA700（UK and Ireland）（Revised） |
| 2011 | IAASB | Consultation Paper, *Enhancing the Value of Audit Reporting : Exploring Options for Change* |
| 2012/5月 | IAASB | Invitation to Comment, *Improving the Auditor's Report* |
| 2012/10月 | FRC | ISA700（UK and Ireland）（Revised） |
| 2013/2月 | FRC | ISA700（UK and Ireland）（Revised）（ED） |
| 2013/6月 | FRC | ISA700（UK and Ireland）（Revised） |

第9章　英国における監査報告書改訂の動向

のとおりである。

　英国における監査基準の特徴は，会社法の規制が強いため会社法と整合をとらなければならない点にある。この点からISA700に関しては，フルアドプションではなく，ISA700に準拠する形でISA700（UK and Ireland）として独自の基準を作成しており，この点はわが国の状況によく似ているといえる。

　英国における監査報告書の文言の基本となっているのは1980年基準の監査報告書の標準文例である。1980年基準の標準文例に加えて，英国の監査報告書の文言に大きな影響を与えたのは2002年のRoyal Bank of Scotland v Bannerman Johnstone Maclay 判決である。Royal Bank of Scotland v Bannerman Johnstone Maclay 判決により，注意義務を怠ったことによる監査人の第三者責任が認められることとなった。判決を受けICAEW（イングランド・ウェールズ勅許会計士協会）はメンバーに対し，監査報告書に以下の文言を付け加えることを推奨した[11]。

"This report is made solely to the company's members, as a body, in accordance with Section 235 of the Companies Act 1985. Our audit work has been undertaken so that we might state to the company's members those matters we are required to state to them in an auditor's report and for no other purpose. To the fullest extent permitted by law, we do not accept or assume responsibility to anyone other than the company and the company's members as a body, for our audit work, for this report, or for the opinions we have formed."

　1980年基準の文言に比べると，取締役および監査人のそれぞれの責任の簡潔な説明が含まれており，意見の基礎と，監査プロセスの鍵となるプロセスについての簡単な説明も含まれる。また，監査人は，強調事項等の記載により，財務諸表には，ある特定の不確実性が扱われていることについて記述することにより注意を喚起することとなった。

---

▶11　Royal Bank of Scotland v Bannerman Johnstone Maclay 判決についてはAPB［2007］，http://www.scotcourts.gov.uk/search-judgments/judgment?id=cd2c87a6-8980-69d2-b500-ff0000d74aa7（最終閲覧日 2014年8月6日），http://www.scotcourts.gov.uk/search-judgments/judgment?id=385587a6-8980-69d2-b500-ff0000d74aa7（最終閲覧日 2014年8月6日）等を参照されたい。

APB [2007] Discussion Paper, *The Auditor's Report: A Time for Change*公表時の2006年会社法は，会社総括法である1985年会社法（Companies Act 1985）のほとんどすべての条文，1989年会社法（Companies Act 1989），2004年会社（監査，調査およびコミュニティー企業）法（Companies (Audit, Investigations and Community Enterprise) Act 2004），EU指令に対応した2000年金融サービス市場法（Financial Services and Markets Act 2000）の一部を改正する条文等，および会社判例法の一部を条文化した規定からなり，47編，条文数は1300条にも及んでいる[12]。

財務報告に関する会社法の規定のうち，Discussion Paperが検討している主な規定は，第393条 真実かつ公正な概観を提供する計算書類（Accounts to give true and fair view），第395条 個別計算書類：適用される会計フレームワーク（Individual accounts: applicable accounting framework），第495条 会社の年次計算書類に関する会計監査役報告書（Auditor's report on company's annual accounts），第495条 会社の年次計算書類に関する会計監査役報告書（Auditor's report on company's annual accounts），第496条 取締役報告書に関する会計監査役報告書（Auditor's report on director's report），第498条 会計監査役の義務（Duties of auditor）である[13]。

これらの規定により，英国においては会社法が監査報告書の記載内容に対して非常に大きな影響を与えている。会社法は，以下の記載を監査報告に求めている。

① 事業の状況と年間の損益の状況の真実かつ公正な概観を提供しているか
② 関連する財務報告の基準に準拠して適正に作成されているか
③ 会社法の要求事項（そして，該当する場合はIAS4号）に従って作成されているか[14]

---

▶12 英国の会社法の状況については本間・中村 [2009]，中村・川島 [2011] に依っている。
▶13 それぞれの条文の詳しい内容については本間・中村 [2009]，中村・川島 [2011] を参照されたい。
▶14 IAS4号においては，以下のことが要求されている。
　(a) 財務諸表は適用される一連の会計基準に準拠して作成され，真実かつ公正な概観を提供する
　(b) 経営者報告書は，企業が直面している主要なリスクと不確実性とともに公正な事業の成長と結果についてのレビューを含まなければならない。

IAASBのISA700の公開草案のクラリティプロジェクトがまだ英国およびアイルランドでは国内化されておらず，2006年会社法は2008年までに監査報告書の文言を改訂するよう要求していた。さらに，Audit Quality Forum[15]（以下，AQFという）のAudit Quality, Fundamentals—Auditor reportingが，監査人が伝達する情報およびその情報に監査の目的をいかに反映させるか，投資者の期待と監査報告書の有用性をさらに拡張するというニーズを扱っていたことから，英国においても監査報告書の形式と文言についての関心が高まっていた。また，FRCの監査の品質向上への取り組みにおいて，監査報告書の有用性についてさまざまな見方が生じており，多数の会計プロフェッションやその他の利害関係者から，現在の監査報告書の形式の改訂についての示唆が寄せられていた。特に，利害関係者からは，現在の監査報告書は過度に法律的であり，あまりにも多くの補足説明や条件付きのものが含まれているために有用性が制限されているとの意見が寄せられていた。これらを受けて2007年にDiscussion Paperが公表され，英国において一連の監査報告書にかかる基準の改訂が行われる端緒となったのである。

## 第4節　近年における標準監査報告書改訂動向

### 1　Discussion Paper, *The Auditor's Report: A Time for Change ?*[16]

先にみた経緯から，APBは2007年12月に監査報告書改善に向けてのDiscussion Paperを公表した。会社法に規定されている内容を監査報告書に記載することが必要なことから，ISA700をアドプションするにあたって，Discussion Paperにおいて以下のような事項が検討された。

① 経営者，監査人それぞれの責任についての記述の修正
② 監査リスク基準を反映させた監査プロセスの記述へのアップデート
③ 内部統制に関する監査人の責任の視点の明確化

---

▶15　AQFはICAEWの監査および保証業務部門のための財務長官の要請で，品質と企業報告の信頼性を促進することを目的に2004年に監査品質フォーラムを設立し，フォーラムは，ヨーロッパで議論の中心となっている監査上の問題等，喫緊の課題を，数ヵ月ごとに会合を開き検討している。
▶16　本節の記述はFRC［2007］に依っている。

④　財務諸表に関する監査報告
⑤　他の法律要求に関する監査報告を記載するために，監査報告書を2つのパートに分割するか

　まず，Discussion Paperにおいて，ISA700（UK and Ireland）の監査報告書の記載事項と会社法（CA2006）の要求事項の整合性をとるために，会社法の第393条に規定されている，財務諸表に対する取締役の責任，および，会社法に規定されている特定の報告事項と監査報告書の記載事項に関するコメントを募集した。

　特定の報告事項と監査報告書の記載事項に関しては1998年基準において，以下の文言を記載することが求められていた。

　"In addition we report to you if, in our opinion, the company has not kept proper accounting records, if we have not received all the information and explanations we require for our audit, or if information specified by law regarding directors' remuneration and other transactions is not disclosed."

　この文言が監査報告書に記載されることによって，監査人と監査報告書の読者の間のエクスペクテーションギャップの拡大を防止し，監査人に常に2006年会社法における責任の1つとして監査報告書にサインしているということを意識させることから当該記述が有用であると考えられていた。会社法における十分な会計記録の保持という経営者の責任を監査報告書に記載することについては，十分な会計記録が保持されていることについて積極的に記述するという会社法の要求以上の記述を行うことをAQFが奨励したことから質問がなされた。しかしながら，同等の効果があるとしてAPBは会計記録が十分であるときには何も記載しないことを提案した[17]。

　会社法の要求とISA700の要求事項との整合性をとる観点から，APBは3つのExampleを提示し，それをもとに以下のような監査報告書の記載事項に

▶17　この件について，APBは今後の検討課題と考えているが，FRCは会社法の十分な会計記録の保持という経営者の責任を意識させるという観点からは新たに規定を作ることを考えていた。

対しての質問を行っている[18]。
① 監査報告書に財務諸表の作成に関する取締役の責任を記述すべきか
② 監査報告書に監査人の責任を詳細に記載する必要があるか
③ 監査報告書にAPBの倫理規則に準拠しなければならないという監査人の責任を記載すべきか

　まず，財務諸表の作成に関する取締役の責任についてであるが，ISA700（Revised）は財務諸表や企業情報に適切な経営者の責任の記述がない場合には，監査報告書に経営者の責任について記述することを求めている。しかしながら，ISA700（Revised）は現行のISA700（UK and Ireland）が監査報告書に記載を要求しているものほど柔軟ではないこと，ISA700（Revised）は経営者の責任について記載することによって，監査人に追加的な責任を生じさせないよう熟慮されてはいるが，文言のバリエーションについては考慮していないことが問題とされ，取締役の責任の記述に関する質問がなされた。

　次に，監査人の責任についてであるが，英国会社法は第495条において監査報告書に会計監査の範囲の説明と，会計監査を実施するにあたり準拠する監査基準の確認を記載することを要求している。また，第493条の規定により国務大臣は，会社の会計監査役の選任・報酬・職務遂行に関する条件の開示を求める規定をおくことができることから，監査報告書においても監査人の職務遂行状況の開示を定めることが可能となっている。そこで，監査人の責任についてどの程度の記載を行えばよいかが問われた。

　倫理規則への準拠についてであるが，ISA700（Revised）は倫理規則への準拠を求めているが，特定の倫理規則を明示しているわけではない。しかしながら，APBのExampleもAPBの倫理規則への準拠を監査報告書に記載することを明示してはおらず，倫理規則への準拠の記載の是非が問われた。

　さらに，強調区分に関してもいくつかの質問が行われた。会社法は第495条4項において，会計監査役報告書について，以下の規定をおいており，ISAの強調区分との関連が問題となった。

▶18　APBのサンプルについてはAPB［2007］を参照されたい。

① 無限定意見（unqualified）または限定意見（qualified）でなければならず，かつ，
② 報告書に限定意見を付すことなく会計監査役が指摘したい事項についての言及を含まなければならない。

そこで強調区分およびその他の記載事項に関して以下の項目について質問がなされた。
① 監査人は監査報告書において，適切な場所に強調したいと思ったことについて記載すべきか
② 監査報告書において，会計記録の十分性について積極的に記述を行うべきか
③ 監査報告書において登録会社のコーポレート・ガバナンス報告書に関する監査人の責任について言及すべきか
④ 監査報告書において，アニュアルレポートに含まれる他の情報に関する責任について記載すべきか
⑤ ISA706（Revised and Redrafted）の公開草案に示された，強調事項に関する監査人のコミュニケーションの効果を減じるような，強調事項の広汎な使用を行うというIAASBの見解に同意するか

ISA706においては，監査人が自ら強調事項を記載した方がよいと判断した場合，読者が財務諸表を理解しやくするために以下の規定がおかれていた。
① 監査人は，十分かつ適切な監査証拠に基づいて，監査報告書に強調区分を設けることができる
② 強調事項は財務諸表で提示されているあるいは開示されている事項に限る

しかしながら，何が重要かは非常に主観的であるため財務諸表を理解するための基本的な事項は多岐にわたっていると監査報告書の利用者が考えることが想定される。その場合に，監査人がそれらすべてを強調区分に含めていなければ財務諸表の利用者が立腹するであろうという強い懸念をAPBはも

っていたことから，この点についてのコメントが募集されたのである。

　また，FRC［2003］は，報告書名C.2.1において，「取締役会は，最低１年に一度，会社の内部統制の整備状況のレビューの結果を株主に報告しなければならない。そのレビューは，財務，業務およびリスク・マネジメントシステムの重要なすべての管理をカバーしたものでなければならない。」との規定をおいているが，上場規定は監査人に取締役のCompliance Statementのレビューおよび年次報告書に記載される他の報告書のレビューについては何ら規定していない。上場規定の下での監査人の責任を監査報告書に記載するならば，コーポレート・ガバナンスの問題については，監査報告書と別の報告書を出す必要はないと考えられることから，APBはコーポレート・ガバナンス報告書は監査人による監査あるいはレビューを受けるべきと考えていた。そこで，APBは監査報告書におけるコーポレート・ガバナンスへの言及として，会社のコーポレート・ガバナンス報告書がCombined Codeに準拠して作成されているかどうかをレビューした旨の文言を監査報告書に記載することを提案したのである。

　また，APBはその他の情報に関する標準文例として，監査人が，アニュアルレポートの取締役報告書，取締役会議長報告書，事業の概況，コーポレート・ガバナンス報告書に含まれるその他の情報が，財務諸表と首尾一貫しているかどうかを確認した旨を記載することを提案した。

　これらの事項について寄せられたコメントが検討され，2010年にISA700（UK and Ireland）（Revised）として改訂され，公表された。ISA700（UK and Ireland）［2010］とISA700の標準文例を比較すると図表9-3のようになる。

　英国では，"Report on Financial Statements"の区分は設けられていないものの，実質的にISA700のように２パートの監査報告書となっている。

　経営者の責任と監査人の責任については，"Respective responsibilities of directors and auditor"にまとめて記載され，ISA700においては，監査人の責任の区分に記載される監査の範囲が，"Scope of the audit of the financial statements"として独立に記載される。この監査の範囲の記載は，FRCのウェブサイトを参照する形式か，監査報告書に監査の範囲に関する文言を記載する形式の選択が認められているが，実際にはほとんどが，文言を記載する

**図表9-3 ISA700と英国の監査報告書の標準文例**

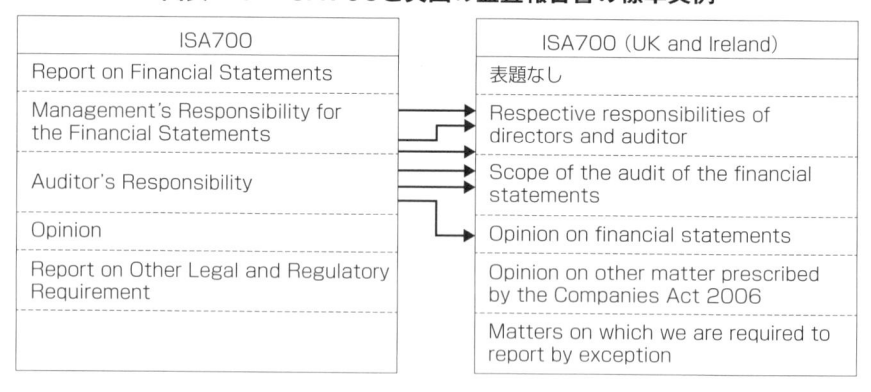

| ISA700 | ISA700 (UK and Ireland) |
|---|---|
| Report on Financial Statements | 表題なし |
| Management's Responsibility for the Financial Statements | Respective responsibilities of directors and auditor |
| Auditor's Responsibility | Scope of the audit of the financial statements |
| Opinion | Opinion on financial statements |
| Report on Other Legal and Regulatory Requirement | Opinion on other matter prescribed by the Companies Act 2006 |
|  | Matters on which we are required to report by exception |

方式である。

英国においては会社法第493条の規定により,国務大臣が監査人の職務遂行状況の開示を定めることが可能となっている。そこで,英国の監査報告書においては,"Opinion on other matters prescribed by the Companies Act 2006"の区分が設けられ,取締役報酬報告書が会社法に準拠して作成されていること,取締役報告書が財務諸表と首尾一貫していることについての意見が表明される。

## 2　ISA700 [2012] の改訂[19]

前節でみた過程を経てISA700 (UK and Ireland) が改訂されたが,2012年9月にCGCが改訂される見通しとなった。UK Corporate Governance Code (以下,UKCGCという) への準拠が求められる企業においては[20],監査の範囲において,UKCGCにどのように準拠しているのかあるいは準拠していないのかを開示しなければならないことから,監査報告書の内容を規定しているISA700 (UK and Ireland) もUKCGCの規定を満たすよう改訂する必要が生じ,再度の改訂作業が行われた。2012年9月に改訂UKCGCが公表され,2012年10月にUKCGCの規定を満たすよう一連のISAs (UK and Ire-

---

▶19　本節の記述はFRC [2012a] およびFRC [2013b] に依っている。
▶20　"premium listing" を選択した企業はCGCへの準拠が求められる。詳しくは中川 [2011] 30頁を参照されたい。

land）が改訂され，ISA 700（UK and Ireland）の改訂もそれに含まれた。

　2012年改訂のUKCGCにおける監査関連の改訂は取締役と監査人とのコミュニケーションの強化が主なものであった。2012年改訂UKCGCは"Annual report"のセクションにおいて，監査委員会が財務諸表との関係で重要と考えた事項を記載しなければならないこと，これらの事項をどのように記述するのかは監査人とコミュニケーションが行われた問題に関連させることが期待されることが規定された。

　2012年のISA（UK and Ireland）700の主要な改正点は2つである。まず1つは，監査委員会とのコミュニケーションを円滑にすることによって監査人が以下の情報を入手しやすくすることであった。

① 取締役会（もしくは監査委員会）が年次報告書を公正で中立で理解可能なものとして作成するという責任，および企業経営に係るリスク・マネジメントや内部統制の有効性の監視という責任を完全に果たしているということに関する情報

② 監査委員会が監査意見の形成に至る監査実施の過程で行われた監査人の専門家としての判断，および監査の実施を基礎とする内部統制に対する監査人の検討を理解するために必要であると監査人が考えている情報

　2つめの改正点は，取締役会が作成した財務諸表や年次報告書が全体として公正であり理解可能であったとしても，監査人が監査を実施する上で得た知識と矛盾している場合や，監査委員会の報告書において開示された問題に，監査人が監査委員会とコミュニケーションをとった問題が適切に記述されていなかった場合には，監査報告書に記載することを求めることにより監査報告を拡充することであった。

　改訂ISA700（UK and Ireland）においては，監査人は監査報告書において監査委員会とのコミュニケーションをとった問題について再度記載することは求められていない。しかしながら，監査委員会とコミュニケーションをとったこれらの問題が年次報告書において適切に言及されていない場合は監査報告書で言及することが要求されている。

## 3 ISA700［2013］公開草案[21]

　周知のとおり，IAASBは監査報告書のさらなる改善提案を公表した[22]。FRCはIAASBの改善提案と2012年のISA700を整合させるためにワーキンググループを監査保証委員会の中に設置し，2012年改訂のISA700（UK and Ireland）の再改訂の作業に入った。FRCはIAASBの改善提案に対するリアクションとして2013年2月にConsultation Paper, *Revision to ISA (UK and Ireland) 700 — Requiring the auditor's report to address risks of material misstatement, materiality and a summary of the audit scope*を公表した。

　本項ではFRCのConsultation Paperを中心に，英国がIAASBの改善提案にどのように対応したのかについて考察したい。

　FRCはIAASBの改善提案と2012年のISA700を整合させるためにワーキンググループを監査保証委員会の中に設置した。FRCはConsultation Paperにおいて，ISA700の改訂案を提示するとともに，改善提案に対応するために必要と思われるいくつかの質問を行い，2013年6月末をめどに改訂案を公表する予定で2013年4月末までパブリックコメントが募集された。

　2013 ISA700（UK and Ireland）EDの改訂内容の主な点は"scope of an audit"に関する記述の拡充である。改訂案では2012年ISA700（UK and Ireland）の監査の概要に対して，以下の3つを追加することが提案されている。
① 監査人によって識別され，監査計画，監査資源の配分，監査チームの直接の業務に重要な影響を与えるリスクの開示
② 監査人が監査計画および監査を実施するにあたってどのように重要性を適用したのかの開示
③ 開示されたリスクにどのように対処したのかを含む監査の範囲の概要の開示

　まず，監査人が評価した重要な虚偽表示リスクに関しては，このようなリスクは，ISA（UK and Ireland）315「企業および企業環境の理解を通じた重要な虚偽表示リスクの識別と評価」の要件を満たすものとして監査人が識

---
▶21　本節の記述はFRC［2013b］に依っている。
▶22　IAASBの改善提案に関して詳しくは岸［2012］を参照されたい。

別している可能性があるリスクであるとしている。

ISA700（UK and Ireland）公開草案における例示は以下のとおりである[23]。

> 監査上の重要なリスクの評価
>
> 監査戦略と監査範囲に大きな影響があったと思われる以下のリスクを識別した：
> ・長期契約のサービス事業に関するものを含む収益認識のタイミング
> ・詐欺や違法な支払いのリスクを含む極東事業における内部統制の不備
> ・欧州事業における固定資産およびのれんの減損
> ・グループにおける予測不可能な税および新興市場における法的リスクの発覚

次に，重要性に関する開示に関しては，監査人は，監査を計画し実行する際に，重要性の概念をどのように適用したのかの説明，および財務諸表全体の重要性として用いられる基準値に関する開示が求められた。重要性の適用に関する開示については，以下などが例示された。
① 重要性の水準，財務諸表全体の重要性よりも低い水準として設定される重要な取引，勘定残高，開示における重要性
② 手続実施上の重要性
③ 監査を実施するにつれて行われた重要性の基準値の重要な改訂
④ 監査委員会に対して未訂正の差異を報告するかどうかを判断するに際して用いた基準値
⑤ 監査人の重要性の評価に関連する重要な質的な考慮事項

ISA700（UK and Ireland）公開草案における例示は以下のとおりである[24]。

▶23　FRC［2013b］p.27を参照されたい。
▶24　FRC［2013b］p.27を参照されたい。

重要性の評価

　当社連結グループの経常的な税引前利益の5％（20×0年　5％），および株主資本の1％未満（20×0年　1％）である6億ポンド（20×0年5.5億）に計画段階における重要性の基準値を決定した。
　当社グループ全体の統制環境とともに，リスク評価に基づいて，手続実施上の重要性を，重要性の基準値の75％（20×0年　75％）である4億5,000万ポンド（20×0年　4億1,300万）に決定した。
　このアプローチを採用することによるわれわれの目的は，すべての勘定において，検出された監査上の差異と検出されなかった監査上の差異の合計が計画段階での重要性の基準値を超えていないことを確かめることである。
　われわれは監査委員会と，重要性の基準値以下であってもわれわれが報告すべきと考える質的重要性のある事項と同様に3,000万ポンドを超えるすべての監査上の差異を監査委員会に対して報告することに合意した（20×0年　2,750万）。
　新興市場における当社グループ企業は，同社の活動から生じる環境への被害に対して特定の訴訟の被告となっている。このような訴訟の帰結とその最終的な賠償額に関しては不確実性が存在している。このケースでは，潜在的な損害賠償額の合理的な範囲は，計画段階における重要性の基準値を超えている。それゆえ，質的重要性の観点からこれらの事項についての開示に関連して重要性を評価した。われわれの評価は，第一義的に，財務諸表の注記における，財務諸表全体としての株主の経済的意思決定に関連するであろう訴訟の帰結の不確実性と潜在的な賠償額の範囲の記述の評価を基礎としている。

　最後に，監査の範囲の概要に関しては，監査の計画範囲の要約が監査の特定の状況に応じて開示される。そのような概要として，以下の例があげられている。

① 計画段階の監査範囲におけるグループ構造の影響
　例えば，グループは，自律的な多数の子会社から構成されているのか，あるいは，非自律的な多数の事業から構成されているのか。
② グループ監査人が往査した事業所数の割合，またこれらの事業所に対して完全な監査を行ったのか，それとも部分的な監査にとどまるのか
③ 往査計画，いわゆる監査カバレッジの合理性
④ 事業所の往査によって達成した，税引前連結利益と総資産のカバー率
⑤ 監査人のネットワーク事務所の監査を受けていない子会社との関係におけるグループ監査人の活動
⑥ 関連会社および合弁会社に対してのグループ監査人の監査アプローチ

ISA700（UK and Ireland）公開草案における例示は以下のとおりである[25]。

---

監査の範囲

　監査業務の対象として当社グループの12事業に焦点を当てた。これらのうち5事業は監査の対象とし，残りの7事業は部分的な監査の対象とした。7事業においては当該事業における重要な虚偽表示リスクの評価と当該事業における事業活動の重要性の評価を基礎とした試査を実施した。
　これらの12事業は，グループの総資産の72％（68％）および税引前連結利益の63％（66％）であるため，当グループの3つの報告セグメントの主要な事業単位となっている。それらはまた，上記で識別した虚偽表示のリスクに対処する監査業務を遂行するための適切な基礎を提供することから選択した。われわれは，さらに60社（58社），当社グループの総資産の25％（27％）および税引前当社グループの利益の32％（29％）を占めるグループ会社で法定監査を行った。

---

▶25　FRC［2013b］pp.27-28を参照されたい。

12事業とグループ会社の法定監査において個々の事業および企業に適用される重要性の基準値は，当社グループの重要性の基準値よりもはるかに低い値である。当社グループ監査チームは計画的なプログラムに従って往査を行っている。当該プログラムにおいては，経験豊富な監査人が，少なくとも2年ごとに一度，当社グループの各事業所を往査し，特に重要な事業所については最低年1回は往査することが求められている。
　当社グループは当社グループが運営を行っておらず，われわれが監査を行っていない，いくつかの重要な合弁事業を行っている。これらのケースのすべてにおいて，当社グループは，われわれに対して特定の手続を実行するために必要な手段を提供してくれる監査権を有している。当社グループの総資産の約18%（15%）および当社グループの税引前利益の16%（17%）がこのカテゴリーに含まれている。

　以上を受けて，今般の改訂の主題である，重要な虚偽表示のリスクに対する監査人の評価，重要性と監査の範囲の説明を監査報告書に記載すべきか否か，今般の基準の改訂をUKCGCに準拠しているかどうかを説明する義務を有する企業に限定するか否か，今般の改訂によって監査報告書に記載される情報が財務諸表利用者にとって有用か否かといった12の質問がなされ，コメントが募集された[26]。

## 第5節　ISA700（UK and Ireland）[2013][27]における標準監査報告書

　公開草案には合計31のコメントが寄せられた。コメントに対するFRCのFeedback Statementによれば，公開草案に対する賛否は図表9-4のとおりである。
　FRCは，提案された開示を行うことには賛成だが監査委員会の報告書で開示すべきとのコメントに対して，取締役報告書に監査上のリスクを詳細に記載することを取締役が好まないとして，公開草案のとおり監査報告書にお

---

▶26　FRCの12の質問について詳しくはFRC［2013b］pp.11-12を参照されたい。
▶27　本節の記述はFRC［2013b］；FRC［2013c］およびFRC［2013a］に依っている。

## 第9章 英国における監査報告書改訂の動向

**図表9-4　公開草案に対する賛否の状況**

| ・賛成 | 9 |
|---|---|
| ・若干の改善を要するが強く賛成する | 10 |
| ・提案された開示を行うことには賛成だが監査委員会の報告書で開示すべき | 2 |
| ・賛成はするがIAASBの改訂以前の適用は支持しない | 5 |
| ・反対 | 5 |

いて記載することとしている。

　また，賛成はするがFRCがIAASBの改訂以前に適用することは支持しないとのコメントに対して，IAASBの動きを待つべきではなく，今動くべきであると考えていること，および2012年の改革と合致している点から公開草案のとおり，2012年10月以降開始事業年度からの適用としている。

　コメントを受けて修正された主な部分は以下のとおりである。

　まず，A9Cにおける監査の範囲の事例がグループ監査のシチュエーションに偏りすぎており，グループ監査のみに適用するという誤解を招きかねないとのコメントに対して，グループ監査とそうでない状況にバランスをとって改訂している。

　"Audit Scope"という概念がわかりにくく，どのように重要な虚偽表示リスクを検討したかを記述すべきとのコメントを受けて，基準では"Scope of an Audit"へと変更され，公開草案の19A(C)パラグラフが修正された。この修正に伴い，監査の範囲の記載が16A "Scope of the Audit of the Financial Statements"の区分から，19A "Entities that Report on Application of the UK Corporate Governance Code"の区分に変更されている。この変更に伴い，解釈指針においても13A〜13Cだったものが，19A〜19Cに変更されている。

　キーリスクの開示についての記載が個別意見と捉えられる可能性があるとのコメントへの対応として19Bパラグラフが追加され，財務諸表監査全体の文脈の中で監査人がキーリスクにどのように対応したのかということを記述することとした。

　開示する"significant risk"がばらばらとならないような指針を出すべきとのコメントに対しては，解釈指針において下記の文言が追加された。

"including those relating to significant risks. However, the auditor uses its judgment to determine which, if any, of the significant risks and which, if any, of the other identified risks meet the criteria set out in paragraph 19A (a) and are to be described in the auditor's report."

"significant risk"の開示に関しては，あくまでもプロフェッションの判断に委ねるべきであるとの立場を主張し，過度に詳細なルールベースの適用指針を公表することにFRCは反対している。

重要性の記述が複雑すぎて財務諸表の利用者にとってかえって混乱を招くとのコメントに対しては，FRCはコメントは量的重要性だけの開示という点を認識していないと反論し，"the particular circumstances of the audit"を"the particular circumstances and complexity of the audit"（下線は筆者）という用語の追加修正で足りるとした。

公開草案からの大きな修正は以上のようなものであり，ISA700（UK and Ireland）[2013]においては従来の標準文例に加えて，"Opinion on financial statements"の区分において，"Our assessment of risks of material misstatement"，"Our application of materiality"，"An overview of the scope of our audit"の3つの事項を記載するよう求められた[28]。

実際に公表されたVodafone，およびBritish Petroleum（以下，BPという）のアニュアルレポートにおいて，これらの要求事項がどのように開示されているかについて考察したい。

まず，"Our assessment of risks of material misstatement"として，両社のアニュアルレポートには図表9-5の項目について記載されている[29]。

次に"Our application of materiality"において，重要性の概念に関しては，両社ともに多少の表現の相違はあるが，図表9-6のように言及されている。

また，適用する重要性の基準値に関しては図表9-7の記載がなされている。

---

▶28 Illustrative Example of a UK auditor's report reflecting the requirements of ISA (UK and Ireland) 700 (Revised June 2013) FRC.
▶29 Vodafoneの監査報告書の記述については，Vodafone Group Plc [2013] pp.88-89に依っている。British Petroleumの監査報告書の記述については，British Petroleum [2014] pp.117-118に依っている。

第9章　英国における監査報告書改訂の動向

**図表9-5　重要な虚偽表示リスクの記載**

| Vodafone | BP |
|---|---|
| ・Hutchison Essar Limitedの買収に関する源泉徴収税額に対する法的申し立ての会計処理<br>・割引・インセンティブ・手数料の取り扱いに関するグロスあるいはネットベースでの収益認識，複数要素契約に関する会計，収益認識のタイミングを含む収益認識<br>・経営者による内部統制の無効化リスク | ・メキシコ湾石油流出事故に対する引当金に関する重要な不確実性<br>・石油と天然ガスの埋蔵量にかかる減損テスト，減価償却，償還，廃棄引当金の推定の影響<br>・未承認の取引活動<br>・Rosneftに対してBPが行使する重要な影響力，および，Rosneftへの投資に対する持分法の会計処理<br>・Rosneftの持分買収にかかる公正価値評価 |

**図表9-6　重要性の適用に関する記載**

| Vodafone | BP |
|---|---|
| われわれは，監査の計画段階，および実施段階において重要性の概念を適用した。また，財務諸表における虚偽表示の影響を評価する際にも重要性の概念を適用した。財務諸表に重要な虚偽表示がないかどうかを判断する目的のために，財務諸表に依存している，合理的に知識のある人の経済的意思決定が変更または影響される可能性がある虚偽表示の大きさとして重要性を定義している。 | われわれは重要性の概念を監査の計画段階および実施段階の双方において適用した。また，監査と財務諸表における虚偽表示の評価に際しても重要性の概念を適用している。<br>　財務諸表に重要な虚偽表示がないかどうかを決定する目的のために，われわれは個別に，または全体として，周囲の状況に照らして，財務諸表の利用者の経済的意思決定に合理的に影響を与えると考えられる，省略や虚偽表示の大きさとして重要性を定義している。 |

**図表9-7　重要性の基準値の記載**

| Vodafone | BP |
|---|---|
| グループ全体の重要性の基準値は税引前利益のおよそ5%および純資産の1%以下の5億ポンドとし，実施段階の重要性の値は重要性の基準値の70%である3億5,000万ポンドに設定した。 | グループ全体の重要性の基準値の設定にあたっては，例えば税引前利益のように量的な規準と同じく質的な規準も考慮して，専門家としての判断によって10億ドルに決定した。実施上の重要性の値は重要性の基準値の75%である7億5,000万ドルに設定した。 |

さらに，監査委員会への報告基準として，Vodafoneは1,000万ポンドを超える事項について報告し，BPは5,000万ドルを超える事項について報告するとしており，具体的な金額について言及している。

　"An overview of the scope of our audit"の記載に関して，図表9-8の記載がなされている。

　また，往査場所のローテーションに関しては，図表9-9，評価したリスクに対応するために実施した監査の概要については図表9-10の記載がなされている。

**図表9-8　監査の範囲の概要の記載**

| Vodafone | BP |
|---|---|
| グループ監査は，7事業に焦点を当て，うち6つは子会社かジョイントベンチャーであり2013年3月31日に終了した監査の対象である。残りの事業は2012年12月31日に終了した年度監査および2012年3月，2013年3月に四半期レビューを終えたVerizon Wirelessである。<br>　同時に，また，2013年3月31日に終了した事業年度の監査の対象となったグループ事業の連結財務諸表に対する監査報告書は，当社グループの総資産の83％，グループの収益の70パーセント，当社グループの営業利益の78％を占める当社グループの主要な事業に対するものである。<br>　これらの事業の監査は，当該事業の相対的な規模に適切となるよう，グループの重要性の基準値に割合を乗じた重要性のレベルで実施される。<br>　さらに現地の法定監査目的で18事業の監査を実施した。これにより，さらに当グループの総資産の12％，当社グループの売上高の29％，当社グループの営業利益の21パーセントの範囲が追加される。これらの事業の監査は，当該事業の相対的な規模に適切となるよう，グループの重要性の基準値に割合を乗じた重要性のレベルで実行される。 | われわれのグループ監査は，主要な事業に焦点を当てた。これらは，重要な虚偽表示のリスクに対処するために監査業務を実施するにあたって適切な基礎を提供するために選択した。さらに，監査の対象となるグループの機能とともに，これらの事業は，グループの主要な事業単位を表し，グループの総資産の75％（2012年72％）およびグループの税引前利益の84％（2012年72％）を占めている。<br>　監査対象となったすべての事業は，監査手続の対象としており，監査業務の範囲は，重要な虚偽表示の評価とそれらの拠点における当社グループの事業活動の重要性の基準値の評価に基づいている。<br>　残りの事業については，当社グループの財務書類における重要な虚偽表示のリスクが存在しなかったことを確認するために他の手続を実施した。 |

第9章　英国における監査報告書改訂の動向

### 図表9-9　往査場所のローテーションについての記載

| Vodafone | BP |
|---|---|
| グループ監査チームは往査場所の選定をプログラムに従って決定している。プログラムは，確実に主任監査人か彼の指名人が少なくとも年に一度，全7事業において監査を実施できるように設計されている。今年度は，グループ監査チームは7事業すべてにおいて監査を実施した。 | グループ監査チームは，主任監査人や彼の指名人が，グループの事業拠点に少なくとも2年に一度，特に重要な拠点には年に一度，往査するよう設計されている往査計画のプログラムに従って往査場所を決定している。主任監査人は，主にメキシコ湾の石油流出事故に関する引当金と偶発債務を考慮するために，監査中に4回ヒューストンを往査し，Rosneftの持分に関連する事項を検討するために3回モスクワを往査した。 |

### 図表9-10　評価したリスクに対応するために実施した手続の概要の記載

| Vodafone | BP |
|---|---|
| ・われわれは，特に南ヨーロッパにおける当社グループの権益評価において使用される，キャッシュ・フロー予測，割引率，年金率と感度を含む財務諸表の注記12に記載されているのれんおよび無形資産に対する減損モデルで使用される経営者の仮定を検討した。<br>・偶発債務の注記21における，当社グループへの有利な判決を覆す遡及的効果をもつインドの税法を改正する法律をインド政府が導入することによる影響を含む，経営者の偶発債務に関する開示に関連して法的助言を考慮した。<br>・われわれは，注記7に記載された繰延税金資産の認識を検証するために，適切な将来の課税所得を発生させる仮定を検討し，予測と見積りの根拠となる経営陣の仮定および見積りの妥当性を検討した。<br>・実証テスト，および分析的手続，ならびに，収益認識規準がIFRSに準拠しているかどうかの評価と同様に，割引・インセンティブ・手数料の取り扱いに関するグロスあるいはネットベースでの収益認識，複数要素契約に関する会計，収益認識のタイミングを含むすべての収益認識に対するコントロ | ・われわれは，メキシコ湾の石油流出事故に対する引当金とに関連する偶発債務に対する重要な不確実性に焦点を当てた。特に高い不確実性を有する分野は，仮定や新しい事象が引当金の記録や，偶発債務の開示に大きな変更をもたらす可能性のある分野である。われわれは，監査チームと協力する外部の保険数理士と契約し，外部保険数理士によってBPから提供された専門家の投入値を使用して検証した。<br>・われわれは，水質浄化法の下で支払われる罰金や罰則に密接な関係があるBPの重大な過失が認定されるかどうかに関して，特に経営者の位置を決定する法的意見を検討した。<br>・われわれは，石油・ガス埋蔵量の推定を担当している技術的および商業的な専門家のためのBPの内部認証プロセスを介してコントロールのテストを行った。<br>・われわれは，確認埋蔵量の変化が，関連法規を遵守して行われているかどうかを評価した。更新された埋蔵量の推定値は，減損，減価償却費，枯渇および償却や廃炉引当金が適切に考慮されていることを確認した。<br>・われわれは，承認されていない取引活動の |

| | |
|---|---|
| ールをテストした。<br>・われわれは，経営者による内部統制無効化から生じる不正行為のリスクを特定し，テストするために，分析的手続および帳簿記入のテストを実施した。 | コントロールに関連したテストを実施し，取引のサンプルについては，第三者から直接確認を得た。これらの取引のテストに焦点を当てるために，未承認の活動が含まれているリスクの高い取引を特定することを支援するために分析ツールを使用した。<br>・Rosneftの取締役会と取締役会委員会での意思決定におけるBPの参加の証拠の入手も含め，BPがRosneftに対して重要な影響力を行使している経営陣の判断を検討した。<br>・Rosneft事業の資産および負債の公正価値の決定に使用される経営者の仮定を検討した。<br>・われわれは，評価方法，具体的には，将来の石油・ガス価格の評価に使用される仮定，為替レートや割引率を考慮するため，監査チームと協力して作業する評価の専門家と契約し，評価モデルの信憑性を確保し，帳簿と記録の基礎となることを合意したモデルで使用される基礎データを確かめるための手続を実施した。 |

以上みたように，両社とも，ほぼ公開草案で例示された開示内容に沿った記載がなされていることがわかる。

## 第6節　おわりに

　FRCのISA700（UK and Ireland）の改訂はIAASBのConsultation Paperの監査人報告の内容を監査範囲の記載の拡充に取り入れたものである。しかしながら，先にみたように，英国ではIAASBの改革に先行して基準の改定を行ったため，監査報告書の記載内容の拡充という方向性は一致するものの，細部は異なっている。また，PCAOBも2013年8月に監査報告書の記載内容を拡充する公開草案を提示している。拡充する内容について，IAASBはKAM（監査上の主要な事項）として定義づけを行い，PCAOBはCAM（監査上の重要な事項）と定義づけているが，英国においては，KAM，CAMよりも広範な記載がなされるため，特別な名称は付されていない。

KAMおよびCAMともに具体的な開示項目が例示されており[30]、KAMの具体例として、のれん、金融商品の評価、事業の買収合併、長期契約にかかる収益認識、ゴーイングコンサーンなどが例示されている[31]。CAMの具体例としては、売上収益のアローワンス、繰延税金資産のアローワンスの評価、満期保有目的債券の公正価値の評価などが例示されている[32]。先にみたように英国では、監査意見の後に①重要な虚偽表示リスクの評価、②重要性の適用方法、③監査の範囲の概要を記載することとされている。英国における3つの開示事項のうち、KAM、CAMに相当するのは「①重要な虚偽表示リスクの評価」である。これらに加え、重要性を監査においてどのように適用したのか、監査の範囲の概要といった情報の記載が求められることが英国の特徴であるといえる。そもそも、IAASBの改善提案はこれまであまり利用価値がないとされてきた監査報告書に利用価値をもたせるために出てきたものである。これまでの監査報告書は、無限定適正意見か否か、また、どこの監査事務所が監査を行っているかぐらいしか情報価値がないという調査結果もでている[33]。

先にみたように、英国においては実際に、これまでは開示されることのなかった、監査人がどのような事項に虚偽表示のリスクがあると考えたのか、重要性の基準値をどのように決定し、監査実施においてどのように利用したのかといった監査の品質に関わる情報が開示され始めている。ISAを単にアドプションするのではなく、自国の法制度との整合性をとりつつISAに準拠する基準を策定するという英国の方向性は、同じく会社法および金融商品取引法の規制を強く受けるわが国においても十分参考となるであろう。

しかしながら、これらの情報を開示することによって本当に監査報告書の情報価値が向上するのかという点についてはFRCも特に調査を行っているわけではない。また、APBが懸念するように、もし、監査報告書に記載されていなかった事項が後日問題になった場合には、監査人に対して訴訟が提

---

▶30　KAMの開示事項について詳しくは岸［2013］90頁を参照されたい。また、CAMの開示事項について詳しくは伊藤［2013］132頁を参照されたい。
▶31　具体例に関して詳しくは岸［2013］94-96頁を参照されたい。
▶32　具体例に関して詳しくはPCAOB［2013］pp.A5-65—A5-78を参照されたい。
▶33　詳しくは異島［2013］61頁を参照されたい。

起されることも予想される。そうなると，監査人は訴訟リスクを低くしようとするあまり，非常に多くの事項を記述することも予想される。その結果，監査報告書が非常に長文となることが考えられる。実際に，新基準に準拠した監査報告書は，これまでの監査報告書に比べるとかなり長文化している。これまでの，標準文例による監査報告書においては，逆に，何かイレギュラーな事象が発生した場合のみ文章が付加され，監査報告書の読者は，通常とは異なっているという情報を瞬時に入手することができた。すべての企業の監査報告書が長文式ということになると，これまでの標準文例による監査報告書の利点である比較可能性は低下するといえる。

　また，重要性の基準の適用や監査の範囲において開示される監査に関する情報を正確に読みこなすためには監査に対するかなりの知識が必要となるであろう。機関投資家やアナリストなど一部の投資家以外の投資家にとって本当に有益となるのであろうか。"Feedback Statement"からは，監査実施に関する情報という，これまで報告されることのなかった情報を監査報告書で開示するという場合に，わが国では常に問題となる二重責任の議論が行われたことは読み取ることができない。投資家の立場から，その情報が有用かどうかという点から議論がなされているのが英国の特徴であるといえる。この点は，FRCの構成メンバーによるものかもしれない。

　さらに，監査に関するものとはいえ，監査報告書において監査人がファーストプロバイダーとなって情報を開示することとなる。監査報告書の利用者がその情報から監査の質を判断するということになろうが，その情報の信頼性をどのように評価すればよいのかといった問題も生じてくる。投資家にとっての監査報告書の情報価値はいかなるものであるのか，監査人が監査報告書において情報開示を行う際の二重責任の問題が今後のさらなる検討課題となってくるであろう。

## 参考文献

APB［2007］Discussion Paper, *The Auditor's Report: A Time for Change.*

APB［2009］ISA（UK and Ireland）700（Revised）, *THE AUDITOR'S REPORT ON FINANCIAL STATEMENTS.*

APB［2011］*Compendium of Illustrative Auditor's Reports on United Kingdom Private Sector Financial Statements for periods ended on or after 15 December 2010*（Revised）.

APB［2012］APB Bulletin, *COMPENDIUM OF ILLUSTRATIVE AUDITOR'S REPORTS ON UNITED KINGDOM PRIVATE SECTOR FINANCIAL STATEMENTS FOR PERIODS ENDED ON OR AFTER 15 DECEMBER 2010.*

British Petroleum［2014］*Annual Report and Form 20-F 2013.*

FRC［2013］The Comhiwed Code on Corporate Governance.

FRC［2012a］ISA（UK and Ireland）700, *THE AUDITOR'S REPORT ON FINANCIAL STATEMENTS.*

FRC［2012b］The UK Corporate Governance Code.

FRC［2012c］Consultation Document, *Revisions to the UK Corporate Governance Code and Guidance on Audit Committees.*

FRC［2013a］ISA（UK and Ireland）700（Revised）, *THE AUDITOR'S REPORT ON FINANCIAL STATEMENTS.*

FRC［2013b］Consultation Paper, *Revision to ISA（UK and Ireland）700-Requiring the auditor's report to address risks of material misstatement, materiality and a summary of the audit scope.*

FRC［2013c］*Feedback Statement on consultation on proposed revision to ISA（UK and Ireland）700 requiring the auditor's report to address risks of material misstatement, materiality and a summary of the audit scope.*

FRC［2013d］*Annual Report and Accounts 2012/13.*

FRC, Memorandum of Understanding between the FRC and the Department for Business, Innovation and Skills, frc.org.uk/About-the-FRC/Procedures/Memorandum-of-Understanding/•Memorandum-of-Understanding-between-the-FRC-and-B.aspx（最終閲覧日：2014年6月21日）

IAASB［2011］Consultation Paper, *Enhancing the Value of Audit Reporting Exploring Options for Change.*

ICAEW［2003］*Audit Report and Auditors' Duty of Care to Third Party.*

ICAEW［2007］*Audit Quality Fundamentals—Auditor reporting.*

ICAEW［2010］*ACCOUNTANTS' AND AUDITORS' REPORTS – WHEN DO*

*THEY REQUIRE A REGISTERED AUDITOR?*.
PCAOB［2013］Release No.2013-005, *Proposed Rule*.
Vodafone Group Plc［2014］*Annual Report for the year ended 31 March 2013*.
あらた監査法人［2011］「持続的な企業価値創造に資する非財務情報開示のあり方に関する調査」（経済産業省委託「平成23年度総合調査研究」）。
伊藤龍峰［2013］「第8章PCAOBにおける監査報告書拡充の議論Ⅱ～PCAOB Release No.2013-005 "Proposed Rule" について～」日本監査研究学会課題別研究部会『監査報告モデルに関する研究（最終報告）』125-138頁。
異島須賀子［2013］「第5章　IAASBとASBによる委託研究の概要」日本監査研究学会課題別研究部会『監査報告モデルに関する研究（最終報告）』59-68頁。
井戸一元［2001］「イギリスの財務報告」『豊橋創造大学短期大学部研究紀要』第18号, 39-67頁。
小津稚加子［2006］「EU域内資本市場の形成と会計基準のコンバージェンス」『国際会計研究学会年報2006年度』（国際会計研究学会）25-36頁。
小俣光文［2013］「第9章　FRCの動向」日本監査研究学会課題別研究部会『監査報告モデルに関する研究（最終報告）』139-159頁。
加藤正浩［2012］「イギリスにおける監査規制」『龍谷大学経営学論集』第52巻第1号, 31-43頁。
岸牧人［2012］「第4章　IFAC/IAASBが提示する監査人報告の変革」日本監査研究学会課題別研究部会『監査報告モデルに関する研究（中間報告）』47-65頁。
岸牧人［2013］「第6章　IAASBの動向」日本監査研究学会課題別研究部会『監査報告モデルに関する研究（最終報告）』69-101頁。
佐藤誠二［2007］「EUの会計統合戦略とドイツの対応―IAS/IFRS適用に向けての会計基準のコンバージェンス（収斂化）―」『EU・ドイツの会計制度改革―IAS/IFRSの承認と監視のメカニズム』森山書店, 7-36頁。
庄司克宏［2007］『EU法　基礎編　第7版』岩波書店。
本間美奈子・中村信男［2009］「イギリス会社法（6）」『比較法学』（早稲田大学比較法研究所）第43巻第2号, 305-343頁。
中村信男・川島いづみ［2011］「イギリス会社法（10）」『比較法学』（早稲田大学比較法研究所）第44巻第3号, 181-213頁。
中川照行［2011］「「2010年規範」と「監督規範」による英国の新しいガバナンス構造」『経営戦略研究』（関西大学）第5号, 25-41頁。
長島・大野・常松法律事務所［2009］「諸外国の上場企業法制に関する調査」（経済産業省委託「平成21年度M＆A市場における公正なルール形成に関する調査」）。
日本電気制御機器工業会［2006］「環境委員会報告　EU（欧州連合）の主な法体系について」『制電』第32巻第6号（October）, 6-7頁。

古庄修［2011］「統合的財務報告におけるナラティブ情報の信頼性確保と保証問題」『産業経営研究』第33号，39-50頁。

森田佳宏［2013］「第7章　PCAOBにおける監査報告書拡充の議論Ⅰ—2005年，2010年および2012年の検討資料をもとに—」日本監査研究学会課題別研究部会『監査報告モデルに関する研究（最終報告）』103-123頁。

山浦久司［1991］「英国会社法会計制度史にみる会社会計と法規制」『経済研究』（千葉大学）第6巻第3号，73-106頁。

有限責任監査法人トーマツ［2010］「会計基準改訂にかかる情報開示制度等に関する調査研究」（経済産業省委託「平成22年度総合調査研究」）。

渡辺剛［2009］「財務報告における記述情報開示の拡大と知的財産情報の開示」『福岡大学商学論叢』第54巻第1号，29-47頁。

（小俣光文）

# 第10章 監査報告書の改善を規律する論理

## 第1節　問題提起と本章の構成

　IAASB（国際監査・保証基準審議会），PCAOB（公開会社会計監視委員会），およびFRC（財務報告評議会）を始めとする国際的な監査基準設定主体は，ここ数年の間，監査報告書の改善に向けた積極的な取り組みを展開してきた。

　これは，直接的には金融危機後に生じた財務報告制度への信頼の揺らぎに端を発しているが，深層では古くから指摘されている監査人と財務諸表利用者とのギャップに起因するとみていい。監査人と財務諸表利用者とのコミュニケーションを仲介する手段は，唯一監査報告書をおいて他にない。両者の間にギャップが存在し，これを解消することの必要性は強く認識されていても，従来の監査報告書に関する改革はいずれも功を奏したとはいえないだろう。監査報告書の利用者の関心は，専ら無限定適正意見であったのか，監査を実施した者は誰かにのみ向けられているという現実がその証左である。

　かかる現状に対して，IAASBの監査報告書の改善では，「監査人によるコメンタリー」（IAASB [2012]），PCAOBの*Concept Release on possible revisions to PCAOB standards related to reports on audited financial statements*では，「AD&A（監査人による討議と分析）」（PCAOB [2011]）を監査報告書に記載することによって，いずれも利用者の観点から監査の判断過程を明らかにすることが提案されていた。続くIAASBの公開草案（IAASB [2013]）では，世界各国・地域からのコメントレターを受け，統治責任者との討議の中から監査人が重要と判断したKAM（監査上の主要な事項）を上場会社の監査報告書に記載することが提案され，またPCAOBの改正案（PCAOB [2013]）でもKAMと類似するCAM（監査上の重要な事項）を監査報告書を

とおして利用者に伝達することが提案されている[1]。こうした提案が監査基準として適用されることになれば、現在の実務は大きく変更されると予想されるとともに、財務諸表および監査報告書利用者に対する監査報告書のコミュニケーション価値が高まり、財務諸表の質の改善[2]が期待されている。

これらの改善提案に、これまでの改正と一線を画するものがあるとすれば、それは今述べたような利用者の視点に明確にフォーカスしたという点にある。しかもこれらは、単に従来からある強調事項ないしその他の情報（ISA（国際監査基準）706号）の延長に留まらず、それを凌駕する何らかの意図をもった取り組みのように筆者には思われる。もしそうだとすれば、それはいわば保証の枠組みとして構成される財務諸表監査の理論体系に再検討を促すものといえそうである。本章では、このような監査報告書の改善姿勢を支える論理を改めて問い直してみることにしたい。

以下、本章の構成は、次のとおりである。

第2節は、監査人と財務諸表利用者とのギャップの2つの側面、すなわち情報ギャップとコミュニケーション・ギャップの説明に充てている。情報ギャップは、企業情報に関するギャップであり、コミュニケーション・ギャップは、実施された監査に関するギャップである。かかる区分は、次節以降で展開する適正性判断の内容の吟味と、そこで得た結論を前提に、監査報告書にいかなる事項を記載することが財務諸表の質の改善につながるかを論じるための布石である。

第3節は、情報ギャップの解消の観点から適正性概念の考察を行っている。ここでは、適正性概念が少なくともGAAP（一般に認められた会計原則）に準拠することと同値関係にはないこと、GAAPの不完全性・不完備性を勘案すれば、監査人の適正性判断は、財務諸表の信頼性を保証する機能に留まらず、情報提供機能の発揮と相俟って完遂されることを指摘する。

第4節は、財務諸表に対する意見の他に監査報告書にいかなる情報を記載

▶1 KAMおよびCAMの詳細は、それぞれ本書第6章（岸）および第8章（伊藤）参照。
▶2 PCAOB［2013］p.6では、経営者は監査人と定期的に意見交換していることから監査上の困難な領域に関して知悉しているが、投資者は通常知悉していない。監査報告書へのCAMの記載は、このような経営者と投資者の間にある情報の非対称性の水準を緩和することによって、より効率的な資本配分をもたらし、また学術研究が示しているように平均的な資本コストを引下げるとしている。

すればコミュニケーション・ギャップの解消が図られるかに焦点を当て，IAASBの提案（IAASB［2012］およびIAASB［2013］）を検討している。ここでは，これらの提案の趣旨や，監査人が情報の第1次提供者になることの是非について，監査報告書の情報価値および情報の非対称性の観点から考察する。

第5節は，本章の総括と今後の課題を述べてむすびとしている。

## 第2節　情報ギャップとコミュニケーション・ギャップ

　Mock et al.［2013］によれば，財務諸表および監査報告書によって現在提供されている情報と，利用者が有用であると認知している情報との間にはギャップが存在しており，期待ギャップ，コミュニケーション・ギャップおよび情報ギャップといったさまざまな観点から述べられているという（Mock et al.［2013］p.236）。

　期待ギャップは，コーエン委員会報告書（The Commission on Auditors' Responsibilities［1978］）で指摘されて以来，監査人の不正摘発責任との関連で論じられてきたが，Mock et al.［2013］では，ギャップを監査報告書の記載内容に関する利用者と監査人とのギャップとして捉え，これを情報ギャップとコミュニケーション・ギャップの2つの側面から検討している[3]（図表10-1参照）。

　本章では，Mock et al.［2013］の分類に基づき，情報ギャップとコミュニケーション・ギャップのそれぞれについて，監査報告書，とりわけ無限定適正意見の付された監査報告書をとおして，監査人がとり得る対応を考察することにしたい。

　ここで，前者の情報ギャップは，利用者が投資判断や経営者に関する判断に必要と考える情報と利用者が実際に入手できる財務情報とのギャップである（IAASB［2011］par.18）。財務諸表は，企業の財政状態，財務業績およびキャッシュ・フローに関して目的適合的で，信頼できる情報を適正に表示

---

▶3　検討する対象は異なるものの，いずれも利用者の意思決定を改善する役割を監査人に求めている点では共通している。

**図表10-1　情報ギャップ，コミュニケーション・ギャップと監査報告書での対応**

| 企業情報 | 開示済み | 保証，注意喚起 | 監査報告書での対応 |
|---|---|---|---|
| | 現在，非開示 | 企業情報の追加開示 | |

↕ 情報ギャップ

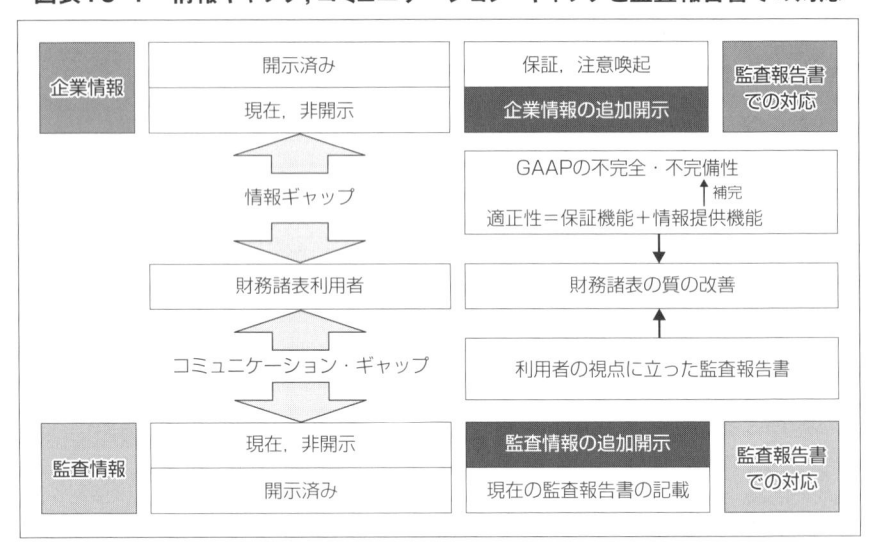

GAAPの不完全・不完備性　↑補完
適正性＝保証機能＋情報提供機能

財務諸表利用者　　財務諸表の質の改善
　　　　　　　　　　　↑
↕ コミュニケーション・ギャップ　　利用者の視点に立った監査報告書

| 監査情報 | 現在，非開示 | 監査情報の追加開示 | 監査報告書での対応 |
|---|---|---|---|
| | 開示済み | 現在の監査報告書の記載 | |

図表10-1は，情報ギャップおよびコミュニケーション・ギャップに関して，現在，財務諸表に開示されているものと非開示のものに分類した上で，これに対する監査報告書上での対応をMock et al. [2013] p.329をもとに筆者が加筆したものである。

しなければならない（IAS（国際会計基準）第1号第15項，17項(b)参照）。IAS第1号第17項では，ほとんどすべての状況において，企業は国際財務報告基準に準拠することで，適正な財務諸表の表示を達成することが示されているが，もとよりGAAPは常に完全で完備であるわけではないことは，多くの者が指摘するとおりである。すなわち，あらゆる状況を想定してGAAPが整備されているわけではないし，GAAPに関する解釈が分かれる場合もある。昨今のごとく企業取引が多様化・複雑化する程，また企業環境の変化が速い程，このような状況は増幅する。従来，監査人が利害関係者の判断を誤らしめないように監査報告書に注意喚起事項を記載し，情報ギャップの縮減に努めてきたのも，かかる状況に対応するためだといえよう。

これに対し，後者のコミュニケーション・ギャップは，財務諸表および監査報告書利用者が要求し，理解しているものと保証提供者である監査人が実際に伝達しているものとのギャップである。現行の無限定適正意見の付された監査報告書には，いわゆるpass／failモデルで示される意見表明の外には，

重要な情報はないといわれている。もし監査人の意見形成の根拠や利用者の意思決定に有用な情報が監査報告書に明記されることになれば、利用者は記載された情報から財務諸表の質を判断できるようになると考えられる。

　この点に関して、とりわけ指摘しておきたい問題は、現行の無限定適正意見がすべて同質であるかのような誤解を与え得る点である。監査意見は、監査人が実施した監査プロセスを通じて徐々に形成された最終判断の結果であり、監査人の心証の程度は本来、グラデーションのついた連続体である。それは、無限定適正意見と限定意見との間でも同じである。しかし、監査人の判断結果の濃淡を推測する手掛かりが監査報告書には何ら記載されないがゆえに、無限定適正意見の付された監査報告書は、財務諸表の質の相違を判断する手掛かりを利用者に対してほとんど与えない。例えば、重要な虚偽表示リスクがあると判断した領域や重要性の水準、あるいは会計基準の不完全性・不完備性に起因する注意喚起情報を監査報告書に記載することによって、利用者は、監査人が財務諸表に与えた心証の程度を判断結果の連続体のどこに位置するかを推定できるようになるだろう。

　もちろん監査報告書において記載すべき事項は、財務諸表が監査にぎりぎりで合格したのか、合格点よりずっと高い所で合格したのかという情報ではない。その判断を行うのは財務情報（財務諸表）と同様に、監査報告書を企業評価に利用する利用者の役割であり、監査人の役割は、実施した監査の結果に基づいて、個々の企業の評価に必要な情報を提供することである。利用者は監査報告書から得た情報を手掛かりに、等しく無限定適正意見でありながら、それぞれの企業で異なる色相の相違を識別し、自己の意思決定に役立てることが可能となる。

## 第3節　情報ギャップの解消 —適正性概念との関連—

### 1　GAAP準拠と適正性との関連性

　「監査人は、経営者の作成した財務諸表が、一般に公正妥当と認められる企業会計の基準に準拠して、企業の財政状態、経営成績及びキャッシュ・フローの状況をすべての重要な点において適正に表示しているかどうかについ

て意見を表明しなければならない。」(監査基準第四　報告基準・一　基本原則・1)。しかし,適正性とはどのような概念であり,それはGAAPといかなる関係に立つかは,現在でも定説があるわけではない。

　多くの論者が指摘するように「適正に表示している」という表現は,AIA(米国会計士協会)とニューヨーク証券取引所との書簡「会社会計の監査」(1934年)で最初に使われたといわれている(Zeff [2007] p.2; 鳥羽 [1982b] 118頁など)。Zeff [2007] によれば,当初は「適正に表示している」と「GAAPに準拠している」との間はカンマによって区切られており,当時の監査基準起草者は監査人に2つの意見を求めていたという(Zeff [2007] p.2)[4]。しかし,その後両者を区切るカンマは無造作に消去され,1950年代から1960年代までは,適正性とはGAAPへの準拠であるとする見解が支配的になっていた。

　この見解に鉄槌を下したのが,かのコンチネンタル・ベンディング・マシン事件[5]である。これは,コンチネンタル・ベンディング・マシン社(以下,コンチネンタル社)とその関係会社であるヴァレー社を支配するハロルド・ロスが,個人的な株取引のために両社を迂回融資の手段[6]として利用するとともに,ロスが所有するコンチネンタル社等の株式をコンチネンタル社に担保提供していたという企業実態を同社の財務諸表が適正に表示していたかを争点の1つとしていた。当時の高名な証人によれば,コンチネンタル社の財務諸表に付された注記は当時の会計基準や監査基準に準拠したものであり,何ら基準違反はなかったという。

　これに対し,裁判所は,「一般に認められた基準に準拠していることの証明は,監査人が誠実に行動し,証明した事実は重要な虚偽でもなく誤導的でもないことのきわめて説得的 (persuasive) な証拠ではあるが,必ずしも絶

---

▶4　なお,当時の監査報告書は次のとおりである。"In our opinion ... the financial statements fairly present, in accordance with accepted principles of accounting consistently maintained by the company during the year under review, its position at December 31, 1933, and its results of operations for the year."
▶5　United States v. Simon, 425 F.2d 796 (2d Cir. 1969).
▶6　ヴァレー社が銀行から受けた融資金をコンチネンタル社に貸付け,再度ヴァレー社に還流させた後,ロスに貸付けるという手段が使われていた。鳥羽 [1982a] 95頁に明解な図解がある。

対的 (conclusive) なものではない」[7]との判断を示した。適正性とGAAPとの関係をこのように捉えるのは，上記の監査基準起草者と同じであり，Carmichaelの分類に従えば，いわゆる二重意見説[8]にあたる。この判示を鳥羽［1982b］は，裁判所が財務諸表の利用者の立場から1つの判断を示したものと評している（鳥羽［1982b］126頁）。この見解に対しては異論もあるが，少なくともGAAPに準拠していることが，直ちに適正性につながると考える見解を，裁判所は明確に否定したわけである。さらに留意すべきことは，コンチネンタル・ベンディング・マシン事件判決の内容は現在でも効力を失っておらず，いわば司法の判断として定着している点である[9]。

　二重意見説に対しては，GAAP以外の別のところに適正性の判断基準があることを監査人が暗示し，監査人の主観や好みによって監査意見が形成されるおそれがあるなどの批判がある（鳥羽［1982b］128頁）。しかし，GAAPに機械的に準拠していれば，もちろん事が足りるわけではなく，GAAP準拠性の要件に，その適切な選択・適用という要件を加えてみても[10]，GAAPの不完全・不完備な性格に鑑みれば，監査人の適正性判断を常にGAAPの枠内に押し込めるのは狭きに失するという他はない。適正性とGAAP準拠との間に間隙があると監査人が判断した場合，監査人は情報提供機能を発揮して，それを補足する役割が求められていると考えるべきである。

## 2　財務諸表監査におけるレリバンス（目的適合性）の担保機能

　財務諸表監査は財務諸表の信頼性を保証するものだという主張に異論はないであろうが，監査には財務諸表の信頼性の保証に加え，レリバンスを担保する機能も併せ持っていると考えられる。監査基準ないし監査基準委員会報告書では，除外事項付意見，不適正意見の場合に，当該意見および理由の他に除外事項が財務諸表に与える影響を記載することが求められている。当該影響額の開示は，財務諸表の質を改善し，利用者の意思決定に影響を与える

▶7　United States v. Simon, 425 F.2d 796 (2d Cir. 1969), pp.805-806.
▶8　二重意見説の用語は，山浦［1979］71頁によった。
▶9　最近の当該事件判決の引用は，United States v. Bernard J. Ebbers, 458 F.3d 110, 125 (2d Cir. 2006)。被告バーナード・エバース氏は，ワールドコムの元最高経営責任者である。
▶10　現在の監査基準の立場である（第四　報告基準・一　基本原則・3）。

という意味でレリバントである。例えば，Choi and Jeter [1992] による実証研究では，限定付適正意見が利益反応係数に有意に影響を与えることが報告されている (p.245)。

　これに対し，無限定適正意見の付された監査報告書に財務諸表のレリバンスを担保する機能が存在するかを論じた研究は，それほど多くはない。以下では，このうちのいくつかをわが国の研究の中から取り上げ，財務諸表監査におけるレリバンスの担保機能について考察する。

## 3　継続企業の前提に関して適正性を論じた先行研究

　財務諸表監査が財務諸表のレリバンスを担保する点にまで及ぶかに関しては，継続企業の前提に関連した研究の中にみることができる。

　内藤［2001］は，適正性を財務諸表の信頼性の保証（適正性Ⅰ）とそれを含めた有用性の保証（適正性Ⅱ）に分けた上で，財務諸表における企業のリスク・不確実性に関する情報開示が制定された場合には，ゴーイング・コンサーンとしての存続可能性を評価しうる信頼性の保証だけではなく，当該情報が存続可能性を評価できるだけの有用性まで担保してこそ，財務諸表監査の経済的存在価値が与えられると説いている（93-95頁）。

　福川［2006］は，監査人がゴーイング・コンサーン問題に直面した場合，その前提を採用することが目的適合性を有する財務諸表をもたらすかどうかという観点から，監査人には企業のビジネス・リスクや倒産リスクを評価することが求められるとし，財務諸表監査において目的適合性の保証が行われている点を指摘する（298-300頁）。

　ゴーイング・コンサーンの他にも，英国や米国では，既存の会計基準を適用することが，個別事象の会計処理に当たり目的適合的な会計情報を生産しない場合には，当該会計基準からの離脱が求められている。このことは，監査が目的適合性の保証に関与していることを表すと福川［2006］は指摘し，先述のコンチネンタル・ベンディング・マシン事件を紹介している（300-302頁）。

　さらに福川［2011］によれば，財務諸表監査が財務諸表の信頼性の保証に加え，レリバンスも担保している論拠を以下のように説明する。すなわち，概念フレームワークの目的に沿って設定された首尾一貫した会計基準の体系

が存在していると仮定した場合に，監査は財務諸表の会計基準への準拠性を確かめ，それを保証しているにもかかわらず，それがなぜ財務諸表の信頼性のみを保証し，関連性（目的適合性）については保証しないのかを論理的に説明できないからであるという（201頁）。

## 4 適正性概念の射程範囲
### (1) 適正性と情報提供機能

従来，情報提供機能は，保証機能とは明確に区別する形で位置づけられてきた。保証は監査人の意見であり，意見に対してのみ監査人は責任を負う。情報提供は意見ではなく，その性格は曖昧であることも指摘されてきた[11]。

しかし，これまで情報提供機能の発現として監査報告書に記載されてきた補足的説明事項や特記事項等の項目に関する変遷をみれば，かつては会計基準において開示が要求されていなかった事項であるが，やがて会計基準の改正を通じて財務諸表に開示されるようになり，それをGAAPへの準拠という保証の枠組みに取り込んでいくという展開をたどっている。しかし，会計基準の改正前後で，当該補足的説明事項や特記事項の性格が変わったわけではなく，それらは利害関係者の判断を誤らしめないという監査人の役割から監査報告書に記載されてきた事項である。その意味で，情報提供機能は，むしろGAAPの不完全性・不完備性[12]を補完するという役割を少なくとも果たしているわけである[13]。

先にGAAPに準拠しただけでは適正性判断の行使としては不足する点を指摘したが，この不足を補うものが情報提供機能[14]だとすれば，監査人の適正

▶11 監査の純理論的観点からは，情報提供機能は無用の長物なのかもしれない。しかし，制度としての監査は，監査理論にのみ依拠して構築されているわけではないことも事実である。およそ会計基準が会計理論の他にさまざまな利害関係者の要請を組み入れざるを得ず，政策的に決定されているのと同様である。財務諸表監査を取り巻く利害関係者の声を無視して理論を貫いても，制度自体が機能しなければ画餅に帰す他はない。
▶12 GAAPが不完全であることは前述したが，それが一義的に決まらない場合もあり（例えば，旧長銀粉飾決算事件（最判平成20年7月18日，判時2019号10頁）），また解釈がばらつく場合もある。
▶13 朴[2005] 35頁は，補足的説明事項のメルクマールは会計基準の不備を補うところにあったという。
▶14 本来は，経営者がかかる補足情報を財務諸表をとおして提供するのが筋であろうが，PCAOBのアウトリーチによれば，それでも投資家が監査人により多くの情報を期待するのは，監査人が独立した第三者であるからだという（PCAOB[2013] p.9）。

性判断には意見を表明する保証機能に加え，情報提供機能が必要とされるはずである。換言すれば，監査人は保証機能と情報提供機能のいずれの機能を欠いても，その適正性判断は不十分と評価され得ることになる[15]。

## (2) 情報提供機能とレリバンス

福川［2011］は，標準化された短文式監査報告書の様式が採用されている現在の制度を前提にすると，個々の監査人は，監査報告書をより関連性[16]のあるものにするためにほとんど手段をもたないが，特定の財務諸表との関連において監査報告書の関連性を改善する手段として情報提供（追記情報）を位置づけている。何ら情報がなければ，監査人の意図が財務諸表利用者に伝わらない場合や利用者にとっての関連性が改善される場合に，監査人は追加的な情報を提供するわけである（216頁）。監査が財務諸表のレリバンスを担保するためには，従来の保証の枠組みに加え，監査人による情報提供機能の発揮が必要になるのは，かかる事情に基づくものと考えられる。

財務諸表監査の内容として，財務諸表の信頼性の保証に加え，レリバンスを担保する役割も含まれることはすでに述べた。さらに，財務諸表のレリバンスを担保するためには，監査人による情報提供機能が発揮されるべきことは，今述べたとおりである。したがって，ここまでの考察を重ね合わせると，財務諸表監査は，財務諸表の信頼性の保証とレリバンスを担保する役割を担い，両者で財務諸表の意思決定有用性を支える役割を有しており，これが監査人の役割を規定することになる。監査人のかかる役割は，保証機能に加え，情報提供機能も包摂する適正性判断を行使することによって遂行されるものとみることができる（図表10-2参照）。

▶15 この立場からは，さらに保証機能と情報提供機能を峻別する意義もないことになる。およそ保証機能の発揮のみでは，利害関係者保護の完遂は不可能だからである。
▶16 レリバンスと同義であると解される。

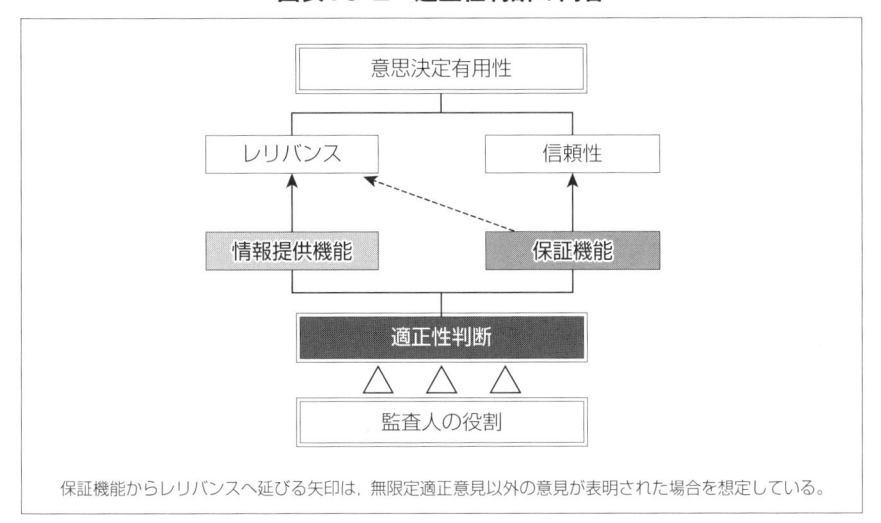

**図表10-2　適正性判断の内容**

```
           意思決定有用性
            ／      ＼
       レリバンス    信頼性
         ↑   ↖      ↑
    情報提供機能    保証機能
            ＼    ／
          適正性判断
          △  △  △
          監査人の役割
```

保証機能からレリバンスへ延びる矢印は，無限定適正意見以外の意見が表明された場合を想定している。

## 第4節　コミュニケーション・ギャップの解消

　前節では，監査人が保証機能と情報提供機能を包摂する適正性判断を行使することによって，財務諸表の有用性に関与することを述べた。本節ではこれを受けて，監査報告書にいかなる事項を記載すれば，コミュニケーション・ギャップが解消され，財務諸表の質の改善につながるのかを考察する。

### 1　先行研究からの指摘
(1)　コーエン委員会報告書
　監査報告書に関するコミュニケーション・ギャップは，すでに1978年のコーエン委員会報告書（The Commission on Auditors' Responsibilities［1978］（鳥羽訳［1990］140-141頁））で指摘されている。この点について同報告書は以下のようにいう。
　「監査報告書の標準化が図られたのは，多くの監査報告書間に混乱が見られたため，表現上の相違をなくし，監査報告における質の統一を促すためであった。しかし他方で，それは監査報告書を単なる記号とみなす見方につな

がった。」すなわち，「標準監査報告書を利用することの一つの効果は，監査報告書の文言に慣れてくると，監査報告書を見ても，それを読まなくなるということである。（中略）監査報告書全体は複雑であるが，もはや読む必要のない一つの記号としてみなされるようになる。」「もし読者が財務情報と監査職能の限界を理解していない場合には，読者は監査報告書を承認の印とみなし，監査報告書に誤った信頼をおくかもしれない。」しかし，読まれない監査報告書では，彼らの誤解を正しようがない。したがって，同委員会は「監査人は自分たちが作成した監査報告書が読まれるよう，一層の努力を払う必要がある」と提言している。

(2) Church et al.［2008］およびMTGC［2009］による指摘

Church et al.［2008］は，監査報告モデルに関するさまざまな学術研究を総括した論文である。そこでは，監査報告書は記号としての価値（symbolic value）しかなく，コミュニケーション価値（communicative value）はほとんどないことが報告されている（Church et al.［2008］p.85）。

また，ASB（監査基準審議会）およびIAASBから委託を受けて，監査報告書に対する利用者の認知を調査したMTGC［2009］によるフォーカス・グループ研究によれば，財務諸表利用者は，実際に監査報告書を全部は読んではいないようであり，一般投資家は，監査報告書をみることさえしないこと，最高財務責任者，銀行家およびアナリスト・グループは，無限定適正意見であるかどうか，誰が監査報告書にサインしているか（特にBig4か否か）をみるだけであることが報告されている。

では，記号としての価値しかもたないと評される監査報告書にいかなる情報を与えれば，コミュニケーション価値をもつことになるのであろうか。以下，この点を考察するために，IAASBの改善提案にその手掛かりを求めることにする。

## 2 IAASBの改善提案

IAASBによる監査報告書の改善の取り組みは，IAS700を改正した2005年にも行われていた。それは，監査人の役割および監査報告の理解を深めるこ

とを目的とし，監査人の責任，監査意見形成の基礎である十分かつ適切な証拠の入手，内部統制評価の根拠などの説明に焦点を当てたものであった。しかし，コミュニケーション・ギャップは依然として残置し，根本的な解決に至っていないことが，多くの研究で指摘されているといわれる（Mock et al. [2013] p.333）。用語を変更し，説明を増やしただけではコミュニケーション・ギャップは解消しなかったのである。IAASB [2012] は，このような反省を受けて改善提案されたものである。

(1)「監査報告の改善に向けて（IAASB [2012]）における提案
　IAASB [2012] は，Consultation Paper（IAASB [2011]）を土台とし，またIAASB等のアウトリーチやMTGC [2009] 等によるいくつかの調査研究を参考に提案されたものである。このアウトリーチ等によって明らかにされた利用者の監査報告書への要望事項は，会計方針の選択や会計上の見積りに関する経営者の判断，経営者の予測情報あるいは会計基準に準拠していない財務情報（Non-GAAP information），および重要な業績評価指標等に関する情報（Mock et al. [2013] p.328）であり，それは一般的な監査意見ではなく，特定の会社の特定の監査に関する情報である。いわば，監査報告書を有用な投資情報として利用することが期待されているわけである。IAASB [2012] は，このようなリサーチの結果に基づいて，利用者からみた監査報告書の有用性に焦点をおいて提案されたものである。この視点が端的に表れているのが，監査報告書における「監査人によるコメンタリー」（Auditor Commentary）の記載である。そこでは，①経営者の重要な判断領域，②重要あるいは異常な取引，③監査上の重要な判断を含む事項等の記載を含めるように提案されていた。監査人は，監査報告書をとおして特定の企業に関するリスク情報を利用者に伝達することが求められたのである。

(2) IAASB [2013] における提案
　IAASBは，IAASB [2012] に対するコメントレターを分析した結果，回答者の最大の懸念は，監査人が企業情報の第1次提供者になるべきではないことにあると認識した。企業情報の提供者は経営者であり，監査人ではない。

監査人がそれを行うことは，両者の役割を混同するものであり，ひいては両者の責任区分を曖昧にするからである。IAASB［2013］では，この点に配慮し，「監査人によるコメンタリー」に替えて監査報告書にKAMを記載するよう提案している[17]。KAMの詳細は本書の第6章に譲るが，監査を実施した重要領域に関して統治責任者とのコミュニケーションを行った事項の中から，監査人が自己の判断に基づいて選択した事項を監査報告書に記載することによって，利用者が財務諸表監査の理解を深め，財務諸表の質の改善を図ることがその意図するところであろう。

　もちろん，統治責任者とのコミュニケーションを行った事項の中から監査報告書にKAMを記載するだけでも大きな前進であるが，IAASB［2012］の「監査人によるコメンタリー」に比較すれば，後退の感は否めない。しかも，監査人の判断によってKAMが選択される以上，監査人が企業情報の第1次提供者になるというコメント回答者の懸念が払拭されたかどうかは，なお議論が残るところである。それは，PCAOBの提案したCAMでも同様である。PCAOBは，あくまで実施した監査の中から抽出したものである以上，当該事項の監査報告書への記載は，経営者と監査人の役割を混同するものではないと主張しているが，企業情報とCAMは密接に関連していることを考慮すれば，この主張も疑問である。

　いずれにせよ，監査人が企業情報の第1次提供者になる点を懸念するあまり，利用者に有用性のない監査報告書を相も変わらず提供することこそ懸念すべきである。

　ここ数年の間に提案された監査報告書の改善案は，あと少しで基準化されるだろう。しかし，これはPCAOBのDoty議長がいうように監査報告書の改善に向けた第1歩に過ぎない（Doty［2013］）。監査報告書の改善により，利用者に有用な情報を提供するというプロジェクトの目的を達成したかどうかの評価は，なお新監査基準の実際の適用結果を待たねばならない。

---

▶17　IAASBが，理論的な考察から監査人が企業情報の第1次提供者になるべきではないと考えているのか，各利害関係者との調整を行う必要から監査報告制度の設計を図りやすくするためにKAMの記載を提案しているかの真意は不明だが，財務諸表利用者の視点に立った監査報告書の改善に主眼があることを考慮すれば，前者の見解はとりにくいのではなかろうか。

## 3 監査報告書の情報価値と情報の非対称性の緩和

本項では，監査人が企業情報の第1次提供者になるべきではないという主張に対して，監査報告書の情報価値および情報の非対称性の緩和の観点から若干の考察をしておきたい。

まず，本来，レリバンスあるいは情報価値を有するということの意味は，何らかの情報によって投資家の行動に変化がみられることを意味する。財務諸表に記載のない情報を監査報告書に記載しないかぎり，監査報告書に情報としてのレリバンスはないはずである。この点は，例えば財務諸表に開示された継続企業の前提に関する情報を，再度監査報告書に記載しても投資家の行動に変化がみられないという実証研究の結果にみることができる（Mock et al.［2013］p.334）。したがって，監査報告書にレリバンスを与えているものが情報提供機能だとすると，情報提供機能を発揮して，財務諸表に記載のない情報を監査報告書に記載することと，監査人が企業情報の第1次提供者になるべきではないという批判とはそもそも並び立たないことになる。これは，監査制度の設計に課された古くて新しい最大の難問である。

しかし，この点は，いずれが優れているかという二項対立の問題として捉えるべきではなく，両者の主張の中庸に実際的な解決策を模索すべきである。企業情報の第1次提供者になるべきではないとの指摘に偏すれば，監査報告書の情報価値は貶められるであろうし，レリバンスに偏すれば，監査費用の増大や監査人の責任が加重化し，監査制度の設計・運用に係るコストが必要以上に大きくなる可能性があるからである。ことに監査人の責任に関しては，残された課題で後述するように，監査報告書に追加すべき情報を明確に限定しなければ，訴訟リスクを恐れる監査人は，監査報告書に過剰な記載を行う可能性があり，かえって利用者にとっての有用性が損なわれる懸念を考慮しなければならない。

次に，監査人はこのような追加的な情報を少なくとも株主[18]には提供する責務があるという点を考察したい。監査人は，株主に対して情報の非対称性を緩和する義務があると考えられるからである。

---

▶18　株式の自由譲渡性を考えると，現在株主から投資家一般に議論を拡張することができる。

監査の機能として，ボンディング機能とモニタリング機能とがあげられる。前者は，経営者と株主との間にある情報の非対称性[19]を前提にして，投資家のもつ解任権行使や報酬引下げといった対抗手段を経営者が避けるため，あらかじめ監査人と契約して自己を束縛するボンディングの一環としての機能である（企業会計基準委員会［2006］）。他方，資本提供者たる株主は，自己の財産が経営者によって適切に管理・運用されているかを確認するため，監査人と契約して監査を導入する場合もある。この枠組みからは，監査はモニタリングとして機能する。監査にどちらの役割を担わせるかは，制度的選択である。現行制度では，金融商品取引法監査は，ボンディング機能，監査役監査は，モニタリング機能を担っている（鳥羽［2009］29-30頁）。

　前述のように，情報の非対称性は経営者と株主との間だけではなく，株主と監査人との間にも存在している点に留意すべきである。金融商品取引法監査のもとでも，本来，監査報酬の支払いがなければ，配当等の形で株主に帰属していた財産が監査人に支払われていると考えれば，株主から監査人への財産の移転が認められると考えられる。そのため，実施した監査に関して株主より情報優位にある監査人は，当該情報の非対称性から生じる株主の不利益を緩和し，彼らの意思決定に資する情報を提供する説明責任（アカウンタビリティ）を負っているはずである。しかるに，現在の監査報告書には，監査判断の根拠が一切示されず，利用者の意思決定に資する情報がほとんど存在しない。そのことが，監査人は企業情報の第1次提供者になるべきではないという主張に支えられているのだとすれば，本来監査人が株主に対して果たすべき責任を果たしていないという批判に応えることはできないことになる。しかし，それを監査人が望んでいるとは思えない。むしろ，監査報告書のコミュニケーション価値を獲得し，株主（投資家）の期待に応えようと考えるのが，自らを会計プロフェッションと自認する監査人の矜持ではないだろうか。

---

▶19　注2参照。

## 第5節　総括と残された課題

### 1　総括

　本章では，監査人と財務諸表および監査報告書の利用者との間に存在する情報ギャップおよびコミュニケーション・ギャップを解消するという観点から，監査報告書，とりわけ無限定適正意見の付された監査報告書にどのような情報を追加すれば，監査報告書のコミュニケーション価値が高まり，財務諸表の質の改善に貢献しうるかを考察してきた。暫定的に下した結論を，簡略化した形で示せば，以下のようにまとめられるであろう。

　情報ギャップは，従来の保証の枠組みで提供される情報に加え，追加的な情報提供によって解消される可能性があることを示した。そのためには，監査人が判断する適正性の内容を，財務諸表の信頼性の保証に限定することなく，情報提供機能の発揮によって財務諸表のレリバンスが担保されることまでをも包摂するものと捉えなければならない。会計情報が意思決定有用性をもつためには，それが信頼できることに加えてレリバントでなければならない。財務諸表監査は，かかる会計情報の意思決定有用性を担保するべきであるという視点から得られた解釈である。

　コミュニケーション・ギャップは，コーエン委員会報告書以来，指摘され続けた問題である。その要因は監査報告書の標準化にあるが，そのことは利用者が監査報告書にほとんど価値を見いださないという事態を招来した。監査報告書が情報価値をもつためには利用者にレリバントな情報を提供しなければならない。しかし，それに伴う監査制度設計・運用上のコストとの調整も解決しなければならない。両者の適切なバランスの上に，利用者の視点に立った監査報告書の記載内容を決めるべきことが肝要である。また，情報の非対称性は，経営者と利用者との間だけではなく，監査人と株主（利用者）との間にも存在することに留意しなければならず，現在の監査報告書では利用者に対するアカウンタビリティが果たされていないことを指摘した。

　以上の概要を図表10-3として本章の末尾に図式化している。

　財務会計の分野では，意思決定に有用な会計情報の提供が主張されてすで

に久しいにもかかわらず，監査報告の領域でこの点に焦点があまり当てられてこなかったのは不思議という他はない。利用者の視点に立った監査報告書の改善を貫徹するとすれば，監査人が企業情報の第1次提供者になるべきではないという主張を厳格に遵守するよりも，監査制度の設計・運用コストとのバランスを考慮した上で，むしろどのような事項をどの程度追加的な情報として監査報告書に記載するべきかに議論の重点を移行させるべきことを改めて強調したい。

## 2 残された課題

最後に以上の主張に関連して残された課題を示し，本章を結ぶことにしたい。

### (1) 離脱規定

本章では，適正性判断を単にGAAPに準拠しているだけではなく，監査人による実質的判断の行使を伴うものと捉えている。しかしかかる実質的判断は，その前提として会計基準からの離脱が制度的に認められて初めて実効性があるものと考えられる。この点，離脱規定のないわが国では，どのように適正性判断を完遂しうるのか，あるいは実質的判断の行使に一定の限界を抱えているのかどうかを解明することが，わが国の監査制度設計上の課題であると考える。

### (2) 追加情報の記載内容を明確化

AAA（米国会計学会）のコメントレター（AAA［2012］）で指摘されているように，監査報告書に追加すべき情報を明確に限定しなければ，訴訟リスクを恐れる監査人は，監査報告書に過剰な記載を行う可能性があり，かえって利用者の役に立たなくなるであろう。したがって監査報告書への追加的な情報の記載内容の範囲を明確化する何らかの規準が必要になる。しかし，そのことがまた監査報告書のボイラープレート化の引き金になり得ることにも留意しなければならない。追加的な情報の取捨選択，記載の程度など，監査人はまた1つ困難な判断を強いられるわけである。

第10章　監査報告書の改善を規律する論理

**図表10-3　論理体系**

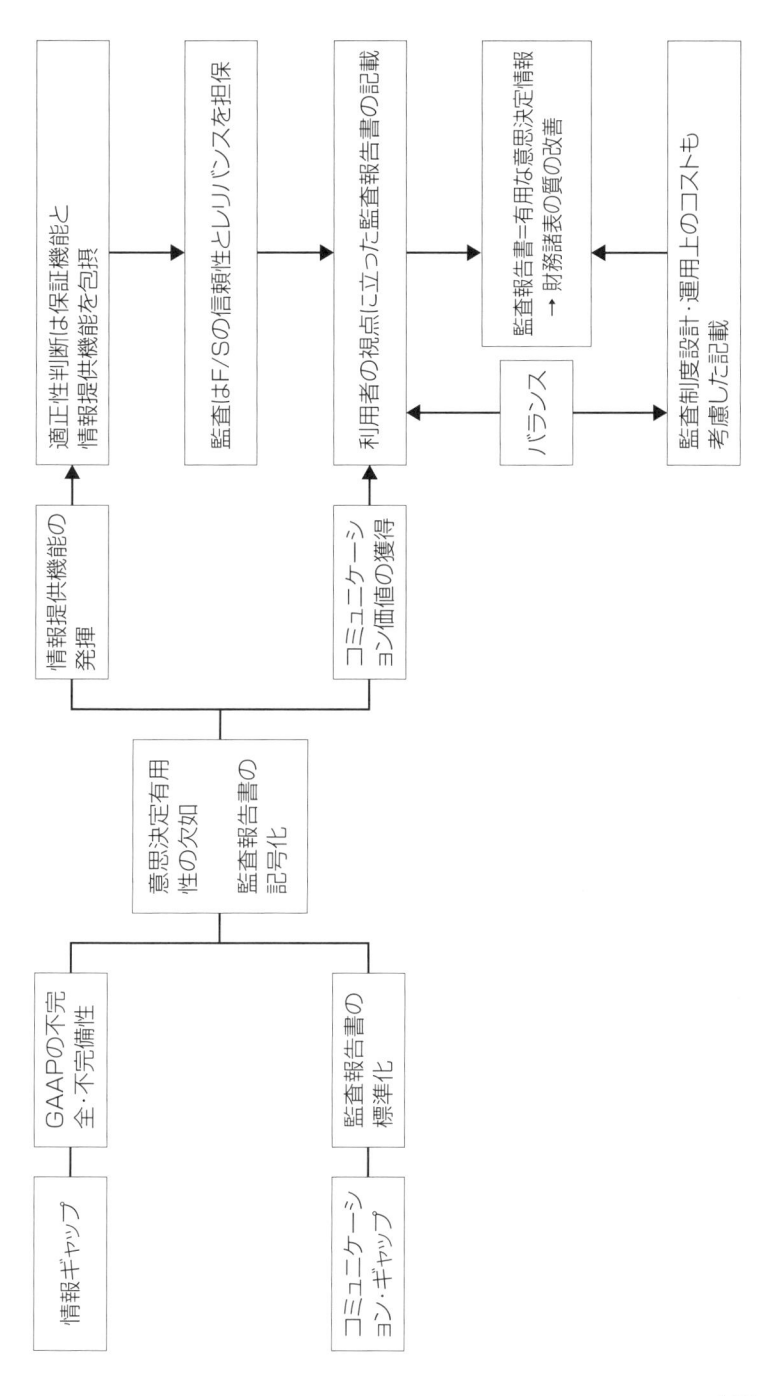

```
                                    情報提供機能の発揮
                                         ↓
                    ┌──────────────┬──────────────┬──────────────┐
                    │              │              │              │
            適正性判断は保証機能と  監査はF/Sの信頼性と  利用者の視点に立った  監査報告書＝有用な意思決定情報
            情報提供提供機能を包摂  レリバンスを担保    監査報告書の記載    →財務諸表の質の改善
                                                         ↑↓ バランス
                                                      監査制度設計・運用上の情報
                                                      考慮した記載
```

意思決定有用性の欠如
監査報告書の記号化

├─ GAAPの不完全・不完備性 ─ 情報ギャップ
└─ 監査報告書の標準化 ─ コミュニケーション・ギャップ

これらの残された課題は，現在進行しているIAASB等の会議で議論されているものもあり，また研究者が取り組むべき課題もある。本章は，適正性判断に情報提供機能をも織り込んだ新たな財務諸表監査の理論的枠組みを構築する取り組みに向け，その契機を論じたものに過ぎない。

**参考文献**

 Auditing Standards Committee, Auditing Section - American Accounting Association (AAA) [2012] Comment Letter RE: Invitation to comment on Improving the auditor's report.
 Carmichael, D.R. [1974] What does the independent auditor's opinion really mean?, *The Journal of Accountancy,* Vol.137, No.5, pp.83-87.
 Choi, S.K. and D.C. Jeter [1992] The effects of qualified audit opinions on earnings response coefficients, *Journal of Accounting and Economics,* Vol.15, pp.229-247.
 Church, B., S. Davis, and S. McCracken [2008] The auditor's reporting model: A literature overview and research synthesis, *Accounting Horizons,* Vol.22, No.1, pp.69-90.
 Coram, P. J., T.J. Mock, J.T. Turner, and G.L. Gray [2011] The Communicative Value of the Auditor's Report, *Australian Accounting Review,* Vol.21, No.3, pp.235-252.
 Doty, J.R. [2013] Statement on Proposed Auditing Standards Regarding the Auditor's Report and the Auditor's Responsibilities Regarding Other Information.
 FRC [2011] Effective Company Stewardship - Enhancing Corporate Reporting and Audit.
 FRC [2013] ISA (UK and Ireland) 700.
 IAASB [2005] The Independent Auditor's Report on a Complete Set of General Purpose Financial Statements.
 IAASB [2011] Consultation Paper, *Enhancing the Value of Auditor Reporting: Exploring Options for Change.*
 IAASB [2012] Invitation to Comment, *Improving the Auditor's Report.*
 IAASB [2013] *Reporting on audited financial statements, Proposed new and revised international standards on auditing (IASs).*
 Mock, T.J., J.L. Turner, G.L. Gray, and P.J. Coram (MTGC) [2009] *The Unqualified Auditor's Report: A Study of User Perceptions, Effects on User Decisions and Decision Processes, and Directions for Further Research,* http://www.usc.

edu/schools/business/seminars/papers/ARF_4-17-09_ASB-Report.doc（最終閲覧日：2014年6月30日）．

Mock, T.J., J. Bédard, P.J. Coram, S.M. Davis, R. Espahbondi, and R.C. Warne [2013] The Audit Reporting Model: Current Research Synthesis and Implications, *Auditing: A Journal of Practice & Theory*, Vol.32, Supplement 1, pp.323-351.

PCAOB [2011] *Concept Release on possible revisions to PCAOB standards related to reports on audited financial statements.*

PCAOB [2013] *PROPOSED AUDITING STANDARDS.*

Resenfield, P. and L. Lorensen [1974] Auditors' responsibilities and the audit report, *The Journal of Accountancy*, Vol.138, No.3, pp.73-83.

The Commission on Auditors' Responsibilities [1978] *Report, Conclusions, and Recommendations.*（鳥羽至英訳［1990］『財務諸表監査の基本的枠組み』白桃書房。）

Turner, J.L., T.J. Mock, P.J. Coram, and G.L. Gray [2010] Improving Transparency and Relevance of Auditor Communications with Financial Statement Users, *Current Issues in Auditing,* Vol.4, No.1, A1–A8.

Vanstraelen, A., C. Schelleman. I. Hofmann, R. Meuwissen [2011] A *Framework for Extended Audit Reporting,* Maastricht Accounting, Auditing and Information Management Research Center（MARC）．

Zeff, S.A. [2007] The Primacy of "Present Fairly" in the Auditor's Report, *Accounting Perspective,* Vol.6, No.1, pp.1-20.

井上善弘［2012］「第2章　監査報告モデルの課題」日本監査研究学会課題別研究部会『監査報告モデルに関する研究（中間報告）』7-31頁。

企業会計基準委員会［2006］『討議資料「財務会計の概念フレームワーク」』

鳥羽至英［1982a］「監査訴訟事件研究Ⅰ」『専修商学論集』第33巻，93-107頁。

鳥羽至英［1982b］「「財務諸表は財政状態および経営成績を適正に表示している」の意味と解釈について―歴史的考察―」『専修商学論集』第34巻，117-136頁。

鳥羽至英［1983］「『財務諸表は企業の財政状態および経営成績を適正に表示している』の意味と解釈について―Ⅱ」『会計学研究』第9号，95-107頁。

鳥羽至英［1991］「監査理論モデルの形成―二つの考え方―」『会計』第139巻第3号，371-389頁。

鳥羽至英［1994］「監査理論とエイジェンシー理論―「エイジェンシー監査説」の検討―」『経済学』第55巻第3号，341-357頁。

鳥羽至英［2009］『財務諸表監査　理論と制度［基礎編］』国元書房。

朴大栄［1995］「特記事項―監査報告書の性格と関連させて―」『国民経済雑誌』第170巻第5号，1-23頁。

朴大栄［2003］「監査報告書記載内容の検討―改訂監査基準の適用開始によせて―」『京都学園大学経営学部論集』第13巻第2号，53-78頁。

朴大栄［2005］「財務会計の質的変革と監査意見―GAAP準拠の実質的判断と監査報告書―」『現代監査』第15号，31-38頁。

内藤文雄［2001］「ゴーイング監査と21世紀の監査像」『企業会計』第53巻第1号，89-96頁。

福川裕徳［2002］「監査が保証する財務諸表の質―目的適合性の保証と情報提供の論理」『会計プログレス』第4号，46-58頁。

福川裕徳［2006］「監査人による財務情報の目的適合性への関与の類型化」『経営と経済』第85巻第3・4号，280-306頁。

福川裕徳［2011］「監査人による関連性への関与の類型化」千代田邦夫・鳥羽至英責任編集『会計監査と企業統治』所収，中央経済社，191-222頁。

町田祥弘［2001］「監査人からの情報発信をめぐる諸問題―監査報告モデルと日本の監査環境による制約―」『現代監査』第11号，13-20頁。

松本祥尚［2011］「監査の保証機能とその発現形態」千代田邦夫・鳥羽至英責任編集『会計監査と企業統治』所収，中央経済社，51-83頁。

山浦久司［1979］「現代米国財務諸表監査の動向」『千葉商大論叢』第17巻第1号，59-94頁。

（深井　忠）

# 結論
## ―情報提供機能の拡充による利用者志向型の監査報告書へ―

最後に，本書の結論を要約した形で以下に示す。

- 現行の監査報告書は，紋切型で（boilerplate），過度に標準化されており，財務諸表利用者にとっては単なるシンボルと化している。
- 監査報告書を財務諸表利用者の意思決定に役立つ，より一層目的適合的な情報媒体へと変革させるためには，監査報告書の情報提供機能を拡充させる必要がある。
- 監査報告書の財務諸表利用者に対する目的適合性の向上という観点からは，情報提供機能は，保証機能と並んで監査報告書の必要不可欠な機能といえる。
- ただし，監査報告書の情報提供機能を拡充させるに当たっては，情報提供機能の発露として監査報告書に記載される事項は，除外事項に代替するものではなく，また，監査意見に追加して特定の事項について意見を表明したものでもないことに留意しなければならない。
- 現行のpass／failモデルを維持しながら，情報提供機能の拡充を通した，財務諸表利用者の意思決定に役立つ利用者志向型の監査報告書への変革が，今求められている。
- 財務諸表利用者が監査人に求める情報内容を考える際には，財務諸表監査に対する社会の信頼性が失われてきている，無限定適正意見に対する社会の信頼感が揺らいでいる現状を直視すべきである。
- 財務諸表利用者は，無限定適正意見に存在すると考えられる濃度の差，あるいは判断の幅を理解する手掛かりとなる情報を，監査人に求めている。
- それらの情報は，等しく無限定適正意見の表明されている財務諸表の間の質の相違を財務諸表利用者が判断する手掛かりを与えるものである必要があり，そのような情報を提供することで，監査報告書は財務諸表利用者にとってより目的適合性のある情報媒体となり得る。

- IAASB（国際監査・保証基準審議会）が提案するKAM（監査上の主要な事項），PCAOB（公開会社会計監視委員会）が提案するCAM（監査上の重要な事項）等は，財務諸表利用者が無限定適正意見に存在する濃度の差，あるいは判断の幅を理解する，したがって財務諸表間の質の相違を判断する手掛かりとなることが期待されている。
- KAMやCAMによる情報提供機能の拡充は，監査報告書の目的適合性を向上させることが期待される一方で，これらを制度化するに当って解決すべき課題が残されている。
- 監査報告書の保証機能と情報提供機能は，本来，相互補完の関係にあり，両機能の間で乖離あるいは衝突が生じることがあってはならない。
- KAMやCAMが除外事項に当るものではないこと，監査意見に追加して特定の事項について意見を表明したものでもないことを，財務諸表利用者に十分に説明することが，制度化にあたって重要となる。もっとも，財務諸表利用者のこのような誤解あるいは疑念を完全に払拭することは容易ではない。
- KAMやCAMによる情報提供機能の拡充に際して考慮すべき重要な課題は，監査報告書におけるKAMやCAMの記載が結果として監査人をして企業の財務に関する情報（以下，企業情報）の第1次提供者ならしめているのではないか，という疑念である。
- つまり，企業情報の提供者と評定者の峻別を要請する，いわゆる「二重責任の原則」に抵触するのではないか，という疑念である。
- この疑念に対して，PCAOBは，CAMは企業に係る情報ではなく監査に係る情報であり，CAMの提供によって監査人が企業情報の第1次提供者となるわけではない，と整理している。IAASBのKAMについても同様である。
- しかしながら，企業情報とCAMやKAMは密接に関係しており，PCAOBやIAASBの整理あるいは解釈が真に当を得たものといえるかどうかについては疑問が残る。
- むしろ，CAMやKAMが企業情報に密接に関係しているからこそ，監査報告書を通して無限定適正意見の濃度の差，財務諸表間の質の相違を判断する手掛かりを財務諸表利用者に提供できるという解釈も当然に成り立つ。

# 結論

- この解釈の立場に立てば，二重責任の原則に拘泥することは，監査報告書の目的適合性の向上という観点からはかえって望ましくないということになる。
- 一方で，監査報告書の改善は，二重責任の原則の枠内において構築されるべきであり，監査人が，企業に関する最初の情報提供者となるべきではないという，という見解も当然に存在する。
- 二重責任の原則を超えるアプローチは，企業報告プロセスに無用な混乱を招き，財務諸表監査の性質そのものの期待ギャップがかえって拡大することになる，との考えがその背景にはある。
- しかしながら，財務諸表利用者は現行の監査報告書を単なるシンボルと考えており，意思決定に役立つより目的適合的な監査報告書を監査人に求めている。
- 利用者志向型の監査報告書を展望するに当たっては，二重責任の原則を神聖不可侵の存在として完全に議論の対象外とするのではなく，財務諸表監査におけるその意義と役割について，監査報告書の情報提供機能と関連付けながら，改めて議論を深めていくことが重要である。

(井上善弘)

# 付　録

# 付録 I　財務諸表利用者に対するインタビュー

　本研究では，わが国における典型的かつ代表的な財務諸表利用者である証券アナリストの方々へのインタビューを行った。ここでは，その結果の概要を紹介する。

　インタビューは，2013年1月25日に実施された。インタビューにお答えいただいた方々は，民間企業のシンクタンク，格付会社，証券会社の経営調査部等に勤務されておられる方々5名であり，全員，日本証券アナリスト協会の正会員である。インタビューは，主として，現行の標準監査報告書に対する評価と，それを踏まえた上で，今後，標準監査報告書にどのような事項が記載されることを望むのかという観点から，証券アナリストの意見を伺うことを趣旨とした[1]。

　本研究の趣旨をご理解いただき，インタビューに応じていただいた証券アナリストの方々に厚く御礼を申し上げる。

## 1　現行の標準監査報告書に対する評価

(1) 無限定適正意見がもつ意味あるいはイメージ

- 本来，無限定適正意見が付いている，財務諸表に関連して何も問題がないというのが，財務諸表利用者にとって最大の情報である。
- 本当に無限定適正意見でありこれ以外何もないという会社に関しては追加的な情報は何も必要がない。
- 無限定適正意見は，財務諸表利用者でこれを意識する人はほとんどいない。
- 無限定適正意見が出されている場合には，最低限はクリアしているというニュアンスを受け取る。
- 無限定適正意見が出されている場合には，これを，財務諸表に関して何も問題がないと監査人が判断しているという情報として受け止め，それを前提に財務諸表の分析に入っていく。
- ほとんどの財務諸表利用者は，無限定適正意見から，何も問題がないとい

---

▶1　実際のインタビューでは，監査報告書と監査人の役割に関連して多岐にわたって議論がなされたが，ここでは，インタビューの結果のうちこの2つの観点から整理できるもののみを示す。

うメッセージを受け取っている。
- 現行の監査報告書の「監査人の責任」の区分における記載事項は，監査人のdisclaimerだと考えている[2]。おそらくこれをまともに読んでいる人はいない。記載事項の内容に関しては，監査に対する共通認識をもっているという前提の下では無価値である。
- 無限定適正意見が出される場合，監査法人名（これにより監査の質を判断する）と監査人が交代しているかどうかしかみていない。

(2) 無限定適正意見に対する不信感
- 「**無限定適正意見は，監査人がきちんとみて（財務諸表の信頼性について）お墨付きを与えているものである**」**との前提が崩れているのが問題である。**
- 無限定適正意見ではあるが，グレーゾーンのものがあることが問題である。
- 無限定適正意見が続けて出されていたにもかかわらず，突如破綻してしまった後に，会計不正が明らかになる事例が発生している。このような場合，監査人として何かに気づかなかったのか。仮に，監査人が何かに気づいて，それらについて経営者と何らかのディスカッションを行ったのであれば，そういった情報があれば利用者として有用である。
- ぎりぎりの攻防があった場合でも，何もなかった場合でも同じ無限定適正意見がでてしまう。無限定適正意見がでた2ヵ月後に倒産したりする事例があると，なぜ無限定適正意見になったのかと思う。
- **無限定適正意見にはいろいろと濃度があるのに，多くの人は，無限定適正意見は問題がないと考えてしまうので，何かあると会計士は何をやっているのかという話になる。**
- 現状の法的枠組みでは，黒という意見よりも白という意見を出す傾向にある。黒を白といってしまった場合には，正当な注意を払ったということで免責されるかもしれないが，白なのに黒といってしまったために破綻した場合には，監査人は確実に訴えられる。無限定適正意見を表明した方が監査人にとって安全ではないのか。

▶2 ゴシック体で書かれている回答は，第1章で紹介したものである。

- 監査人の交代から2週間で無限定適正意見がでるような事例があるが,引継ぎもきちんと行われているかどうか怪しい状況できちんと監査が行われていたかどうかを判断することはできない。
- 問題は,無限定適正意見といいつつも,そうではないことがあることである。結果として,「これが無限定適正意見なのか」という状況が頻発しているところから,無限定適正意見であるがこれでいいのか,という疑問が生じている。

## 2　標準監査報告書の新たな情報提供機能
(1) 求められる情報内容
- **誰が監査したのかという情報以外に,どういう監査をしたのかという情報がほしい。**
- 業績が悪くなったら無限定適正からいきなり限定付になるのではなく,**無限定適正といってもいろいろな色があるであろうから,無限定の監査報告書からそれが伝わってくるのが理想である。**
- 監査人が見積りなどについてどのような手続をしたかという文言は紋切型になる可能性があり,あまり価値はない。見積りについての判断で何が議論になったか,何が問題となったかを,AD&A[3]などから間接的に理解したい。
- AD&Aは,リスク(重要な虚偽表示リスク)が高いと監査人が判断した項目について知ることができる。
- 例えば,繰延税金資産の判断等に監査人のコメントがあれば有用である。
- 通常の監査手続を「その他の事項区分」にだらだらと書かれてもかえって困る。「おっと」というものがあったら出してほしい。
- 監査人の手続を細かく書いていくということは,監査の質を測ることができるが,実効性は低いと考える。紋切型の表現になってしまうことも考えられ,そのような場合には監査の質を測る情報としては価値がない。

---

▶3　AD&A(監査人による討議と分析)は,PCAOB [2011]において提案された新たな監査報告書の記載区分であり,そこにおいて監査人の目をとおした監査および財務諸表に関する見解を投資者等の財務諸表利用者に提供することを意図している(PCAOB [2011])。PCAOBの動向に関しては,第7章および第8章を参照されたい。

- 情報が出てくれば，財務諸表利用者の方で無限定適正意見の格づけができるようになる。
- AD&Aで情報を出すに際して経営者と交渉が必要というのは，利用者の側からすると理解できない。
- 監査人にとっての重要性が開示されていない状況では，監査上の重要性がわからず監査の質を判断しようがない。
- 監査時間といった定量的な情報を開示することは無意味ではないのか。監査計画時の監査時間と実際の監査時間を開示させ，異なっている場合にはなぜ，計画と食い違ったのかを開示させれば，リスクがあると監査人が判断した事項がわかるのではないのか。

(2) 監査人の財務諸表利用者に対する説明責任
- 経営情報のAccountabilityはあるが，Accountantのやっていることがブラック・ボックスになっていて，結局，Accountantに関しては，Accountabilityがない。
- 財務諸表がGAAP（一般に認められた会計原則）に準拠しているかどうかは経営者のためだけではなく，すべての利害関係者のためでもある。
- 新しいアクションについての情報がほしいというのではなく，ブラック・ボックスになっている情報の一部を出してくれるだけでいい。
- **財務諸表が以前のように保守的に作成されていれば，0か1でもよかったが，現在のように確率変数のかたまりのようになって，財務諸表が提供する情報が変わってきている中で標準監査報告書の見直しが必要である。**
- やっていることに関連した情報をもっと出してほしい。つまり，監査で問題になったことについての議論が大事である。

[インタビューにおける質問事項]
1 現行の監査報告書（財務諸表監査の監査報告書）をどのように評価しているのか。
2 IAASB（国際監査・保証基準審議会）のいう「情報ギャップ」の問題はわが国においても現に存在すると認識しているのかどうか。

3 もし「情報ギャップ」が存在するとすれば，監査報告書をとおして，公認会計士に対してどのような情報ニーズをもっているのか。具体的な情報ニーズの内容について。

**参考文献**

PCAOB [2011] *Concept Release on Possible Revision to PCAOB Standards Related to Reports on Audited Financial Statements and Related Amendments to PCAOB Standards*（June）.

（井上善弘）

# 付録Ⅱ　公認会計士に対するインタビュー

## 1　日本公認会計士協会からのコメント

　日本公認会計士協会は，IAASB（国際監査・保証基準審議会）からのコメント募集「監査報告書の改善」に対して，2012年10月8日付けで，以下のコメントを提出している。

　「IAASBが2011年5月にCPを公表した段階においては，日本では，監査報告書の変更に関する大きな議論が生じていなかった。しかしながら，昨年発覚した企業不祥事を受けて，監査人の職業的懐疑心と不正に対する監査人の対応を強化するため，2012年5月，監査基準の見直しの議論が開始され，この議論には，監査報告書に追加的な情報を含めることが論点の一つとして含まれている。

　当協会は，IAASBが，監査報告に関するプロジェクトにトップ・プライオリティを置いていると認識しており，我々はこれを強く支持する。監査報告書は，監査人が財務諸表利用者とコミュニケーションするためのほぼ唯一の手段である。情報ギャップや期待ギャップの問題に対処し，監査の適合性や価値を高めるためには，監査報告書の改善が重要であろう。…（略）……

　当協会は，監査報告書の変更により，財務諸表利用者に対する監査人のコミュニケーションの幅が広がることにより，結果的に，監査人の役割の強化につながることを期待している。同時に，監査報告書の改善は，二重責任の原則の枠内において構築されるべきと考える。監査人が，企業に関する最初の情報提供者となるべきではない。二重責任の原則を超えるアプローチは，企業報告プロセス全体に無用な混乱を招き，財務諸表監査の性質そのものの期待ギャップがかえって拡大することになる。また，財務報告の枠組みで求められていない企業に関する情報を監査人が公表することになれば，監査の過程における，監査人，経営者および統治責任者の間のオープンなコミュニケーションが阻害され，結果，監査の品質そのものに悪影響が生じる可能性がある。

加えて，財務報告システム全体の改善を模索する，より包括的な検討も重要であると考える。この検討は，監査報告書の改善のためのイニシアティブと同時に行われる必要がある。監査報告書は，財務報告システム全体における一つの側面でしかなく，監査人が監査報告書において何をコミュニケーションできるかは，企業の経営者や統治責任者が何を情報提供しているかに依存するべきである。監査報告書を通じて，利用者の投資意思決定に資するためのより適切な情報が提供されるためには，本来は監査報告書の改善のみでは対処できない。企業が提供する情報や統治責任者の役割の強化等の財務報告システムの他の側面についての改善も同時に検討していかなければならないであろう。」

　また，2013年11月21日，日本公認会計士協会は，IAASB公開草案「財務諸表に対する監査報告：提案する新規及び改訂版の国際監査基準」に対して，「当協会は，IAASBが，監査報告の改善に関するプロジェクトを進めていることを支持する。企業活動のグローバル化を受け，監査報告書の国際的な一貫性はますます重要になっている。」，「一方，利用者の情報ニーズを満たし監査報告書をより情報価値のあるものにする……ためには，開示の信頼性を担保する制度全体の包括的な検討が不可欠であり，監査報告の改善と同時に，企業が提供する情報や統治責任者の役割の強化等の財務報告システムの他の側面についての改善も検討される必要がある。監査報告の改善の目的は，財務諸表や財務報告の枠組みの不備を埋めることではなく，監査を通じた財務報告の信頼性の強化にあるべきである。この点，当協会は，IAASBが会計基準設定主体や規制当局等の利害関係者との連携を模索していると認識しており，これを引き続き行うことを期待する。」とコメントを提出している。

　さらに，2013年12月11日，日本公認会計士協会は，PCAOB（公開会社会計監視委員会）公開草案「無限定適正意見の場合の監査報告書」および「監査した財務諸表及び監査報告書が含まれる開示書類におけるその他の記載内容に関連する監査人の責任」に対するコメントにおいて，「監査報告書の情報価値を高めるための議論は世界中で生じている。一方で，企業活動のグロ

付録Ⅱ　公認会計士に対するインタビュー

ーバル化を受け，監査報告書の国際的な一貫性はますます重要になっており，監査人が準拠する監査基準によって監査報告書の様式や内容が大きく異なることは，監査人だけではなく，財務諸表利用者に多くの混乱を生じさせ，公益保護の観点からも望ましくない。IAASBも，監査報告の変更に関するPCAOBと同様のプロジェクトを行っており，当協会は，PCAOBに対し，IAASBと連携し，不要な相違を取り除くことにより，両者の基準のできる限りの一致を模索することを促す。」と記述している。

　日本公認会計士協会は，グローバル化が進む中で，監査報告書の国際的な一貫性はますます重要となっており，情報ギャップや期待ギャップの問題に対処し，監査の適合性や価値を高めるために，監査報告書の改善が重要であると，IAASBやPCAOBの監査報告書の情報提供機能の拡充の動向を支持するとともに，監査報告書の改善は，二重責任の原則の枠内において構築されるべきであり，監査人が企業に関する最初の情報提供者になるべきでなく，加えて，財務報告システム全体の改善を模索する，より包括的な検討が不可欠であるとの立場に立って意見を述べている。

## 2　インタビューの概要

　今般の監査報告書の改革を巡る動向について，われわれは，監査報告書を作成する側である，公認会計士の見解を聴取するため，以下のとおり，インタビューを実施した。

| 2013年4月16日 | 日本公認会計士協会北部九州会 | 公認会計士　3名 |
| 2013年7月2日，4日 | 日本公認会計士協会近畿会 | 公認会計士　3名 |
| 2013年8月6日 | 日本公認会計士協会本部 | 公認会計士　5名 |

　質問事項は，以下のとおりである。

(1)　現行の標準監査報告書に対する評価
①　監査報告書は，財務諸表利用者による理解可能性と比較可能性を担

保するために，これまで通りの標準化された様式のものであることが望ましいと考えるか。
② 監査報告書における記載事項のうち，経営者と監査人の各々の責任に関する事項は，財務諸表監査におけるいわゆる「期待ギャップ」を改善ないし縮小することにどの程度役立っていると考えるか。
③ 無限定適正意見が表明されている監査報告書に追記情報の記載がある場合，当該情報は財務諸表を理解する上でどの程度役に立つと考えるか。

(2) **監査報告書の情報提供機能の拡充について**
① 「財務諸表利用者の財務諸表に関する理解を促進し，財務諸表の投資意思決定の資料としての価値を高めるために，監査人は監査報告書において被監査会社の財務諸表および実施した財務諸表監査に関するより具体的な情報を追加的に提供すべきである」との見解についてどのように考えるか。
　　［IAASBが検討している，監査実施の過程で発見された重要な事項（監査人と企業統治責任者等との間のコミュニケーションの内容等）を監査報告書で開示することについて，どのように考えるか］
② 財務諸表監査に関連して，監査人は被監査会社の経営者のみならず，投資家等の財務諸表利用者に対しても説明責任（Accountability）を負うと考えるか。
③ 同じ無限定適正意見を表明する場合であっても，財務諸表の信頼性に対する保証水準の間に差異がある場合が存在すると考えるか。

2013年7月に，IAASBから，監査報告書の改訂に関する公開草案が公表されたため，日本公認会計士協会本部に対するインタビューでは，
④ ISA701「独立監査人の監査報告書におけるKAM（監査上の主要な事項）のコミュニケーション）」についても，追加してインタビューを行った。

## 3　インタビューの結果
### (1)　現行の標準監査報告書に対する評価

> ①　現行の標準化された様式の監査報告書について

　実務を担当している多くの公認会計士の，まず最初の一般的な反応は，以下のとおりである。
- 監査報告書の様式の標準化は，当然必要である。
- 監査制度が始まって以来，長い歴史の中で現行の様式（方式）が定着しており，今の標準化された監査報告書は，所与のものと考えている。
- 財務諸表利用者が必要とするいろいろな情報は，財務諸表や有価証券報告書の他の箇所で追加していくべきものであり，その中の一部が監査証明の対象となっていく（監査証明の対象とならないものもある）というのが，本来の姿である。
- 監査報告書の読み手の立場からも標準化が望ましい。監査人が各々自由に監査報告書を作成することは，情報の受け手側も発信側も混乱する。
- 標準化をベースにもっておかないと，いたずらに情報を盛り込むと読み手がかえって混乱する。いろいろな情報をいろいろな人がいろいろな価値判断で出すということは，非常にリスクが高い。場合によっては，監査そのものの信頼性がそれによって揺らぐ可能性がある。
- 追記情報（強調事項）として，監査人のコメントを盛り込むことが考えられるとしても，監査報告書が全体として適正であるということを証明するのであれば，標準化している方が見やすい。標準化されず，監査人がばらばらの意見をいうのであれば，読み手は何を書いているのかわからない。完全に標準化するべきかどうかは別にして，標準化は望ましいことである。
- 監査手続を実施した結果として，さまざまな局面での判断が集約され，全体として適正であるという証明を行っている。その意味で標準化には意義がある。
- 会社の決算数値以上のことを監査人が監査報告書で雄弁に語ることはナンセンスである。監査報告書で雄弁に語ることが「期待ギャップ」の解消の答えになるとは思えない。
- なぜ標準化されるようになったのか，その根本に立ち返って（歴史的に振

り返って）考えてみる必要がある。標準化は本質的には必要と考える。ただし，現在の監査報告書で十分かどうかについては議論のあるところである。

他方，国際的な監査報告書の改革を巡る動向についての研究・議論が進むにつれて，公認会計士の反応は以下のように変わっていくように思われる。
- グローバル化が進む中で，IAASBを中心とする監査報告書の改革の動きをわが国として否定するわけにはいかない。
- 監査報告書の改革の議論の背景には，財務諸表監査に対する社会の信頼性が失われてきていることがある。
- 紋切型と情報（提供）拡充型のどちらがよいかははっきりとしないが，財務諸表利用者は紋切型ではもはや納得しないのではないのか。
- 監査報告書の理解可能性と比較可能性は重要であり，これらをベースにした上で，監査報告書の改革を考えなければならない。
- 財務諸表監査が社会に奉仕するサービス（監査サービス）として社会から信頼され受け入れられるためには，従来の紋切型の監査報告書では不十分であり，監査報告書の情報提供機能を拡充する形で監査報告書を変革していかなければならない（監査報告書の変革に積極的に取り組んでいかなければならない）。監査報告書の情報提供機能を拡充するという流れは，今後も変わらないと思われる。

さらに，以下のような意見もあった。
- 監査報告書が何のために存在するのか改めて考えてみなければならない。
- 監査報告書のモデル・チェンジが社会の財務諸表監査に対する信頼の回復にとって万能というわけではない。
-「期待ギャップ」を監査報告書だけでカバーすることには限界がある。

② 監査報告書における「経営者の責任」および「監査人の責任」の記載事項がもつ意味について
- 二重責任の原則（経営者と監査人の各々の責任）を理解してもらうために

は重要である。
- 公認会計士がどのような仕事をしているか一般の人は必ずしも理解されていないのではないか（研究者および実務家の双方が一般の人々をより一層啓蒙する必要がある）。
- 「監査人の責任」の区分の記載事項をもっと充実させる必要がある。監査人の現場での活動内容を利用者にもっと知らしめる必要がある。監査でどういうことをやっているかが投資家にいきわたっていない。監査の現場で実際に行われていることについて「期待ギャップ」が存在する。
- わが国では不正事例が増えてきている。不正発見が監査の主目的ではないこと，不正発見には限界があること，監査はリスク・アプローチに基づく試査で行われており，リスクが高いところを重点的に監査していること等を，標準化された様式の監査報告書の中で，あるいは監査報告書以外の媒体で社会になお一層知らしめる必要がある。

③　追記情報が果たしている役割について

（監査基準委員会報告書706「独立監査人の監査報告書における強調事項区分とその他の事項区分」において，「監査人は，<u>財務諸表に表示又は開示されていない事項について</u>，監査，監査人の責任又は監査報告書についての利用者の理解に関連するため監査報告書において説明する必要があると判断した場合，『その他の事項』又は他の適切な見出しを付した区分を設けて，当該事項を記載しなければならない。」と記載されている。）

- 追記情報に関しては，被監査会社と会計士との間で十分な協議（検討）がなされた上で開示がなされているのが現状である（ある意味，開示に至るまでの間に会計士の考えが会社に十分に伝えられている）。
- 財務諸表に表示も開示もされてない事項を，会計士が監査報告書で情報として提供することは会計士の権限の内容からいってもあり得ない。
- 「その他の事項」については，そこに書くべき内容が本当に存在するのか，というのが会計士の本音のところでの認識である。「その他の事項」にもし書くとしたら，本来それ以前に会社と十分に打ち合わせをして解決した

上で監査報告書に臨んでいるのではないか。「その他の事項」に何かを書いて乗り越えるということにいったいどんな意味があるのか疑問である。
- 「その他の事項」には、「財務諸表に表示又は開示されていない事項について」や「経営者が提供することが要求されている情報も記載しない」等の制約があるので、なかなか書きづらい。実際に書こうとすると、決算書に書いている情報に触れてはいけないというところがネックになっている。このあたりの仕組みを変えると書ける余地がでてくるかもしれない。

### (2) 監査報告書の情報提供機能の拡充について

> ① IAASBが現在検討している、監査実施の過程で発見された重要な事項（監査人と企業統治責任者等との間のコミュニケーションの内容等）を監査報告書で開示することについて

実務を担当している公認会計士の多くの一般的な反応は、以下のとおりである。
- 今般の監査報告書の改革を巡る議論には正直驚いている。これも時代の流れなのか。
- 会社の方がディスクローズしていない内容（会社と監査人との間の財務諸表を巡る議論の内容）を監査人が監査報告書に記載することは、守秘義務に反するものであり、会社との信頼関係を損なわせることになる。
- 監査役の監査報告書に比べて、監査人の監査報告書は簡潔明瞭で標準化されており、プロセスについてはGAAS（一般に認められた監査の基準）に準拠して監査を実施した旨に包括されている方が、結論としてどうだったかを容易に理解できる。監査報告書の記載事項を拡幅すると、結論としてどうだったかがわかりにくくなるのではないのか。
- 監査人は会社を指導して正しい財務諸表を作成させる、ないしは財務諸表利用者に誤解を与える可能性がある場合には注記開示をさせているのであって、財務諸表に開示していない情報を監査報告書にあえて記載する必要はない。
- 会計士による指導の結果として、会社に適正な財務諸表を作成・開示させることが重要なのであって、そのプロセスを監査報告書に開示することが

財務諸表の利用者に何の意味があるのか疑問である。
- 監査報告書にプロセスについて記載しても監査人の責任は軽減されない。プロセスについて記載するとかえって，アナリストに部分的に引用されたり，訴訟において監査人の意図とは異なる形で利用される危険性がある。簡潔明瞭が一番である。
- 監査報告書で無限定適正意見を表明したかぎり，監査人はそれに対して責任を負う。
- 「一般に公正妥当と認められる監査の基準に準拠して監査を実施した」という事実と，「財務諸表は財政状態等を適正に表示しているものと認める」という意見以外のことを監査報告書に記載する必要はない（二重責任の原則と守秘義務）。
- 監査役等とのコミュニケーション（説明）をとおして，監査役等に会計処理のプロセスについて納得してもらったことで，会計士として1つのステップを踏んでいる。そのコミュニケーションの内容をさらに外部の利害関係者に伝達することはあり得ない。
- 部分的な意見を求められているわけではない。適正か否か（○か，×か）の意見を求められている。○という意見を出した以上，プロセスのことは何も説明（開示）する必要はない。
- 監査役に対して監査重点項目について監査実施結果を伝え，監査役からのそれに対するフィードバックを期待するとともに，リスクの高い事柄であれば経営者を説得する，抑止することを監査役に期待する場合もある。監査役とコミュニケーションしていることをそのまま監査報告書に記載することになると，監査報告書に記載できないから監査役に報告しないことになってしまうおそれがある。
- 経営計画の合理性（将来予測）等についてネガティブな（懸念があるという）情報を出して，結果がそのとおりにならなかった場合，投資家に誤解を与えているということになりかねない。

他方，監査報告書の情報提供機能を拡充することについて，以下のように支持する意見も多くあった。

- 財務諸表監査が社会に奉仕する監査サービスとして社会から信頼され受け入れられるためには，従来の紋切型の監査報告書では十分ではなく，監査報告書の情報提供機能を拡張する形で監査報告書を変革していかなければならない（監査報告書の変革に積極的に取り組んでいかなければならない）。監査報告書の情報提供機能を拡張（拡充）するという流れは，今後も変わらない。
- ＧＡＡＳに準拠して監査を実施したというだけでは不十分である。監査では何が行われるのか，何が行われたのか，例えばそのプロセスの中でデリケートな見積りの評価について専門家を関与させて検証したこと等を説明しないと，財務諸表利用者に誤解を与えてしまうのではないのか。監査人が説明しないと期待ギャップが解消できない。
- 監査報告書上はともかくとしても，監査調書では，監査のプロセス，どうやって適正と判断したかということ，見積りの評価の結果等を明確にする必要がある。

② 監査人の財務諸表利用者に対する説明責任について

- 財務諸表利用者に対しては，監査報告書で監査意見を表明しているのだから，詳しくは財務諸表を見てもらえばよいということである。
- アナリストが主張する，監査人は会社に一番近いところにいるのだから，監査上，特別に検討した重要な事項等を監査報告書に記載しろというのは筋違いである。
- ひとつ間違えば守秘義務違反となってしまう。

他方，監査人も説明責任があると認識すべきであるという意見もあった。
- 不正会計事例を発見できない事例が続出している中，期待ギャップが広まっている状況下で，このような監査報告書の記載内容の拡充の議論が出てきているのではないのか。財務諸表利用者に対する監査の透明性を高めるため，監査人にも，財務諸表利用者に対する説明責任がある。
- 今まで監査報告書の受け手である一般投資家を考慮して監査を行ってこなかったのではないのか（監査調書の書きぶりも含めて）。

- 監査人は，監査プロセスをブラックボックスとするのではなく，どのような監査をしてきたか（どんなことをしてきたか）をアピールしなければならない。そうしなければ，監査の存在意義・ステータスが上がっていかない。信頼性が増していかない。
- 公正価値の評価，繰延税金資産の回収可能性の評価，減損損失額の決定，のれんの評価等は，将来予測・見積りの不確実性・前提条件の問題等があるため，どのように検証したかのプロセスを記載する必要があるのかもしれない。
- 監査は，監査人と被監査会社との間だけの問題ではない。特に不正に関連して外部の目が監査に向けられるようになってきている（金融庁，第三者委員会の報告書，マスコミ等）。監査人はこれらに対しても説明責任がある。

③　財務諸表の信頼性に対する保証の水準に差異があるかどうかについて

(i)　無限定適正意見にも確度の違いがあると思われるが，それを監査報告書上で何らかの形で表現したいと考えないのか

- 経営者に適正な財務諸表を作成させるのが会計士の仕事である。保証の確度について監査報告書に記載すれば限定付意見となるのであって，そうならないように経営者を指導する必要がある。全体の適正性を保証することが必要である。監査報告書で対外的にそのようなことを書くのは，会計士に指導力がないことを示すことになる。

(ii)　財務諸表項目によっては，見積りの不確実性が高いものがあり，財務諸表の信頼性に対する保証の水準に差異があるかどうかについて

- 前提条件や将来予測，見積りの不確実性等について経営者が注記開示しており，その妥当性（適正性）について監査人が心証を得た上で意見を表明している。
- 会計方針（注記開示）で書かれている以上のことを，監査人の立場で監査報告書に記載することはいかがなものか疑問である。
- 財務諸表利用者に情報ニーズがあるのならば，経営者が財務諸表および注

記の中で，きちんと開示するようにすることがまず重要である。監査人は，財務諸表および注記事項において，経営者にしっかりと開示させる（開示するよう指導する）ことが重要である。
- 見積りの不確実性等の注記など，財務報告（開示）をより充実させるようにすることが，まずもって重要である。監査人は経営者による開示を受けてその妥当性（適正性）を判断する。それが本来の姿である。
- 現行の監査報告書には，「経営者によって行われた見積りの評価」を検討する旨の記載がなされている。
- ある時点での見積りの信頼度を書いたところで，実績と見積りとは一致しない。前提条件が変わっても変わるし，前提条件が変わっていなくとも変わるかもしれない。
- 個別の会社（被監査会社）の状況を説明する場合，よほどうまく表現しないと誤解を生む危険性がある。利用者が書き手（監査人）の意図を十分に理解できない，書き手の意図が利用者に正しく伝わらないおそれがある。例えば，のれんや金融商品について，潜在的なリスクが存在すること等を書くと，かえって誤解を招くのではないのか。
- 会計基準の枠内で会計は成り立っており，記録と慣習と判断のうち判断の比重が大きくなっている。判断が間違っているかどうかではなく，その根拠とプロセスを検討して，それらが会計基準の枠内であるかどうかを監査人は判断している。

④ KAMについて

- KAMにより監査報告書の理解可能性と比較可能性が阻害されないようにしなければならない。
- KAMによって監査人が伝達したいこと（監査人の意図）が，（監査報告書で簡潔な文章で伝えるだけでは）財務諸表利用者によってきちんと理解されない危険性がある。
- KAMは監査上の重要な発見事項であり，それを監査報告書で伝達することが二重責任の原則に違反する（会社の財務に関する情報の第1次提供者となる）わけではない。

- 統治責任者との間でコミュニケーションされた事項（KAMはその中から最も重要であると監査人が判断し，選択したもの）を監査報告書で伝達することは，監査基準（あるいは関係法令）でそれが監査人に求められているかぎり，守秘義務違反とならない。
- ただし，統治責任者との間でコミュニケーションされた事項を監査報告書で財務諸表利用者に伝達することが制度上監査人に求められることになると，統治責任者がこれまでどおり監査人と積極的にコミュニケーションをとってくれなくなる可能性があり，そのことが結果的に財務諸表監査の質を低下させる危険性がある。
- 監査報告書にKAMを書くことと，書かないこと（記載が不十分であること）の双方のリスクを考慮しなければならない。
- KAMは存在しなかった旨を監査報告書で書くという選択肢をとる可能性は低いのではないのか。
- KAMに関連して，監査人が不当な扱い（例えば，KAMとして伝達された事項を手掛かりにファンドマネージャーから訴えられること等）を受けないように，制度上，留意する必要がある。
- KAMを伝達することで，監査人は，財務諸表利用者に対して財務諸表監査に関する説明責任の一端を果たすことができる。
- KAMは財務諸表利用者に対する監査の透明性を高めるものである。
- しかしながら，KAMは，監査人が監査上最も重要であると判断した事項（監査上の重要な発見事項）であり，監査人の適正意見（適正性判断）に至る判断のプロセスを開示するものではない。
- KAMは，除外事項付意見が表明される場合に監査報告書に記載される除外事項付意見の根拠とは性格を異にする。KAMは無限定適正意見の根拠を述べるものではない。
- IAASBが公開草案で述べているフィールドテスト（過去の監査事例をベースに今回提案されている形での監査報告書を作成してみる）を，大手の監査法人は行うことになるであろう。

なお，日本公認会計士協会は，PCAOB公開草案「無限定適正意見の場合

の監査報告書」および「監査した財務諸表及び監査報告書が含まれる開示書類におけるその他の記載内容に関連する監査人の責任」に対するコメントにおいて，CAM（監査上の重要な事項）について，以下のように意見を述べている。

- IAASBの「KAM」と，PCAOBの「CAM（監査上の重要な事項）」は，できる限り一致させるべきである。
- 監査報告書におけるCAMのコミュニケーションに実施した監査手続（CAMの結果を含む）を含めることは有益でないと考える。理由は以下のとおりである。
  - CAMの序説に説明を付したとしても，当該事項に対して個別の意見を提供しているとの印象を与えることを回避するのは困難である。
  - 特に困難な判断を伴う事項に対して実施した監査手続を簡潔に要約することは難しく，したがって，実施した監査手続の一部のみを要約して記載することにより，評価したリスクに対応した監査人の対応の全体像についてのミスリーディングな情報を提供することとなる可能性が高い。
  - 一部のCAMにのみ，監査手続やその結果が記載された場合，結果の記載がないCAMに関しては，何か問題があったものと誤解される可能性がある。
- これらの弊害を避けるため，監査手続（CAMに対する監査人のアプローチや監査手続の結果を含む）を記載することは適切でないことを明確に示すべきと考える。

## 4　インタビューを終えて

今般の監査報告書の改革を巡る動向について，監査報告書を作成する側である，公認会計士にとって，驚きであるというのが正直な感想であろう。監査報告書の様式の標準化は，当然必要である。監査人が各々自由に監査報告書を作成することは，情報の受け手側も発信側も混乱することになり，監査報告書の読み手の立場からも標準化が望ましい。監査手続を実施した結果として，さまざまな局面での判断が集約され，全体として財務諸表は適正であるという監査報告書を提出している。その意味で，監査報告書の標準化には

意義がある。監査人は会社に指導性を発揮して，正しい財務諸表を作らせる，ないしは財務諸表利用者に誤解を与える可能性がある場合には注記・開示をさせるべきであり，財務諸表に開示していない情報を監査報告書にあえて書く必要はない。二重責任の原則に反することになる。また，会社が財務諸表に開示していない内容（監査人と企業統治責任者とのコミュニケーションの内容等）を監査人が監査報告書に記載することは，守秘義務に反するものであり，会社との信頼関係を損なわせることになりかねない。これが，実務を行っている公認会計士の一般的な反応であろう。筆者も，当初，このような意見であった。

しかし，日本公認会計士協会の方々へのインタビューをするうちに，また，国際的な監査報告書の改革を巡る動向についての研究・議論が進むにつれて，筆者も考え方が変わっていった。

監査報告書の改革の議論の背景には，財務諸表監査に対する社会の信頼性が失われてきていることがある。IAASBを中心とする監査報告書の改革の動きをわが国として否定するわけにはいかない。わが国においても，会計不正事例が発覚する度に，監査人の職業的懐疑心の強調と不正に対する監査人の対応の強化が求められ，監査報告書にも追加的な情報を含めるべきとの動きがある。財務諸表監査が社会から信頼され受け入れられるためには，従来の紋切型の監査報告書では不十分であり，監査報告書の情報提供機能を拡張する形で監査報告書を変革していかなければならないのであろう。

ただし，多くの公認会計士は，紋切型の監査報告書の方が受け手の立場からもわかりやすいと考えており，IAASBの提案する形での監査報告書の改革を望む者は少ないと，日本公認会計士協会本部も認識しているようである。今般の監査報告書の情報提供機能の拡充が監査人と財務諸表利用者とのコミュニケーションの幅を広げ，期待ギャップに応えるものであると納得し，会員が意識を改革し，適切に対応できるようになるには，協会本部による説明と研修が相当必要であると思われる。また，監査制度について，不正発見が監査の主目的ではないこと，不正発見には限界があること，監査はリスク・アプローチに基づく試査で行われており，リスクが高いところを重点的に監査していること等，一般の投資者に理解してもらうための活動も必要である。

監査人が，財務諸表に開示されていない企業情報に関する事項を監査報告書に記載するのは二重責任の原則に反するのではないかとの懸念がある。二重責任の原則を超えるアプローチは，企業報告プロセスに無用な混乱を招き，財務諸表監査の性質そのものの期待ギャップがかえって拡大することになる。監査報告書の改善は，二重責任の原則の枠内において構築されるべきであり，監査人が，企業に関する最初の情報提供者となるべきではない（日本公認会計士協会［2012］1頁）。ISA701において，監査報告書において記載することが要求されているKAMは，監査上の主要な事項であり，それを監査報告書で伝達することは二重責任の原則に違反する（会社の財務に関する情報の第1次提供者となる）わけではないと整理されているが，これについて十分に議論する必要があると思われる。ISA701の監査報告書の文例のKAMの例示において，企業による財務諸表における開示・注記との関連づけを想定しているが，そのためには，わが国における財務諸表の開示・注記のさらなる拡充が必要となる。見積りの不確実性等の注記による開示を含めて，財務報告をより充実させることが，まず重要である。

　また，経営者が財務諸表で開示していない内容（監査人と経営者や企業統治責任者との間でコミュニケーションされた財務諸表監査における重要な事項，これは財務諸表を巡る議論となる事項でもある）を監査人が監査報告書に記載することは，守秘義務に反するものになるのではないかとの懸念がある。これについては，統治責任者との間でコミュニケーションされた事項（KAMはその中から最も重要であると監査人が判断し，選択したもの）を監査報告書で伝達することは，監査基準（あるいは関係法令）でそれが監査人に求められているかぎり，守秘義務違反とならないと整理されているが，これについても十分な議論が必要である。また，統治責任者との間でコミュニケーションされた事項を監査報告書で財務諸表利用者に伝達することが制度上監査人に求められることになると，統治責任者がこれまでどおり監査人と積極的にコミュニケーションをとってくれなくなる可能性があり，そのことが結果的に財務諸表監査の質を低下させる危険性があるとの指摘もある。

　IAASBは，監査人が監査報告書において，KAMに関する情報を提供することにより，財務諸表利用者が，企業および財務諸表において経営者が重要

な判断を行った領域について理解することに有用であるとともに，財務諸表利用者に対して，企業および財務諸表に関する一定の事項について経営者および企業統治責任者と議論を行う際の基礎を提供することになると考えている（関口［2013］41頁）。監査人がKAMに関する情報を監査報告書に記載することにより，財務諸表利用者に対する監査人のコミュニケーションの幅が広がり，結果的に，監査人の役割の強化につながることが期待されている。どのような情報がKAMとして監査報告書に記載されるのか，企業の経営者や統治責任者がどのように対応するか，財務諸表利用者がその情報をどのように利用するのか，今後の研究が必要であり，徐々に実務に定着していくものと思われる。

　監査報告書の改善を制度化するにあたっては，二重責任の原則や守秘義務に関する諸規則との関係の懸念について，国際的な議論を行い，利害関係者の十分な理解と環境整備が必要である。

　最後に，監査人が監査報告書において財務諸表利用者に対して何を情報提供できるかは，企業の経営者や統治責任者が何を情報提供しているかに依存するべきである。利用者の投資意思決定に資するためのより適切な情報が提供されるためには，監査報告書の改善とともに，企業が提供する財務諸表等の情報開示の拡充や統治責任者の役割の強化等，財務報告システム全体の改善についても検討することが必要であることを強調したい。

**参考文献**

関口智和［2013］「監査報告書の改訂に関する公開草案について」『会計・監査ジャーナル』第699号，40-51頁。
日本公認会計士協会［2012］「IAASB『監査報告書の改善』に対するコメント」。
日本公認会計士協会［2013］「IAASB公開草案『財務諸表に対する監査報告：提案する新規及び改訂版の国際監査基準』に対するコメント」。
日本公認会計士協会［2013］「PCAOB公開草案『無限定適正意見の場合の監査報告書』及び『監査した財務諸表及び監査報告書が含まれる開示書類におけるその他の記載内容に関連する監査人の責任』に対するコメント」。

（北山久恵）

# 索　引

## 英数

2006年会社法 ································ 154
ACAP［Advisory Committee on the Auditing Profession］ ······················ 113
AD & A［Auditor's Discussion and Analysis］ ···················· 119, 131, 179
AIA［American Institute of Accountants］ ·········································· 116
Audit Quality Forum ······················ 155
CAM［Critical Audit Matter］
 ······························· 126, 135, 172, 179
CAMに関する監査報告 ······················ 139
Cohen Commission Report ················ 34
Concept Release ··············· 65, 101, 131
Consultation Paper ····· 65, 75, 77, 149, 191
Corporate Governance Code ··········· 152
Discussion Paper ··························· 155
EC［European Commission］ ··············· 49
Exposure Draft ·························· 75, 94
FRC［Financial Reporting Council］
 ········································· 150
GAAP［Generally Accepted Accounting Principles］ ······························ 180
Green Paper ····································· 49
IAASB［International Auditing and Assurance Standards Board］ ·········· 75
Invitation to Comment ········· 75, 84, 149

IOSCO［International Organization of Securities Commissions］ ·············· 27
ISA700（UK and Ireland）
 ·························· 159, 160, 162, 166, 173
KAM［Key Audit Matter］
 ·································· 94, 98, 172, 179
MD & A［Management's Discussion and Analysis］ ···························· 142
pass/failモデル ················· 33, 132, 182
PCAOB［Public Company Accounting Oversight Board］ ··············· 107, 179
Proposed Rule ································ 132
SAG［Standing Advisory Group］ ···· 107
SEC［Securities and Exchange Commission］ ········································ 109

## あ

意見表明機能 ······································ 4

## か

確率変数のかたまり ······················ 10, 11
監査委員会 ····································· 118
監査済財務諸表および当該監査報告書が含まれる特定文書における他の情報に関する監査人の責任 ······················ 134
監査専門家の持続可能性 ··················· 113
監査人が無限定適正意見を表明する場合の財務諸表監査に係る監査報告書
 ········································· 134

229

監査人によるコメンタリー
　　　　　　　　　　82, 84, 90, 179
監査の透明性 ……………………… 81, 84
監査報告書のコミュニケーション価値
　　　　　　　　　　　　　　　 76
監査報告書の情報価値 …………… 181
監査報告書の署名 ………………… 111
監査報告書の変革 …………………… 2
監査業務作業部会 ………………… 29

企業の最適戦略 …………………… 21
企業の戦略と利得 ………………… 19
記号としての価値 ………………… 190
基準の改訂プロジェクト ………… 15
期待ギャップ ……………………… 15
強調事項 ……………… 7, 50, 119, 180
強調事項の要求とその拡張使用 … 131

継続企業の前提 …………………… 88
ゲーム理論 ………………………… 15

ゴーイング・コンサーン ………… 186
異なるレベルの保証 ……………… 110
コミュニケーション価値 ………… 81
コミュニケーション・ギャップ … 180
コンチネンタル・ベンディング・マシン
　事件 …………………………… 184

## さ

財務諸表に関する総合的意見 ……… 5
財務諸表に対する経営者の責任 … 112
財務諸表の質の改善 ……………… 180
財務諸表の信頼性 ………… 5, 6, 180
サーベンス・オクスレー法 ……… 111

社会的影響度の高い事業体 ……… 58
社会的影響度の高い事業体の監査報告書
　　　　　　　　　　　　　　　 61
重要性 ……………………… 168, 174
情報ギャップ …………… 2, 3, 78, 180
情報提供機能 ……………… 6, 76, 180
情報の第1次提供者 ………… 126, 181
情報の非対称性 …………… 135, 181
職業的懐疑心の行使 ……………… 50
真実かつ公正な概観 ……………… 50
シンボル …………………………… 9, 12

制度設定者の最適戦略 …………… 23
制度設定者の戦略 ………………… 17

その他の事項 ……………………… 7
その他の情報 ……………………… 180

## た

他の監査人 ………………………… 112
他の情報に関する監査人の保証
　　　　　　　　　　　　131, 142

長文式監査報告書 ………………… 119

追記情報 …………………………… 7

適正性 ……………………………… 180

討議資料 …………………………… 65

## な

二重意見説 ………………………… 185
二重責任 …………………………… 174

## 索　引

二重責任の原則 ……………………………… 124
二重責任の原則への抵触 ………………… 145

### は

幅のある程度づけのシステム ………… 120

標準化された特定文言 …………………… 138
標準監査報告書 …………… 2, 15, 16, 65, 116
標準監査報告書の文言の明瞭化 ……… 131

ファースト・プロバイダー ……… 126, 181
ブラック・ボックス ……………………… 11
プレイヤー …………………………………… 16

米州証券監督者協会 ……………………… 27

保証機能 ……………………………………… 5
保証の枠組みから外れる事項 …………… 7
ボンディング機能 ……………………… 194

### ま

マクロ的利潤 ……………………………… 16

見積りの不確実性 ………………………… 11

無限定適正意見 …………………………… 2

目的適合性 …………………………………… 1
目的適合性のある監査報告書 …………… 1
モニタリング機能 ……………………… 194
紋切型 ………………………………………… 3

### や

有用な財務情報の質的特性 ……………… 1

### ら

離脱 ………………………………………… 56
離脱規定 ………………………………… 196

レリバンス ……………………………… 185

231

〈編著者紹介〉

**井上善弘**（いのうえ　よしひろ）【部会長】［第1章・結論・付録Ⅰ］
　1991年　神戸大学大学院経営学研究科博士課程前期課程修了
　現　在　香川大学経済学部教授
　〈主要論文〉
　「監査判断研究のパラダイム」『現代監査』第11号（2001年3月，2001年度日本監査研究学会監査研究奨励賞受賞）
　「日本的内部統制監査の特質」『現代監査』第17号（2007年3月）

〈執筆者紹介〉【五十音順】

**異島須賀子**（いじま　すがこ）［第2章・第5章］
　久留米大学商学部教授。博士（経済学）九州大学。

**伊藤龍峰**（いとう　たつみね）［第8章］
　西南学院大学商学部教授。

**小俣光文**（おまた　みつふみ）［第9章］
　明治大学経営学部教授。

**岸　牧人**（きし　まきと）［第6章］
　法政大学大学院イノベーション・マネジメント研究科教授。

**北山久恵**（きたやま　ひさえ）［付録Ⅱ］
　有限責任あずさ監査法人　理事　パートナー　公認会計士。

**髙原利栄子**（たかはら　りえこ）［第4章］
　近畿大学経営学部准教授。

**長吉眞一**（ながよし　しんいち）［第3章］
　明治大学専門職大学院会計専門職研究科教授。博士（商学）明治大学。

**深井　忠**（ふかい　ただし）［第10章］
　慶應義塾大学商学部教授。

**森田佳宏**（もりた　よしひろ）［第7章］
　駒澤大学経済学部教授。

| 平成26年9月15日　初版発行 | （検印省略）<br>略称：監査報告新展開 |
|---|---|

## 監査報告書の新展開

編著者　Ⓒ　井　上　善　弘

発行者　　　中　島　治　久

発行所　**同 文 舘 出 版 株 式 会 社**
東京都千代田区神田神保町1-41　〒101-0051
営業（03）3294-1801　　編集（03）3294-1803
振替 00100-8-42935　　http://www.dobunkan.co.jp

Printed in Japan 2014　　　　　　　製版　一企画
　　　　　　　　　　　　　　　　印刷・製本　三美印刷
ISBN978-4-495-20101-2

[JCOPY]〈（社）出版者著作権管理機構 委託出版物〉
本書の無断複写は著作権法上での例外を除き禁じられています。複写される場合は，そのつど事前に，（社）出版者著作権管理機構（電話 03-3513-6969，FAX 03-3513-6979，e-mail: info@jcopy.or.jp）の許諾を得てください。

## 日本監査研究学会叢書

〔研究シリーズ叢書〕

第1号『情報システム監査の課題と展開』第一法規出版，1988年6月。
第2号『中小会社監査』第一法規出版，1989年7月。
第3号『監査法人』第一法規出版，1990年6月。
第4号『地方自治体監査』第一法規出版，1991年6月。
第5号『新監査基準・準則』第一法規出版，1992年6月。
第6号『サンプリング・テスト』第一法規出版，1992年6月。
第7号『監査役監査』第一法規出版，1993年6月。
第8号『公認会計士試験制度』第一法規出版，1993年6月。
第9号『海外監査実務』第一法規出版，1994年2月。
第10号『国際監査基準』第一法規出版，1996年10月。
第11号『EUにおける会計・監査制度の調和化』中央経済社，1998年5月。
第12号『コーポレートガバナンスと内部監査機能』中央経済社，1999年11月。
第13号『会計士情報保証論』中央経済社，2000年11月。
第14号『ゴーイング・コンサーン情報の開示と監査』中央経済社，2001年11月。
第15号『監査問題と特記事項』中央経済社，2002年5月。

〔リサーチ・シリーズ〕

第Ⅰ号『監査のコスト・パフォーマンス』同文舘出版，2003年10月。
第Ⅱ号『現代監査への道』同文舘出版，2004年9月。
第Ⅲ号『政府監査基準の構造』同文舘出版，2005年5月。
第Ⅳ号『環境報告書の保証』同文舘出版，2006年5月。
第Ⅴ号『将来予測情報の監査』同文舘出版，2007年4月。
第Ⅵ号『会社法におけるコーポレート・ガバナンスと監査』同文舘出版，2008年4月。
第Ⅶ号『ITのリスク・統制・監査』同文舘出版，2009年9月。
第Ⅷ号『財務諸表外情報の開示と保証』同文舘出版，2010年10月。
第Ⅸ号『実証的監査理論の構築』同文舘出版，2012年1月。
第Ⅹ号『会計プロフェッションの職業倫理―教育・研修の充実を目指して―』同文舘出版，2012年4月。
第Ⅺ号『アカウンティング・プロフェッション論』同文舘出版，2013年10月。

※バックナンバーについて
バックナンバーをお求めの方は，各出版社へ直接お問い合わせ下さいますようお願い致します。

現代監査 Auditing No.24

ISSN 1883-2377

〈記念講演〉公益資本主義とアベノミクス成長戦略／原 丈人
グローバリゼーションと公認会計士の役割／森 公高
グローバリゼーションの下での監査規範のあり方／井上善弘
グローバルアカウンティングファームのナレッジ戦略／鹿島かおる
監査上の立証構造における職業的懐疑心の役割／蒼 博
不正リスクへの対応における、監査チーム内の連携とグループ監査等での
監査人間の連携～不正リスク対応基準の策定を巡って／樋口一郎
監査役と監査人との連携、監査人または業務執行社員の交替における
引継ぎの品質管理について／參原啓司
財務報告におけるリスク情報の開示と保証の意義／小西範幸
非業務執行役員による「不正リスク」への対応における課題／秋坂朝則
内部監査における不正リスクへの対応～システム監査を含めて～／島田裕次
〔査読論文〕
期中における監査人の交代に対する資本市場の反応／酒井絢美
わが国四半期レビュー手続に関する実験的研究／松本祥尚・町田祥弘
米国会計プロフェッション界における自主規制終焉とその背景／任 章
内部統制の質、監査クライアントの交渉力と監査報酬／胡 大力
*
2012年度 監査研究の動向／藤原英賢
2013年度 監査研究奨励賞 審査結果報告／町田祥弘
〈告知板〉
〈編集後記〉

日本監査研究学会

発行：日本監査研究学会
Ｂ５判
頒価：1,600円

※『現代監査』バックナンバーについて
本機関誌は書店ではお求めになれません。バックナンバーをお求めの方は，同文舘出版内 日本監査研究学会事務連絡所（FAX：03-3294-1806, E-mail：audit@dobunkan.co.jp　URL：http://www.dobunkan.co.jp/audit）までお問い合わせ下さい。